LA EMPRESA PENDIENTE

Cambio organizacional a través de personas

Jorge Fernández Belda

UGERMAN EDITOR
Ciencia & Técnica

Desde 1969 junto al libro

Fernández Belda, Jorge
   La empresa pendiente : cambio organizacional a través de las personas.
- 1a ed. - Ciudad Autónoma de Buenos Aires : Ugerman Editor, 2015.

   264 p. ; 23x15 cm. - (Temática empresarial)

   Recursos Humanos. I. Título

   CDD 658.3

Fecha de catalogación: 09/12/2014

Diseño de tapa e interior: DG. Pablo Ugerman - www.ugrdesign.com.ar
Corrección: Mirtha Bareiro

© 2015, by UGERMAN EDITOR
Ituzaingó 1151 - PB. Oficina 8
(1272) Capital Federal
Buenos Aires - Argentina
Telefax (011) 4362.2107 / 4361.5236
www.ugermaneditor.com.ar
ugermaneditor@netizen.com.ar
jcugerman@yahoo.com.ar

Hecho el depósito que marca la ley 11.723

IMPRESO EN ARGENTINA
PRINTED IN ARGENTINA

Agradecimientos

Estoy cumpliendo veinte años de profesión. Alguien me dijo que es como estar en la mitad de un camino. No lo sé. De lo que estoy seguro, es que a lo largo de mi trayectoria, hubo personas que, desde distintos roles y vínculos, me ayudaron a pensar, a dudar, e incluso desde la crítica más profunda pero siempre sincera y constructiva, a crecer como profesional y como persona.

Tal vez, escribir un libro, sea una buena excusa para pensar en ellas de manera diferente y testimoniar todo lo que hicieron y hacen por mí:

- ▶ Mis padres, quienes me educaron como lo hacen los grandes: sin retórica, ni dedo acusador; sin academia, ni grandilocuencias. Sólo, desde el ejemplo y la coherencia. Su sentido de la responsabilidad, y su confianza hacia mí, aún hoy me inspiran.

- ▶ Héctor Formento y Christián Marzik, mis primeros jefes en la Consultora Gescal, donde me inicié profesionalmente. Ambos contribuyeron, significativamente, a "descubrir" al profesional que por aquellos años se vislumbraba.

- ▶ A los miembros de PED (Professional Education Division), del Grupo Business Consulting de la Oficina Buenos Aires de Arthur Andersen, donde trabajé casi diez años. Una verdadera "empresa escuela". Jefes encabezados por Santiago Lazzati, Hugo

De La Torre, Jorge Ponte y colegas como Agustín Gatto, Gustavo López Espinosa, "Pepe" Abella y Edmundo Cavalli, quienes me toleraron, confiaron e invirtieron tiempo en formarme en buena parte de lo que hoy soy como profesional. Un equipo del que, desde las grandes diferencias, se lograban únicos resultados.

▶ A "Luisma" Bollini, mi amigo y socio en CB & Asociados. Su calidad personal junto con su estilo de liderazgo, apertura mental y manera de gestionar, me ayudan todos los días a desacoplar un poco mi ya férrea estructura y ver las cosas con otra lente.

▶ A mis hijos Pedro y Juan, o el sentido mismo de mi vida.

▶ Al nuevo amanecer que me regala María Eugenia.

No quisiera dejar de mencionar a todos aquellos profesores y tutores que en las aulas y, especialmente, fuera de ellas me formaron –y me forman-, en Argentina, USA, España, Colombia y Brasil.

Gracias también a las empresas que confían en nuestros servicios desde hace tantos años; a las Universidades y Escuelas de Negocios en las que me desempeño como Profesor.

Por último, y no menos importante, a mis estudiantes y a los directivos que tienen la osadía de asistir a mis seminarios; todo lo cual proporciona el "caldo de cultivo" ideal para el desarrollo de las ideas que pretendo transmitir en esta obra.

A la memoria de Rodolfo Damiani, mi primer mentor.

Curriculum vitae

Jorge Fernández Belda (Buenos Aires, 1965) es Licenciado en Relaciones Públicas por la Universidad Argentina John F. Kennedy. Certified Professional in Strategic Management por la Northern Illinois University de Chicago, USA y Posgrado en Antropología Empresarial por la Universidad de Belgrano, Buenos Aires. Consultor especializado en Change Management recibió formación específica en dicha disciplina en el Management Institute de Arthur Andersen, St. Charles, Illinois, USA y en Brasil.

Inicia su actividad profesional en el año 1990, en la consultora Gescal, donde lidera procesos de transformación cultural y formación de Mandos Medios y Gerenciales.

En 1995, ingresa a la Consultora Arthur Andersen, donde se desempeña por casi 10 años, ocupando las siguientes posiciones:

▶ Instructor Senior del Centro de Desarrollo Gerencial de Arthur Andersen.

▶ Gerente de la División "Strategy, Organization & People" del Grupo Business Consulting.

▶ Director Académico de Programas de Management para Mandos Medios del Centro de Desarrollo Gerencial de Arthur Andersen.

▶ Coordinador de la formación a Socios y Gerentes de la región Mercosur de la Firma en la metodología de Cambio Organizacional desarrollada por Arthur Andersen Worldwide.

▶ Instructor de Programas de Desarrollo de Nuevos Gerentes para Arthur Andersen – España.

- ▶ Líder en la implementación de mega proyectos de desarrollo y cambio organizacional en las más importantes empresas de Argentina, Uruguay, Bolivia y España.

Desde el 2003, es Director de la División "Desarrollo y Cambio Organizacional" de CB & Asociados; Consultora Internacional de Negocios. Co-autor de la metodología de cambio organizacional "Cambio, Estrategia y Personasde CambioAlignment Performance Process APP©", y "Taurus" orientada a la implementación de Knwoledge Management, ambas de actual implementación en empresas de Argentina, Colombia, Costa Rica, Guatemala, Brasil, Perú, Chile y Honduras.

A lo largo de su carrera, se desempeñó ofreciendo diversas soluciones en Capacitación y Cambio Organizacional a más de 300 empresas en, prácticamente, toda Latinoamérica y ha formado a más de 3.000 ejecutivos mediante Seminarios y Talleres de formación en liderazgo y cambio organizacional.

En simultáneo, ejerce como Director de Programas Abiertos del Instituto Madero, Escuela de Mandos Medios (Sede Universidad Austral,) y como Profesor de grado y posgrado en las Facultades de Ingeniería, Derecho y Ciencias Empresariales de dicha Universidad.

Asimismo, es Profesor Asociado de la Cátedra "Habilitación Profesional II" de la Facultad de Ciencias Económicas en la Licenciatura en Hotelería de la Universidad de Belgrano (Buenos Aires), donde obtuvo el Premio al Desempeño Docente 2009".

Ejerce como Profesor invitado en la Escuela Superior de Economía y Administración – ESEADE, de Buenos Aires.

Es consultor del Instituto Provincial de la Administración Pública IPAP, de la Provincia de Buenos Aires.

Co-autor del libro "La gestión aplicada a Hotelería y Turismo", autor de más de cien artículos de Management publicados en los más importantes portales de negocios de Hispanoamérica y en destacadas publicaciones como Revista Fortuna, Infobae y Tendencias, entre otras.

Es ponente en diversas Universidades argentinas y extranjeras, entre las que se destacan: Universidad de Buenos Aires, Universidad Empresarial Siglo XXI, Universidad Católica de Salta, Universidad de Istmo (Guatemala), Universidad de Camaguey (Cuba), Universidad Católica Santiago de Guayaquil, etc.

Índice

CAPÍTULO 3
ARQUITECTURA DEL CAMBIO ORGANIZACIONAL. 99

CAPÍTULO 4
EL LIDERAZGO DE LA EMPRESA PENDIENTE 197

CAPÍTULO 5.
Metodología Facilitación del Cambio Organizacional - FACO® 229

Introducción

1. Mensaje al lector:

Poco antes de decidirme a desarrollar las ideas que encontrará en las siguientes páginas, alguien me preguntó: "muy bien, pero, *¿a quién las pensás dirigir?*; *¿quién pretendés que sea tu lector?*"

Hay una palabra que me fascina, sobre todo desde que conocí su significado: "*Responsabilidad*".

Deriva del latín *responsum*, que a su vez significa "obligado a responder sobre algo o por alguien".

A su vez, responder del latín *respondere*, tiene varias acepciones entre las que destaco dos:

▶ "Contestar, satisfacer a lo que se pregunta o propone".

▶ "Satisfacer al argumento, situación, duda, dificultad o demanda".

Creo que el contexto global actual y por extensión el organizacional, caracterizado por la duda, la demanda, la incertidumbre, el cambio continuo y la desconfianza generalizada, requiere de personas que crean firme y, sinceramente, en la casi obligatoria necesidad de contestar, de satisfacer, de responder, de dar la cara sobre la genuina base de sus convicciones más profundas.

Es decir, necesitamos contar con personas responsables, por lo tanto, ese es mi lector, ya que la responsabilidad como valor, trasciende siempre al rol o función que, ocasionalmente, ocupamos en una empresa u otro tipo de organización... o

¡en la vida misma!

La responsabilidad también consiste en ser consciente del impacto de lo que uno hace, insisto, más allá de su rol, generará producto de su proceder ya sea a través de una decisión de negocio, una palabra o un simple juego.

Por todo esto, me resisto a dirigir este libro a un rol o "cargo" ocasional y prefiero hacerlo a las personas que trascienden dicho rótulo y que cuya convicción las impulse a *ser, pensar y ejecutar responsablemente*; sean "CEOS" de una compañía, Gerentes, Administrativos, Mandos Medios o Pasantes.

El devenir actual, y por lo que se vislumbra el futuro inmediato, requiere dar respuestas, independientemente, de la posición o cargo funcional; los cambios continuos nos obligan a comunicarnos y a trabajar de una manera tal vez distinta o "nueva" para muchos.

La necesidad de hacer valer ideas, aportes y convicciones, "responsablemente", sea, tal vez, uno de los pocos puntos de apalancamiento que quedan, so pena, de vivir en un estado de continua victimización, generado por situaciones que si bien, puntualmente, uno tal vez no haya propiciado, es cierto que la propia irresponsabilidad contribuye a incrementar mediante la no respuesta, el dejar todo como está, el seguir zafando, y otra serie de comportamientos.

Evidentemente, por formación y experiencia profesional, tomaré como punto de referencia: la empresa. O mejor dicho, los cambios que impactan en la empresa y lo que creo, debieran ser las respuestas, o por lo menos, las preguntas "responsables" que, como miembros de una organización, debemos estar dando o formulando, o al menos ayudar a quienes deberían darlas.

Todo lo demás, viene después. Si usted es percibido como persona de convicciones y respuestas con las que se podrá coincidir o no, pero que las brinda y que responden de acuerdo a lo que se espera de usted, lo llamarán "líder", "referente", "jugador clave", "número 1", y una serie de rótulos más, que resultarán, exclusivamente, de su proceder responsable, más que ser adjetivos de moda propios de la jerga de "negocios".

Lo dicho; en el actual contexto, todos tenemos una porción de responsabilidad, por ello, si usted cree lo mismo, usted es lector de este libro.

En cuanto a su rol o función actual, si lidera un equipo, probablemente, muchas de las herramientas que presentaré, las podrá aplicar de forma casi inmediata; lo invito a que las mejore; si su puesto implica tomar decisiones de negocio trascendente, reflexione y cuestione mis ideas; si es estudiante, contraste sus creencias actuales en cuanto al valor de las personas en el trabajo, y cotéjelas con lo expuesto aquí; saque sus conclusiones de cara a su futuro profesional. ¿La empresa, tal como la empresa actual es en la que usted quiere desarrollarse?, en todo caso, ¿qué modificaría como futuro dirigente?

2. Acerca de la temática central del libro:

En el mundo del denominado Management contemporáneo (en mi opinión, de Peter Drucker hasta nuestros días), existen pocos temas tan hablados y a su vez, tan poco explorados en sus diferentes implicancias, como el Cambio Organizacional.

Esta desproporción entre lo manifiesto y la implementación efectiva, o sea, con impacto en el negocio-, nos genera el alto riesgo de caer en simplificaciones tanto teóricas como, lo que es más grave, empíricas, ya que la ineficiente facilitación del cambio impacta, directamente, en la productividad de la gente, y por extensión, en el cuadro de resultados de cualquier organización, como me encargaré de demostrar.

Autores como Noel Tychy o John Kotter, nos ofrecen la que para mí representa la más lúcida visión respecto de la facilitación de procesos de cambio, a través de un enfoque agudo y a su vez práctico, del cual todos, quienes nos dedicamos a esta especialidad de la Administración, hemos abrevado, ya sea porque era "materia obligatoria" en nuestra formación académica, o bien, como consulta recurrente en el cotidiano ejercicio profesional.

Sucede -y por supuesto que esto no representa una crítica-, que estos autores cometieron el "error" de no haber nacido en Latinoamérica; por lo tanto su arquitectura conceptual la entendemos y hasta la compartimos pero, ¿qué pasa con la implementación?

A menudo, escucho a profesionales líderes de procesos de cambio manifestarse entre la impotencia y el desencanto, con expresiones tales como: "Hice todo lo que la metodología dice y sin embargo fallamos..." también están los que, directamente, inculpan a la metodología: "Es rígida, creo que por aferrarnos tanto a ella, los resultados no fueron los esperados".

Olvidamos que son metodologías, no recetas, por lo tanto, deberían ser situacionales o funcionales a un determinado objetivo de negocio. No hay dos pacientes iguales, pese a tener los mismos síntomas; por encima del paciente hay un ser humano.

En tal sentido, siempre recuerdo lo que alguna vez me contara un amigo y destacado médico: "me he encontrado con pacientes que cuando uno les comunica que tienen cáncer, lo primero que hacen es comprarse un libro que hable de dicho cáncer e informarse acerca de los orígenes y desarrollo de la enfermedad; otros en cambio, entran en tal depresión que, inexorablemente, acelera el avance de la enfermedad." Frente a cuadros, aparentemente, iguales, el médico debe saber no sólo qué transmitir, sino, a quién transmitir y cómo transmitir.

De la misma manera, no hay dos empresas iguales, pese a transitar similares procesos de transformación o cambio; por encima de "la empresa" hay "quienes", o sea, seres humanos, que perciben, valoran, sienten, deciden y proceden... distinto.

Ignorar esta cuasi obviedad, como lo demostraré a lo largo del libro con números, genera rotundos fracasos en la implementación de procesos de cambio organizacional.

Las metodologías de cambio organizacional, expresado en terminología de tablón, nos "marcan la cancha", nos pautan, nos dan la libertad para movernos mediante determinados ejes de acción o intervenciones.

Es probable que los fracasos no estén en las metodologías, sino, precisamente, en el riesgo que entraña hacer uso de la libertad que las mismas, intrínsecamente, nos "desafían" a ejercer.

Generar la ruptura entre la metodología y la realidad o contexto propio de toda empresa, ejerciendo un liderazgo ejemplar, es el gran desafío de los responsables de procesos de cambio en cualquier organización. Saber usar la libertad, perderle el miedo que como sociedad adolescente aún le tenemos, aunque la pidamos a gritos.

La experiencia nos dice que en el cambio organizacional hay un poco de ciencia; pero mucho de arte. El "arte" radica en ajustar las metodologías al sistema de valores y comportamientos propios de cada organización de cara al cumplimiento de sus objetivos de negocio.

El "arte" supone, además, libertad con responsabilidad y la necesaria dosis de coraje para tomar decisiones, dejando el "diagnóstico" de lado (somos excelentes fotógrafos de la realidad), para pasar a la acción, más allá de la metodología de moda.

Precisamente, por todo esto creo que aún no se logra implementar, exitosamente, modelos foráneos; ya que se los pretende transplantar a una realidad en la cual no fueron creados. Pero tampoco hay (o para ser justos, son muy pocos) los que toman la responsabilidad y deciden recrearlos de cara al contexto organizacional en donde se pretende adoptarlos.

Es más fácil atribuirles culpas por el fracaso en la implementación, o directamente, criticarlos, incluso, desde lo que no dicen.

Por ello, sostengo que falta una visión "regional" acerca de cómo sostener procesos de cambio perdurables. Cuando hablo de "regional", me refiero - aún a riesgo de caer en simplificaciones de orden cultural-, a considerar ciertos atributos, precisamente, culturales, axiológicos y conductuales, típicos de nuestros países, los cuales al no ser considerados, ocasionan fracasos.

Valga un ejemplo. Una empresa cliente, cuyo centro de decisión se encuentra en su casa matriz en Inglaterra, importó un mecanismo millonario de mantenimiento preventivo, en el marco de un importante proceso de cambio y transformación tecnológica.

Dicha implementación contenía un módulo denominado "Gestión del desempeño personal frente a procesos de cambio tecnológico" o algo similar, basado en una reconocida metodología de cambio organizacional.

La implementación del módulo resultó un rotundo fracaso, porque sus criterios elaborados en Inglaterra, nada tenían que ver con los patrones culturales y actitudinales de los operarios, supervisores y gerentes de esta empresa ubicada en el Norte de Argentina, encargados de poner en práctica dicho programa de mantenimiento preventivo.

Esto es lo que sucede cuando líderes locales de procesos de cambio, intentan "enchufar", porque esa es la palabra, formas de implementar metodologías o manuales de cambio provenientes de sus casas matrices, que poco o nada tienen que ver con la cultura y forma de hacer las cosas localmente.

En definitiva, se debió empezar de cero; recuerdo muy bien el descreimiento, el escepticismo y la desmotivación imperante, ya que había sido ignorado uno de los indicadores de éxito/fracaso crítico en todo proceso de cambio: *Participación de todo el personal.*

¿Dónde se asientan los costos generados por situaciones como la descripta?

Participar implica desarrollar un clima de confianza y libertad a la sazón, valores que están en crisis en la mayoría de las organizaciones que conozco, entre otras razones que abordaremos, por la carencia de un liderazgo ejemplar basado en valores.

3. Algunas premisas para la lectura de este libro, o... "el que avisa no traiciona":

1. Estoy convencido que el cambio es un fenómeno, esencialmente, "humano"; quiero decir, que ignorar factores tales como los estilos personales de los involucrados más allá de sus jerarquías, sus sistemas de creencias y valores, sus perfiles motivacionales, sus aspiraciones, sus opiniones, sus competencias, sus mejorables...

en definitiva, su persona, conlleva de manera inevitable al fracaso de dicho proceso de cambio.

2. No hay proceso de cambio efectivo; o sea, con impacto en el negocio, sin visión, compromiso, ejemplo y guía de los principales líderes de dicho proceso. El liderazgo debe constituirse en un valor transversal, a todo nivel de la organización. No constituye un privilegio, sino un servicio, no es una función; es una actitud. Es autoridad y ejemplo, no poder y cargo. La percepción de carencia de liderazgo en procesos de cambio, da nacimiento a la anomia, la deslealtad, la irresponsabilidad, el choque de principios y el "sálvese quien pueda". Póngase a pensar de qué forma impacta esto en la rentabilidad de su negocio.

3. Asumir responsabilidades en el marco de un proceso de cambio, y ejercer el liderazgo supone: en primer lugar, ser consciente de las propias fortalezas y mejorables del líder; tal vez, sea su primer acto "responsable": Ver primero en sí mismo, en su estilo personal y en los principales rasgos de su personalidad, el cambio que él mismo vislumbra hacia el exterior. Establecer de manera continua la "brecha" entre hacia dónde va su sector/organización y sus capacidades y actitudes para transitar por ese camino. Esto implica un ejercicio de autoliderazgo y autoconocimiento. Demuestra a su vez, un grado de humildad, poco frecuente, en la gran mayoría de directivos que conozco. Es más fácil echar la culpa de los fracasos a la metodología, al consultor, al contexto o al jefe... Dejar de culpar a otros de las cosas que nos suceden para empezar a elegir ser la causa de las cosas que nos suceden, constituye el primer paso para consolidar un liderazgo integral (de nuestra propia vida en primer lugar, y del ocasional trabajo en segundo lugar).

4. No estoy en contra de las metodologías "foráneas"; de hecho, me formé en y con ellas y me nutro también de ellas; las recreo. De hecho, encontrará recurrentes citas de autores que para mí son referentes, como Kotter, Guilhou, Drucker, Chowdhury, Tichy, Maxwell, Hammer y otros. Sin embargo, sostengo que hace falta recrearlas y ajustarlas a un contexto cultural, considerablemente, distinto al que fueron concebidas y, mayoritariamente, aplicadas. La intención de este libro es desarrollar una aproximación a dicho contexto a través de experiencias que en mi carácter de consultor vivo a diario.

5. Cuando hablo de empresa, intento hacerlo con un sentido, relativamente, amplio, que va desde empresas de negocio grandes y pymes, hasta sociedades sin fines de lucro, y Administración Pública. Todo esto por la sencilla pero contundente razón que toda empresa es un sistema muy complejo de relaciones y circuitos vinculantes, -muchas veces tóxicos,- que lejos de poseer un orden fijo o pre-establecido, está caracterizado, tal vez hoy más que nunca, por ser un entramado "técnico-social" con un comportamiento cambiante, pendular, donde operan fuerzas opuestas pero a la vez complementarias, no excluyentes (calidad vs. costos, corto plazo y largo plazo, centralización y descentralización, estrategias más ambiciosas pero con menor cantidad de recursos para implementarlas, etc.). Por ello mismo, a menudo dicho sistema resulta impredecible, merced a la confluencia continua de variables o "corrientes" que actúan en algunos casos más cerca de la superficie (controlables) y en otros en sus profundidades más abisales (no controlables). Precisamente por ello, están en un clima de "tensión" constante, tensión que implica transición continua hacia una situación de negocios determinada, con el consecuente aprendizaje, a veces doloroso, que tal camino implica.

6. La "empresa" en sí misma resulta una entelequia. Está conformada por individuos con su personalidad, su marco referencial, su cosmovisión y aspiraciones. No hay estrategia de cambio, estructura departamental, recursos tecnológicos – financieros u objetivos corporativos que puedan suplir lo que la gente no está dispuesta a ofrecer. Para saber lo que la gente está dispuesta a ofrecer es, absolutamente, necesario reconocer la "persona" y sus "componentes", más allá del rol que ocupa.

7. Si hablamos de cambios perdurables, valga la contradicción,- se puede interpretar que no todo cambia. Lo que no cambia son los valores, es decir, ese sistema de creencias profundo que marca el rumbo de las prácticas comerciales y desempeño de las personas que integran dicha organización. Creo que hoy más que nunca hay que empezar a aflojar con los controles y ajustar con los valores: todo líder de cambio deberá comprender que los valores y principios corporativos, tema al que nos referiremos también a lo largo del libro, no son "funcionales al momento". No son una "estrategia comercial" coyuntural y descartable; sino que representan la forma a través de la cual la organización piensa, siente y hace su negocio,

perdura y mantiene su credibilidad, (¿recuerdan acaso el tristemente célebre caso Andersen/Enron?). *"Detrás de toda venta, están nuestros valores"*, me graficaba un directivo del área comercial de una empresa química. O sea que como también veremos, "valores" no está reservado para los eruditos o estudiosos, sino que todos estamos en condiciones de consolidar dichos valores desde el lugar que ocupemos en cualquier organización.

8. "Poca ciencia, mucho arte". Nada es lineal en esta materia, todo es recurrente y si se me permite el término, "espiralado"; por ello al abordar un concepto, muchas veces, será necesario hacer referencia a otros, que, probablemente, ya hayan sido tratados. ¿Cómo hablar de Cambio organizacional sin hablar de liderazgo?, ¿cómo hablar de liderazgo omitiendo los valores?, ¿cómo hablar de procesos, sin hablar de personas?

9. Haré reiterada referencia al necesario abordaje sistémico que en momentos como los que, actualmente, determina el contexto es necesario utilizar. Sin embargo, cada día estoy más convencido de que en el marco de la economía del conocimiento, los directivos necesitan concebir el liderazgo del cambio ya no en el desglose de pequeños elementos o "partes" como gestión de la calidad total, gestión o reingeniería de procesos, desarrollo de canales participativos para con los empleados-, sino que por el contrario, deberán pensar en gestionar el cambio en términos de una dinámica. En lugar de entender la gestión del cambio como quien utiliza una máquina o receta un medicamento para curar una" determinada y específica dolencia, hoy los líderes de procesos de cambio, tienen como responsabilidad conectar y equilibrar todos esos elementos o partes determinantes del proyecto de cambio. Por ello, es necesario conocerlos, prima facie, de manera aislada, reconociendo que su valor estará dado en la medida que formen parte de la dinámica del cambio, en los cuales dichas partes operan. Un líder de un proceso de cambio en una empresa cliente colombiana, me lo graficó así: "es como si estuviésemos sometidos a cinco tratamientos médicos al mismo tiempo: un equipo está a cargo de bajar la infección, otro de reducir los contenidos de glucosa, otro se ocupa de monitorear el corazón... estamos como locos...".
    Por ello, es que es imprescindible que la organización/sector sujeto a cambio sea capaz primero de diseñar "su" caso de cambio, y a partir de allí, facilitar dicho cambio en el marco de una dinámica continua, no de manera aislada o asistémica.

10. Lo invito a que dude. Dude de todo lo que lea en este libro; recréelo. Como decía Jorge Luis Borges, "la duda es el primer síntoma de la inteligencia". El objetivo es que a partir de los planteos, experiencias y seguras contradicciones que encontrará a lo largo de esta obra, sea usted capaz de someterlas a su propio hacer profesional y elabore su juicio crítico. La resultante de dicho ejercicio, será "su" teoría, "su" metodología, verbigracia, la más efectiva.

El capítulo I: abarca una descripción general, crítica, y hasta panfletaria, acerca de la irrupción de algunos emergentes globales, y el impacto que generaron en la Argentina durante el último lustro de los noventa y la primera década de este siglo. Globalización, Revolución Tecnológica, Economía del Conocimiento, entre otros, generaron cambios en el rol de las empresas, frente a dicho escenario de transformación. Ahora bien, ¿Están dando las organizaciones las respuestas esperadas en tal sentido?

El capítulo II: ofrece una mirada tanto retrospectiva, como proyectiva acerca del aprendizaje organizacional. Introducir a la organización en "modo aprendizaje", tal vez sea el único factor generador de ventajas competitivas en el actual contexto de negocios. Abordaré sobre diferentes estilos de aprendizaje organizacional, el necesario alineamiento entre los talentos de la organización y los nuevos requerimientos de los clientes, como así también una revisión al concepto de "talento", tan trillado en estos tiempos.

El capítulo III: desarrolla una mirada conceptual sobre lo que llamo "arquitectura del cambio organizacional". Profundizaré algunos temas críticos a la hora de implementar procesos de cambio, como lo son las transiciones organizacionales y personales, la aplicación del sentido de urgencia y los costos de una inadecuada facilitación de la transición, como indicadores fundamentales a considerar a la hora de diseñar una estrategia de negocios. Asimismo, fundamentaré la importancia de derribar el mito de la resistencia al cambio. Analizaré las causas de la resistencia, las consecuencias de ignorar dichas causas en la productividad laboral y por extensión, en los objetivos de negocio. Asimismo, incluiré en el análisis la variable "cultura organizacional", haciendo una descripción de sus componentes y de la necesidad de terminar con la idea de que la cultura "no se toca". Presentaré un caso de transformación cultural implementado en una empresa cliente, y sus resultados más concluyentes. Finalmente, abordaré el modelo de Administración por Valores, donde se consolida la idea de "todo no cambia".

El capítulo IV: indaga sobre lo que considero el valor más trascendente a la hora de guiar a una organización hacia una situación requerida: el liderazgo. Sin dar una definición de "libro", puesto que ya hay muchas, propongo una revisión al modelo tradicional "academicista" y conductista de formación de líderes ejecutivos, al que considero, mayoritariamente, caro, teórico, alejado del negocio y, especialmente, de la ética y los valores imprescindibles para nuclear a personas hacia el logro de un objetivo. Es por ello, que propongo un modelo basado en una serie de actitudes cardinales para el ejercicio del liderazgo, orientado, especialmente, en la construcción de vínculos de confianza, sin por ello dejar de obtener resultados de primer orden.

El capítulo V: muestra una metodología -una más-, que hoy, al momento de escribir este libro, a mi equipo y a mí nos da resultado. Quizá éste sea el único valor de la misma y por eso la comparto. La misma resulta de una integración sistémica producto de la interrelación de mejores prácticas en procesos de cambio organizacional. Las mismas, representan ejes de trabajo a considerar por cualquier organización que pretenda desarrollar de manera secuencial ciertos procesos de transformación. Como siempre, queda abierto el desafío: recréelas, anímese.

Al finalizar algunos capítulos, encontrará espacios denominados "Islas de Reflexión". Su finalidad es ayudarlo a vincular lo tratado, con su propia realidad profesional. La intención es invitarlo a hacer su interpretación de lo enunciado. Las "Islas" están conformadas por una serie de consignas numeradas, correlativamente, con el objetivo de que a medida que avance en la lectura usted pueda hacer su propia síntesis.

En definitiva, pretendo compartir algunas ideas, orientadas a inducirlo a comenzar, empíricamente, el recorrido fascinante de acompañar a su organización a "navegar" por la continua transición que hoy, el mundo de los negocios demanda.

Jorge Fernández Belda
Buenos Aires, Febrero 2013

Capítulo 1

¿CAMBIO DE ÉPOCA, O ÉPOCA DE CAMBIO?

"En el actual escenario, se acabaron los manuales.
Son tiempos que traen consigo sus propias reglas.
La única certeza, es que ya nada será como antes,
por lo que sólo queda, mirar hacia adelante."

Xavier Guilhou

I. Contexto y fuerzas de cambio surgidas en Argentina 1995/2010

Lejos estoy de pretender formular un ensayo sociopolítico de la realidad argentina de dicho período entre otras razones, porque ya resultaría desactualizado, a la luz de la dinámica de los tiempos que vivimos.

Sin embargo, creo oportuno rescatar algunos acontecimientos relacionados con la política y la economía desde el último lustro de los `90 hasta la primera década del presente siglo, con el fin de tomarlos como punto de referencia. La idea es comprender mejor ciertas fuerzas de cambio que hoy imperan, y el posible impacto de éstas en la necesidad de transformación de las empresas.

Está claro que en el presente de cada organización suele existir lo que se denomina una "visión" de la situación de negocios a la que se pretende arribar. La palabra visión se utiliza para describir de manera muchas veces, pretendidamente, ambigua, ese estado deseado al que se aspira, aunque a menudo el camino, verbigracia, la articulación de estrategia, estructura, procesos y personas -, no resulte del todo claro.

Como señala Santiago Lazzati, la idea es que esa visión se constituya en "visión compartida", actuando la misma como un poderoso factor de motivación, pertenencia y desafío constante.

Indudablemente, para mirar hacia delante, para transitar hacia su visión, toda organización debería hacer una suerte de "revisionismo histórico" de su pasado reciente. Ese revisionismo deberá ser dinámico y poseer un único objetivo: proveer de aprendizaje a quienes lo analizan. Que sirva de aprendizaje para formular estrategias, pero también de des-aprendizaje; despojarse de los errores cometidos producto del análisis pasado es un buen comienzo para encarar el desarrollo de una visión compartida.

> *Siempre me pregunto, ¿por qué muchos de los directivos que conozco en Latinoamérica formados en las mejores escuelas de negocios de sus respectivos países, repiten los mismos errores? o, ¿por qué incurren en errores ya no en el cumplimiento de los objetivos, sino en la formulación de los mismos?, en definitiva... ¿por qué fracasan los proyectos?*

Está claro que no es por falta de conocimiento o formación directiva. Este contexto organizacional donde pareciera ser que "todo es para ya", nos empuja hacia una seudo proactividad o hiper actividad improductiva. En aras de estar siempre "un paso adelante", cometemos errores reiterados, entrando en un "tirabuzón" conformado por una combinación nefasta: resultados inmediatos e inflexibilidad para revisar prácticas gerenciales.

Estos años de ejercicio profesional, me remarcan a diario que el éxito empresarial es en muchos casos, directamente, proporcional a la soberbia directiva; un elemento más para sostener la necesidad de entender la naturaleza humana a la hora de imprimir cambios organizacionales.

Entender la historia de la organización es ahondar en los valores en los que fue concebida, sus hitos de desarrollo, sus relaciones de poder, sus crisis pero también sus respuestas a dichas crisis y su relación histórica con el contexto en el cual se desarrolla.

Adicionalmente, y de forma independiente de los bienes o servicios que una organización produzca, un valor agregado crítico generador de adaptación y supervivencia, será –y créame que cada vez más-, su relación con el contexto en y con el cual interactúa.

En la era del conocimiento, las organizaciones cada vez menos "valen" por sus activos físicos, por sus recursos tecnológicos o incluso por su marca; tres aspectos que constituyen condiciones necesarias para competir en un mercado, altamente, cambiante y globalizado.

Sin embargo, la condición de suficiencia para desarrollarse, pasarán por tres ejes estratégicos: desarrollo de clientes rentables, desarrollo de canales de distribución –por aquello de "distribución es poder"-, y personas, gente, recursos humanos. Tal vez, la articulación de ésta trilogía constituya la esencia misma del crecimiento organizacional y de su relación con su macroentorno.

La calidad de esa relación estará, directamente, ligada al conocimiento que esa organización posea de dicho contexto de negocios, local e internacional, pasado, actual y futuro. Pero para pensar en el futuro debe reconocer su pasado inmediato y aprender de los posibles errores producidos.

Es por ello que, como bien sostiene el gran gurú de la Estrategia, Arie de Geus:

*"Las organizaciones inteligentes son las que aprenden a aprender.
La capacidad de aprender con mayor rapidez que los competidores
quizá sea la única ventaja competitiva sostenible en el tiempo".*

Frente a procesos de cambio organizacional, el conocimiento del pasado es importante para entender el entramado organizacional actual, pero, especialmente, para configurar una nueva visión, de cara a la concreción de la situación de negocio pretendida.

Bajo la premisa de re-conocer el pasado inmediato, hagamos una breve (y por supuesto arbitraria y parcial), revisión de ciertas discontinuidades en el plano de la economía y la política de los últimos quince años que, incluso, no vieron su nacimiento en Argentina, pero que, sin embargo impactaron e impactan en el desarrollo y en la capacidad de aprendizaje (o ceguera) de ciertas organizaciones.

II. Globalización:

Hacia mediados de los 90, la palabra globalización se repetía mucho en diversos ámbitos tanto empresariales, como académicos. Era también abundante lo que se leía acerca de ella, pero lo concreto es que nadie en la Argentina aún la había experimentado, como para hacer su propia síntesis de la misma (me refiero tanto a empresas como al pequeño ahorrista, profesional y "clase media").

El sueño de pertenecer al primer mundo alimentado por aquellos años por un PBI sobredimensionado, la paridad monetaria y al acceso relativamente fácil al crédito inmobiliario, se vio interrumpido, bruscamente, con el denominado Efecto Tequila.

Llegó la globalización.

En la globalización, como, gráficamente, sostiene el filósofo argentino Tomás Abraham, en su libro "El presente absoluto": "los capitales son los nuevos sujetos del poder y tienen la conducta de los vientos". Una empresa en San Luis cerraba o despedía personal, porque un inversionista ruso residente en Londres, retira millonarios fondos de bancos de Suiza y Alemania.

Este escenario nos enseña, brutalmente, algo: empezamos ser parte de un todo, absolutamente, integrado. Lo inevitable y contundente de los hechos se encuentra no sólo en el efecto final –globalización en este caso,- sino también en los intermedios ,que alimentaron la creación de dicho efecto, y que parece ser, quienes debían anticipar no anticiparon, o lo hicieron a su antojo y conveniencia.

Por aquellos años, nos percatamos de que nuestra razón de ser y existir ya no residía en cada "uno"; precisamente, en términos de unidad, ya sea empresa o persona, sino en el conjunto.

Me constituyo en el efecto de una causa que puede no generar, aunque, seguramente, habrá de provocar –por acción u omisión, deliberadamente, o no-, un efecto venidero.

A primera vista, parecería que la relación causa-efecto deja de ser directa o conductista; insisto, el efecto lo padece alguien que no lo causa.

Es como en el universo Borgiano, donde el destino resulta del conjunto de causas y efectos de la vida. Una secuencia continua, un antes y después componen todos los momentos culminantes de los relatos. No existen hechos inconexos, ni inocuos.

Todo contribuye a la continuidad. Pero la continuidad es la suma de estadios, hechos políticos, económicos y sociales en el tema que nos compete-, intermedios que se complementan y conllevan a un desencadenante, que a su vez, contribuirá a la generación de hechos de concreción inmediata: el irreductible destino.

Estos hechos, verdadero entramado kafkiano, funcionan como los cuadros de una película que son parte de un continuo, pero a su vez, son poseedores de individualidad, pero "solos" o aislados del conjunto no constituyen la película, no generan el efecto; no son la película.

Son o "valen", únicamente, formando parte del contexto o conjunto en el cual se encuentran y a su vez, es dicho contexto quien les posibilita "valer".

Durante los 90′, a quienes ocupábamos puestos directivos y, paralelamente, enriquecíamos nuestra formación de grado, nos explicaban que todo esto debíamos entenderlo a partir de la llegada de un nuevo actor: el cambio.

Ya nada iba a ser como antes; "un banco en Bombay, producto del default ruso, emitió letras del tesoro a un valor nominal menor al proyectado; por eso tu fondo en Estocolmo redujo en 2 puntos la tasa de rentabilidad": algo así de estrambótico (o parecido), me decía mi asesor financiero de entonces. Yo sólo sabía que dicha reducción en 2 puntos, me impedían realizar una operación inmobiliaria en el exterior prevista hacía tiempo... ¿cómo entender?

Debíamos "convivir" con el cambio –a la sazón un efecto, producido por un entramado de múltiples causas generadoras, a su vez, de otro efecto por venir–, de una manera más o menos armoniosa, ya que según nos martillaban "el cambio llegó para quedarse".

En este contexto, en las organizaciones nos enseñaban a desarrollar una nueva forma de diagnosticar, decidir, influir e implementar acciones: el pensamiento sistémico. Todos debíamos leer a Peter Senge (otra vez la extrapolación pura de modelos); la moda argentina de importar modas. Compramos la ropa más osada en el extranjero, para luego guardarla en el placard de casa; nadie la usa por miedo al ridículo.

Por aquellos años, un directivo que viajó a USA, especialmente, para asistir a un curso de Senge, me confesó: "Vine fascinado y agradezco a la empresa por la inversión que hizo en mí... pero no podríamos nunca implementar esto acá; este contexto no ayuda". Lo de siempre: me deslumbro, lo compro, pero no lo uso.

La victimización argentina; la culpa es del contexto. Nuestro deporte nacional: achacarle a otro (suegra, imperialismo, masonería, globalización, cliente, jefe o proveedor) la causa de la situación, esquivar el bulto. La creencia en el pensamiento mágico; ¿el curso iba a brindar la solución?, o, ¿el curso iba a darte las herramientas para que lo adaptes a tu propio contexto?, ¿quién pretendías que conozca tu contexto, Senge acaso?

La sociedad argentina y por extensión los directivos de empresa que de ella provienen,- confunde a menudo solución con salvación. Solución implica trabajo, asumir responsabilidades, riesgo, decisión y coraje, templanza, liderazgo, autoconocimiento y humildad.

La salvación supone la, tristemente, enquistada: "cultura del zafe", tan presente y nociva en las organizaciones argentinas. De esto venimos; no hay más que revisar un poco la historia argentina de los últimos cincuenta años, para no ir hasta la época de la conquista.

El tránsito de la salvación (pensamiento mágico, zafe, el "estoy en eso" o el "mail ya lo mandé", o la tristemente "es lo que hay...") a la solución (aprendizaje, error, coraje, responsabilidad, hacerse cargo, exposición, asumir riesgos responsables), es el primer ejercicio de cambio personal que todo líder de un proceso de cambio organizacional, más allá del cargo directivo que ocupe y de la dimensión de dicho cambio, debe realizar.

La mayoría de los proyectos no son "comprados" por la gente, porque, precisamente, vislumbran y perciben que a ellos se les pide la solución, mientras que los que lideran el cambio, piensan y actúan en términos de salvación.

Eran años de consumismo y parecía que el furor por adquirir, también llegaba al Management. Los grandes Gurús nos visitaban en el marco de mega eventos, que, en muchos casos, servían para "tarjetear" o hacer "networking" y ser visto, más que para reflexionar acerca de sus sugerencias y enseñanzas, como base de discusión para la recreación al contexto local, de los modelos propuestos.

Estas muestras –verdaderos "shoppings del conocimiento"-, recordaban al antiguo zoco árabe; en un auditorio hablaba el experto en estrategia, en otro el de calidad, más allá el de liderazgo. La idea era irse con un poco en cada bolsa. Nos íbamos con conocimiento, pero no lo transformábamos en aprendizaje.

Llegábamos a nuestras compañías con ideas revolucionarias, que muy pronto ese contexto al que machacamos todos nuestros males, se encargaba, impiadosamente, de pulverizar.

Teníamos la más actualizada bibliografía de Management en nuestra biblioteca... teníamos a los gurús, casi instalados en casa, pero... ¿quién se encargaba de poner el conocimiento en acción?, ¿quién empujaría la cabeza hacia el logro de objetivos?

Sería necio negar que entrar al mundo y estrechar la mano de los Gurús (salvación), resultaba una condición necesaria por aquellos años, pero no suficiente. No pasamos a la solución, que como ya mencionamos, implica decodificar y recrear dichos modelos a la propia realidad de cada negocio.

Para ello, hacía falta liderazgo... el liderazgo que –paradójicamente-, comprábamos en libros o escuchando a los más reconocidos especialistas.

Recuerdo muy bien cuando en el marco de estos "espectáculos de management", presentados en algunos casos por reconocidos animadores de TV (¿?), un Gurú espetó frente a más de 200 directivos:

"En Argentina, veo mucho gerente, mucho celular y bonitas se-cretarias; pero veo poco lado humano del Management... veo poco liderazgo...".

Ninguno de los que estábamos ahí acusó recibo, tampoco, preguntamos qué quiso decir con eso, o cómo se nos podría ayudar. Nuestra soberbia, -directamente, proporcional a nuestro efímero éxito,- nos impedía ver lo evidente.

Por su reconocida humildad y valía personal no daré su nombre porque sé que le disgusta; diré, en cambio, que aún se recuerda en ciertos ámbitos, la iniciativa de un destacado colega que aprovechando el nuevo conocimiento que estábamos incorporando, fomentó la creación del "Taller Gerencial de Discusión y Cambio", un foro de trabajo del que participarían "Números Uno" de diversas áreas de importantes empresas.

Pretendió constituirse en una saludable iniciativa cuyo pilar de trabajo era, precisamente, la necesidad de empezar "por uno" como líder, a modificar ciertos paradigmas, como la soberbia intelectual entre otros. Se percibía que estábamos frente al fin de un ciclo; nadie, o, seguramente, muy pocos, sabían que iba a pasar, pero ya se olía incertidumbre.

Como hoy, por aquellos años había una sola certeza: el camino que nos llevó hasta ahí, no sería el mismo que nos llevaría hacia donde necesitábamos, por entonces, llegar.

Por eso mismo, nadie mejor que líderes para maniobrar en medio de la penumbra...

El objetivo de este espacio fue constituir un foro de aprendizaje compartido, en el cual debíamos debatir acerca del contexto y recrear o decodificar los modelos que estábamos adquiriendo a nuestra propia cultura, realidad, fortalezas y limitaciones.

Su premisa era entrar con conocimiento y salir con aprendizaje, por eso no fue arbitrario denominarlo "Taller".

Como, personalmente, formé parte del equipo organizador de dichos encuentros, observábamos "in situ" el notorio descenso en la cantidad de asistentes a cada sesión.

Claro, no había Gurús internacionales y no se trataba de un curso o conferencia ("salvación"); además no había mucho margen para intercambiar tarjetas personales o hacer "networking", porque preferíamos trabajar con un grupo limitado de referentes.

La idea era "hacerse cargo", es decir, sentar bases para un trabajo de cambio y revisión ("solución"). Por ello, al cabo de unos pocos meses, cuando percatamos que nos sobraban demasiada cantidad de sándwiches y excesivos litros de café, discontinuamos la actividad.

Sin embargo, nos decían (y comprábamos y tomábamos notas en nuestras carpetas), que la responsabilidad y el compromiso son la esencia de todo líder; responsabilidad, dijimos, es "responder", "hacerse cargo", según lo que se espera de uno en un momento determinado.

La irresponsabilidad, la no respuesta, el mirar para otro lado, el "zafe" de muchos directivos traducida en la práctica gerencial en no hacerse cargo o no responder en tiempo y forma de acuerdo a lo que se espera de su rol, queda manifiesta en estas actitudes que en sus más diversas manifestaciones perduran hasta hoy.

Tal vez, esta sea la esencia de la denominada "crisis de liderazgo" por la que atraviesan la mayoría de las organizaciones que conozco. Paradójicamente, estos temas, no forman parte de la agenda de ningún curso de entrenamiento gerencial.

Parece ser que es más importante conocer la diferencia entre "Jefe y Líder", o tirarse de una plataforma en un Outdoor, o escalar montañas... actividades todas necesarias, pero que no van a la esencia de la verdadera problemática del liderazgo gerencial, ya no frente una época de cambio, sino de cara a transitar un cambio de época.

Como Gerentes de aquellos tiempos, debíamos aprender a concebir los efectos derivados de las variables de contexto imperantes, ya no como figuras estáticas, sino muy por el contrario, como una dinámica de hechos interrelacionados e interdependientes entre sí, de cuyo entendimiento debíamos interpretar y en algunos casos, anticipar ciertos escenarios de negocios.

Cobraban fuerza palabras o conceptos tales como "paradigma", "proactividad", "empresa inteligente", "toma de riesgos". Asistíamos a cursos en los cuales debíamos jugar al "juego de la cerveza" y nos enseñaban a tomar decisiones en un "contexto de cambio".

En cualquier reunión de equipo o comités de Dirección, nos bajaban frases que sonaban más a petardismo electoral que a formulaciones estratégicas: "lo único continuo es el cambio" o "sigamos cambiando que hay que cambiar" y otras tantas.

Merced a la globalización y el consecuente cambio que la misma generaba, dejábamos la unidad para empezar a formar parte de un "sistema". Tal vez, por ello, recobró peso la "Teoría General de Sistemas" (TGS), desarrollada por el alemán Ludwing Von Bertalonffy, cuyas premisas básicas son:

1. Los sistemas existen dentro de los sistemas.

2. Los sistemas son abiertos y se constituyen por diversos elementos que se encuentran interrelacionados.

3. Dicha interrelación genera que se afecten, mutuamente, para conformar la unidad "sistema".

4. Las funciones de un sistema dependen de su estructura.

5. Las partes del sistema tienen valor sólo si se analizan dentro de él.

El punto clave está constituido por las relaciones entre los diversos elementos del mismo; puede existir un conjunto de objetos, pero si estos no están relacionados no constituyen un sistema.

La TGS penetró, rápidamente, en la teoría administrativa o de Management, por una serie de razones fundamentales:

a. Debido a la necesidad de sintetizar e integrar más las teorías que la precedieron (Administración Científica, por ejemplo), llevándose con éxito cuando se aplicaron las ciencias del comportamiento al estudio de la organización.

b. Los cambios tecnológicos trajeron inmensas posibilidades de desarrollo y operación de las ideas que convergían hacia una teoría de sistemas aplicada a la administración.

c. Las unidades o elementos que conforman el sistema, así como sus intrínsecas relaciones, tratan siempre de alcanzar un objetivo.

d. La naturaleza "global" del sistema; al tener una naturaleza orgánica, cualquier estímulo en cualquier unidad del sistema, afectará a todas las demás unidades que lo conforman, debido a la fuerte interrelación existente entre dichas unidades.

e. La tendencia que los sistemas tienen al desgaste o a la desintegración (Entropía); la misma está relacionada con la predisposición natural de los objetos a caer en un estado de desorden. Todos los sistemas no vivos, tienden al desorden; si se los deja aislados perderán con el tiempo todo movimiento y degenerarán, convirtiéndose en una masa inerte, por eso, a veces, se habla de "entropía negativa".

f. Regulación: Si los sistemas, como dijimos, son conjuntos de componentes interdependientes e interrelacionados, dichos componentes deben ser regulados (manejados) de cierta manera para que los objetivos del sistema, finalmente, se cumplan.

Como herramienta de gestión práctica, verdadero "GPS" para el abordaje sistémico de una organización o parte de ella, rescato el "Modelo de Análisis Organizacional – MAO", desarrollado, localmente, por Santiago Lazzati en Arthur Andersen.

Este modelo es aplicable a todo tipo de organización, más allá de su área de negocio, tamaño, ubicación geográfica, misión, forma jurídica, etc.

A principios de los años `90, este modelo fue adoptado por Arthur Andersen a nivel mundial. Específicamente, para la práctica de Consultoría, como un "Oragnization Analysis Model", aplicable a diversas áreas de dicha Práctica.

Todos, más allá de nuestra especialidad profesional dentro del Grupo Business Consulting, debíamos generar valor interpretando de manera, cabalmente, sistémica la problemática y necesidad de nuestros clientes, aplicando el MAO. Se nos entrenaba, específicamente, en su aplicación, en Seminarios internacionales denominados "Designing Effective Solutions", tanto en Argentina como en USA.

Considerando los puntos mencionados de la TGS, el Modelo de Análisis Organizacional ayuda a comprender el funcionamiento de la empresa como sistema, que tal vez tenga como característica –o mejor dicho como razón de ser-, el formar parte de otro mayor del cual se nutre, retroalimenta e influencia.

A su vez, ese sistema mayor, por ejemplo, el contexto o macro entorno de negocios en el cual se desenvuelve esa organización, también nutre, retroalimenta e influencia al sistema-organización.

El MAO hace una profunda descripción de las partes que componen a la organización, y, especialmente, de sus interrelaciones, a través de interpretar su relación con el contexto de negocios, su dinámica, su management, sus procesos, su desempeño, sus resultados y las personas que la integran.

El Modelo realiza un abordaje integral de la organización, constituyéndose en una muy efectiva herramienta orientada a concebir de manera holística el funcionamiento de las distintas "partes" de toda empresa, y el impacto que genera en el resto del sistema, hacer una intervención en cualquiera de ellas.

A modo de ejemplo ilustramos:

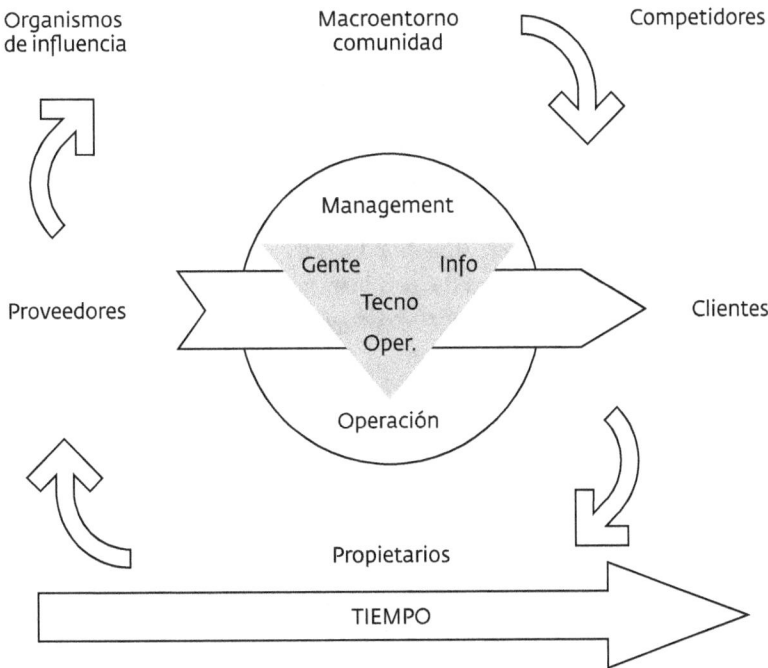

La organización, como señalé anteriormente, es una continua y compleja dinámica "socio-técnica" de hechos y vínculos, generada por las múltiples y cambiantes interrelaciones de las diversas "partes" que la componen. El entendimiento de dichas interrelaciones y el impacto que las mismas generan en el contexto de la organización es la esencia para entender el éxito o fracaso de cualquier proyecto de cambio organizacional.

El estudio de sus distintas "partes", como así también su evolución en el tiempo, sus hitos y hechos trascendentes, su historia, su presente y su visión, constituyen verdaderas "ventanas de acceso", al entendimiento de su razón de ser.

La organización, integrada por su negocio, está dirigida por un Management, que pretende un determinado desempeño tanto de la operación, como de las personas que la integran, orientado a su objetivo de negocio. Éste, a su vez, comprende la mencionada operación, la información y la gestión de los Recursos Humanos.

Como factor común, estos elementos poseen la tecnología, que como veremos más adelante, es una de las irrupciones más trascendentes en la década que estamos analizando.

Asimismo, la relación de la Organización, con el Macroentorno y los distintos actores que lo integran (organismos de influencia propio del ramo de actividad de la organización, comunidad, proveedores, clientes, propietarios, competencia, etc.), se constituyen, en estos tiempos una de las principales ventajas competitivas de dicha organización; es una relación de continua negociación y entendimiento de necesidades.

En un contexto "globalizado", este abordaje, verdaderamente, sistémico de la organización, abrió las mentes de muchos de nosotros. Como consultores nos permitió, y aún lo sigue haciendo, a través de las sucesivas actualizaciones del Modelo efectuadas por Lazzati, entender no solamente las partes, sino y, fundamentalmente, las interrelaciones entre las mismas, su dinámica y por extensión, el impacto de las mismas en la concreción de las metas organizacionales.

Por todo ello es que frente a procesos de cambio organizacional, el MAO es una muy útil herramienta que facilita la obtención de información para implementar intervenciones en los dos ejes en los que, como veremos, todo proceso de estas características se sustenta: Procesos y Gente.

III. Argentina, el mundo... ¿en crisis o en ruptura?:

Las crisis suelen ser consecuencia de una estructura de cambios políticos, sociales o tecnológicos operados dentro o fuera de un sistema que, paradójicamente, "parece" organizado, pero que en realidad resulta inestable.

Los cambios "críticos" o constitutivos de las crisis, normalmente, guardan algún grado de incertidumbre en cuanto a su perdurabilidad, reversibilidad o carácter radical, pudiendo por ello no ser, necesariamente, transformacionales. En las crisis, siempre queda "margen" para volver al estado anterior.

De ahí que toda crisis entraña un riesgo, pero también la posibilidad de generar un aprendizaje, que consiste en des-aprender o "des-andar": se cambian las reglas del juego, no el juego. Para jugar el mismo juego, aunque con distintas reglas, nos ayuda la experiencia. El des-andar consiste, precisamente, en recrear esa experiencia de acuerdo a las características del nuevo estado.

Esta característica distingue las crisis de las rupturas, donde como analizaré más adelante, no hay punto de retorno y ya nada resulta como antes debido a que los cambios resultan profundos y hasta violentos con consecuencias trascendentales en el sistema objeto de disrupción.

Los argentinos estamos acostumbrados a que nos despierten súbitamente. Luego de una profunda siesta en la que muchos soñaban y otros gozaban con "pizza y champagne", Ferraris, licuadoras y "un-peso-un-dólar", nos percatamos con estupor que ya no había más mega eventos ni viajes por convenciones.

Tampoco, llegaban más Gurús a mostrarnos el camino, y los "líderes" que antes intercambiaban tarjetas, ya no solamente no lo hacían... directamente muchos de ellos, ¡ya no estaban!

Había llegado la "crisis". Supermercados saqueados, empresas quebradas, ola masiva de despidos y ruleta rusa: "llegamos al viernes; al menos sobrevivimos una semana más...", era el comentario de los empleados de muchas empresas. Una especie de "Gran Hermano" siniestro, de aquellos aún, no tan lejanos tiempos.

En lo político-económico, devaluación, fin de la convertibilidad, destape inflacionario, pérdida del valor de los ahorros, megacanje, blindaje, corralito, corralón, cacerolas, muertes, helicóptero, estafa y "patriótico" default.

Sucesión de Presidentes. La Argentina anómica entra en un callejón, que parece no tener salida. Inseguridad e intolerancia, expresadas en innumerables muestras de violencia, que son transmitidas a todo el mundo, sintetizan el derrumbe del "modelo" económico a manos del mismo "modelo"... que lo parió (en los dos sentidos, estimado lector).

Sin embargo, tengo mis dudas que el problema sea económico o político; me inclino a pensar que es humano, por lo tanto es asunto de líderes (o de carencia de ellos, o irresponsabilidad absoluta de algunos), ya sean estos representantes de la dirigencia política, empresarial, sindical o deportiva.

Al igual que las teorías y metodologías del Management, se pretendió transplantar modelos económicos exitosos en otros lugares, a la Argentina. La idea de copiar, no de adaptar ni recrear; de salvación, nunca de solución, y eso es tarea de líderes con coraje, responsabilidad y determinación.

Todo "modelo", más allá de la disciplina que lo sostenga (Administración, Economía, otras.), siempre es secundario; es el instrumento, nunca el fin. Nos hemos enamorado de modelos, en lugar de preocuparnos por los hombres que lo implementan, sus convicciones, valores y principios de acción.

Para implementar cambios en el gobierno o en la empresa, hace falta líderes; no la presencia continua de desvalores sostenidos por dirigentes, que han caracterizado nuestra historia reciente, tales como cobardía, intolerancia, corrupción, codicia, retórica hueca, soberbia, apariencia y caudillismo, para nombrar sólo algunas.

Desvalores que, naturalmente, han sido y son, perfectamente, transportables al mundo empresarial. Sabido es que muchos empresarios (asistentes a los mega eventos nombrados y en algunos casos proclamados "líderes" o "empresarios del año" en distintos medios especializados), cobraban/pagaban coimas, reintegros, sobornos millonarios, comisiones y practicaban un innumerable y variopinto comportamiento corrupto.

Según admitió, recientemente, una de estas compañías en el marco de un proceso judicial que se realiza en Estados, Unidos, en algunos casos los pagos a funcionarios gubernamentales argentinos, superaron los US$ 30 millones, y fueron registrados en los balances como "gastos de consultoría", o "gastos legales", entre otros rubros, por supuesto, a cambio de un trato favorable en licitaciones públicas.

El Estado resultaba tan ineficiente como incapaz de ejercer dos de sus funciones básicas: cobrar (legalmente) y administrar (eficientemente); de hecho no se generaban ingresos en concepto de impuesto a las ganancias proveniente de los denominados "grandes contribuyentes", entre los cuales figuraban empresas hoy preocupadas por la "responsabilidad social empresaria".

Se trata de aparentar lo que no se es; el manual del argentino básico en su expresión más patética.

La creatividad, aprendida en los cursos o en las conferencias, se usaba para "dibujar" una ingeniería contable-financiera con el aval de aquellos líderes que aplaudían a rabiar las recomendaciones de los Gurús que nos hablaban de los valores como base para ejercer un liderazgo ético y que la verdadera ventaja competitiva de las empresas pronto ya no serán sus bienes y activos, sino las personas que la integran.

Para reforzar esta aseveración, cito a uno de los más renombrados especialistas en Management de crisis, el francés Xavier Guilhou, quien durante uno de sus viajes a la Argentina sostuvo:

> *"(...) no es el sistema político, ni económico sino los hombres los que hacen la diferencia. Es el nivel de coraje y determinación de la gente. No se necesita demasiado para reestablecer la confianza. Un gesto simbólico, las palabras de un líder con una fuerte convicción personal, bastan para encontrar el nuevo camino. Argentina debe reconstruirse sobre esa gente que se revela, esas personas que en situaciones de normalidad no son tenidas en cuenta porque son diferentes".*

En el marco de la llamada "crisis" la oferta de capacitación empresaria (para las que quedaron), se adecuó, rápidamente, a los nuevos tiempos: "¿Cómo crecer en un contexto de crisis?", "El liderazgo para la crisis", "¿Cómo motivar al personal en tiempos de crisis"?, son sólo alguno de los títulos que recuerdo.

La cultura del "how to...?" se instalaba en la agenda de entrenamiento ejecutivo; las salvaciones reaparecían compactadas en 20 horas; pero claro, con tres características distintivas respecto a poco tiempo antes:

▶ Más baratas y remendadas.

▶ Sin acento extranjero y,

▶ Con menos... muchos menos participantes.

Se recurría –práctica que aún se conserva,- a fortalecer conocimientos; o sea, más teoría, más curso "enlatado", más conductismo envasado, como si nada hubiese ocurrido.

En lugar de debatir, por ejemplo, acerca del liderazgo necesario para afrontar la crisis o instar a la necesaria revisión de valores, o cómo alinear a las personas hacia el logro de las metas que cada uno como directivo poseía, seguíamos creyendo que los líderes se producen en el aula, como autos en una línea de montaje.

Una vez más el pensamiento mágico, en lugar de formular una profunda revisión de convicciones y valores orientadas a la reconstrucción necesaria.

Una vez más, el no matar los temas, el no ir a lo profundo de ellos. La sociopatía, tal vez, más grave de la Argentina: la recurrencia al error... al mismo error.

Sostengo esto, porque si algo caracteriza a las crisis es que los fenómenos que la integran son difíciles de ubicar en el marco de los parámetros más o menos conocidos o preestablecidos, y, especialmente, porque el saber que una sociedad previamente a una crisis posee, durante la misma ya no resulta suficiente para convivir con ella.

Por ello es que en períodos de crisis, hay una competencia que resulta esencial para la supervivencia: asumir riesgos responsables. Desapareció el manual de prevención, no hay más "Project", lo que ayer servía y era garantía de éxito, hoy resulta inaplicable, al menos en su totalidad.

Por lo tanto, no queda otra opción que decidir con una visión profunda del contexto en el cual se decidirá y considerando que el impacto que se evalúa puede tener dicha decisión, al momento de ejecutarla, puede ser otro muy distinto.

Esto implica desarrollar ya no, solamente, una necesaria perspectiva holística; supone también, reconocer que una sola persona, no tiene ni el conocimiento, ni la óptica de todo el conjunto, por lo tanto, el trabajo en equipo se posiciona como un mecanismo de aprendizaje dotando de visiones multidisciplinarias y facilitando la "navegación" en los mares de la incertidumbre, propia de toda crisis.

Trabajo en equipo, no es trabajar con amigos, ni llevarnos todos bien. Trabajo en equipo es la administración profesional de las diferencias en el marco de un objetivo común.

Sin embargo, como sostuve anteriormente, toda crisis por más cruda que resulte, aún guarda la posibilidad, de volver al estado previo a la misma: esa es precisamente la oportunidad que brinda la crisis: aprender a des-aprender, a des-andar, capitalizando en el nuevo escenario, la experiencia que se supone nos dejó la crisis.

¿Supimos aprovecharla en ese sentido? ¿Sabemos actualmente aprovechar lo que está ocurriendo?

Dado un sistema, la ruptura es la más radical de las discontinuidades en el devenir de los hechos que lo configuran. Su irrupción se caracteriza por la destrucción total de los acontecimientos anteriores a su manifestación. Se caen los paradigmas; no se actualizan o revisan como en la crisis.

La estructura de cambios que conforman la ruptura, -a diferencia de los que daban fuerza a la crisis,- poseen una fuerza casi sobrenatural o "tsunámica", si se me permite la imagen, que produce un quiebre, una alteración profunda en el orden del sistema.

Como sostiene Xavier Guilhou:

"Una ruptura es una discontinuidad irreversible y en muchos casos brutal, que provoca el continuo componer y recomponer los principios fundadores del sistema objeto de la ruptura".

A diferencia de la crisis, en la ruptura no hay pasado; verbigracia, no hay experiencia que valga para convivir con ella, no hay antecedente, no hay "mejores prácticas".

La ruptura no brinda referencias, sólo la sensación que el futuro es hoy, por lo tanto, no ofrece visión, no tolera duda ni planificación; obliga a la acción y a la construcción diaria de un camino del cual no está muy clara su dirección, pero que hay que transitar, so pena de disolución.

La ruptura da lugar al ideal más que al objetivo, al sueño más que a la razón, al impulso más que al método, a la libertad más que al límite. Por ello ofrece lo que el sociólogo francés Alan Touraine denomina: "el cambio de nuestra mirada a nosotros mismos".

La ruptura es el fin de un mundo, pero no el fin del mundo. Por ello, no es menor que Guilhou utilice el vocablo: *"recomponer"*, en su concepción de "Ruptura".

Según la vigésimo segunda edición del Diccionario de la Real Academia Española, recomponer significa *"componer de nuevo"*; o sea que, aunque en circunstancias más radicales y oscuras que en las crisis, la ruptura hace necesario ya no la revisión, sino la creación de nuevos sistemas de creencias, cosmovisiones y formas de interpretar el nuevo estado de cosas.

Las rupturas obligan a abandonar la "zona del confort", el facilismo, el pensamiento mágico y el "Dios es argentino", para dar paso al desarrollo de campos de acción, no de duda; de implementación, no de teorización, y una vez más, de soluciones no de salvaciones.

El completar esta "hoja en blanco", o sea, este nuevo orden que genera toda ruptura es la gran dificultad que tienen las organizaciones en Argentina para facilitar procesos de transformación, más allá de su tipo, tamaño e impacto pretendido.

Los errores en decisiones y por consiguiente en resultados, se suceden porque hay en muchos casos, una manifiesta tendencia a negar el período de ruptura y el nuevo estado generado. Resulta incómodo a nivel directivo reconocer que hay que escribir la historia; preferimos que lo hagan por nosotros, pero eso sí; si algo no me gusta... protesto.

Nuevamente, el no hacerse cargo, el comportamiento irresponsable, cuando nos dan la hoja en blanco para que la escribamos, hacemos un bollo y al cesto... que lo haga otro. Es más cómodo criticar o protestar desde la platea; siempre es más fácil que asumir riesgos.

Por todo ello, sostengo que a nivel organizacional padecemos de una manifiesta carencia de liderazgo; si esto fuera así, ¿cómo pretender que los procesos de cambio organizacional resulten creíbles y perdurables?

Por eso, resulta más cómodo hablar de crisis ya que después de todo, "parece que podemos seguir zafando".

Curiosamente, más de una vez he hablado con Directivos que desde su lugar, reconocen esta diferencia: "ojalá esto fuera una crisis... esto no tiene vuelta...", dicen. Ese no "tener vuelta", implicaba un reconocimiento implícito de estado de ruptura.

Sin embargo, sus decisiones, su liderazgo, su visión del negocio y ni hablar sus cuadros de resultados, estaban... en crisis.

Ruptura implica incertidumbre, pero a su vez, la creación de un nuevo orden. El esculpido diario de ese nuevo orden es trabajo, es formulación de hipótesis, creación de nuevas visiones, ensayo y error.

Ruptura implica el surgimiento de líderes; rol que muchas veces proclamamos pero que muy poco practicamos, a pesar de todos los Gurús que nos visitaron.

"La Argentina es un país con un enrome potencial, generosamente, dotado de recursos humanos y naturales". Hasta ahí llegan las alabanzas del Foro Económico Mundial para nuestro país, en su reporte anual 2006-2007, sobre **competitividad mundial.**

Según el boletín de Calificaciones que entrega el Foro Económico Mundial, la Argentina se ubica en el puesto 69 en el ranking de **competitividad** mundial, entre 125 países, mientras que el año pasado ocupaba el puesto 54.

De acuerdo con "La Nación" del 28 de Enero de 2007, la calificación, que recoge opinión de hombres de negocios con poder de decisión en cada uno de los países, considera nueve pilares o indicadores de "gestión-país" claves en materia de **competitividad:**

- ▶ Instituciones.

- ▶ Infraestructura.

- ▶ Macroeconomía.

- ▶ Salud y Educación Primaria.

- ▶ Educación Superior y Capacitación.

- ▶ Eficiencia del Mercado.

- ▶ Preparación Tecnológica.

- ▶ Sofisticación en los Negocios.

- ▶ Innovación.

Los ítems *"Salud y Educación primaria"* y *"Educación Superior y Capacitación"* fueron los únicos en los que Argentina, obtuvo una calificación, relativamente, aceptable. De nueve ítems, apenas dos. Muy poco.

Según la fuente citada,

"Argentina posee instituciones tan eficientes como las de Nigeria, Nepal y Burundi. Infraestructura tan desarrollada como la de Jamaica, Bolivia y Pakistán".

Agrega:

(...) *"la economía en negro no contribuye a una mejor calificación de Argentina. (...) que se ubica en el puesto 90, seguida por Brasil, ambas naciones con altos niveles de economía no registrada, similares a los de Etiopía, Bangladesh, Burundi y Ecuador".*

Continúa:

"En la Argentina no hay relación entre la productividad laboral y el salario, el país está al fondo de la tabla y muy por debajo de la media, en el puesto 104. El país latinoamericano mejor ubicado es Chile, en el puesto 16."

En el ítem "Instituciones", la Argentina recibe las peores calificaciones, ubicándose en el puesto 112, obteniendo un promedio de 3 puntos en un grupo donde la nota más alta posible es un 7. El país comparte la pobre calificación con República Dominicana, Nigeria, Nepal, Burundi, Camboya y Filipinas, entre otros.

"¡Argentinos... a las cosas! La frase de José Ortega y Gasset, conocedor profundo del ser argentino, tiene, tal vez, como pocas veces, un significado clave a la hora definir el rumbo de la Argentina.

Hoy, "las cosas", son **concertación y consenso**, pero para ello hace falta liderazgo.

El liderazgo, y por extensión, la **concertación** acerca de las políticas y estrategias de estado que se deberán seguir para convertir a esta nación en competitiva, se constituye en el gran desafío de la primera mitad de este siglo para la Argentina.

En definitiva, si tuviéramos que sintetizar lo expuesto hasta aquí, podríamos considerar las siguientes (¿crisis o rupturas?) acaecidas en el contexto macroeconómico vivido por la Argentina, en el período analizado, y su impacto en las Organizaciones:

1995/2000

- ▶ Apertura al mundo/interactuar con otros: conocerlos y que me conozcan.

- ▶ Toma de conciencia de lo que somos: Brecha "dónde estoy, dónde quiero/puedo estar".

- ▶ Importación de conocimiento: Visita de Gurús/Modelos Teóricos.

▶ Fuerte inversión en capacitación y desarrollo de RRHH.

▶ Paridad "1 a 1".

2001/03

▶ Recesión/despidos/costos derivados/impacto en la rentabilidad y cumplimiento de objetivos de negocio.

▶ Éxodo masivo de los talentos mejor pagos/formados en las organizaciones durante el período anterior.

▶ Depresión y anomia /cultura del "zafe" en su máxima expresión.

2004/10

▶ Toma de conciencia de lo que soy y de dónde estoy.

▶ Carencia de Managers experimentados (entre 40 y 50 años): ocupan posiciones en el exterior o son consultores independientes.

▶ Brecha generacional a nivel gerencial.

▶ Necesidad de formar nuevos gerentes, pero... ¿con qué modelos?

▶ Era del conocimiento.

▶ Nueva relación del hombre con el trabajo.

▶ De empleado... a EMPLEABLE.

▶ Indicadores macroeconómicos en crecimiento.

▶ Lehmnan Brothers.

▶ Principales economías entran en recesión.

▶ Crisis global.

▶ Conflicto con el campo.

▶ Incremento en las tasas de desempleo.

Estas "paradojas" que constituyen un verdadero "modelo para armar", complejo y desafiante es la prueba de supervivencia que definirá la visión y el rumbo de este "imperio que no fue" que es la Argentina.

La empresa representa un muy propicio escenario para que de manera cotidiana se empiecen a desarrollar modelos locales orientados a consensuar visiones y estrategias orientadas a desarrollar procesos de cambio efectivos, mediante prácticas de liderazgo que sus dirigentes por lo menos por formación, poseen.

Claro que capacidades y actitudes no siempre sintonizan. El logro de ese alineamiento es trabajo de líderes, quienes han demostrado a nivel empresarial estar muy formados (aptos), pero muy poco predispuestos (actitud) a nuclear, convocar y obtener lo mejor de las personas para el logro de sus objetivos de negocio.

IV.¿Tecnología y una ciencia sin modelos?:

Permítame empezar con algunos ejemplos:

▶ Hace poco mi hijo menor se quejaba por la escasa velocidad de Internet; yo a su edad, hubiese estado más preocupado si se le salía un brazo a uno de mis soldaditos de plástico. ¿De qué se quejará, tecnológicamente, hablando, dentro de apenas dos años?

▶ Sorprendido, gratamente, por el excelente nivel mostrado por uno de mis alumnos en la defensa de su tesis, quise interiorizarme acerca de los pormenores de su preparación. *"Muy sencillo"*,- me dijo: *"Vía Skype me contacté con el Director de Talento Humano de la empresa XX en Barcelona, mediante e-meeting organicé una reunión virtual con alumnos recién graduados de la Complutense de Madrid y a través de Internet encontré una enciclopedia que me permitió ahondar en los puntos que necesitaba reforzar".*

▶ Mis últimas vacaciones familiares nacieron en mi escritorio; gastos cancelados en dinero electrónico, reservas de hoteles y hasta despacho de equipajes on-line y por el mismo medio, hasta pudimos prever el pronóstico del tiempo.

▶ Una Pyme del Gran Buenos Aires chequea y toma decisiones de compra a través de agentes virtuales; inauguró, recientemente, esquemas inteligentes de distribución y por supuesto, se contacta con sus proveedores y clientes en Indonesia y Japón en tiempo real, a través de programas de última generación.

▶ Según un reciente estudio realizado en España, en el 2016, el 25% de la fuerza laboral mundial, serán trabajadores virtuales o sea, trabajarán mediante tecnología de última generación desde sus casas. Destaca dicho estudio que dichos trabajadores no sólo serán profesionales independientes, sino también empleados de empresas. En Argentina, ya hay organizaciones que de forma gradual, están implementando este sistema.

Estos escenarios, directa o indirectamente, tienen lugar en el marco del denominado "e-Commerce"; el mismo ya supera el concepto "tecnología" es más que eso: es una nueva forma que han adoptado las empresas para crear y generar valor a sí mismas y a sus clientes.

Esencialmente, el eCommerce es la gestión de procesos complejos de cara a que las compañías logren sus objetivos de negocios en forma eficiente, rápida y, especialmente, efectiva, integrando:

- ▶ Estrategia

- ▶ Tecnología

- ▶ Procesos

- ▶ Gente – Recursos Humanos

Agreguemos que muchas empresas están incorporando el comercio electrónico ya como una unidad específica de su negocio, lo cual supone incorporar también la concepción holística a la que hicimos oportuna referencia, que permite visualizar la organización como un todo interrelacionado, incluyendo, esencialmente:

- ▶ La concepción de una nueva visión de negocios con utilización de todas sus capacidades en el contexto de la eEconomy.

- ▶ El desarrollo de nuevos canales virtuales que favorezcan rediseños de procesos en la empresa, ya sean logísticos, administrativos, de distribución de manera de alinearlos a la estrategia corporativa.

- ▶ La automatización de los procesos inherentes a la generación de servicio al cliente, generando ventajas competitivas que distingan a esa empresa cada vez más de sus competidores.

En definitiva, la utilización del comercio electrónico, como generador de valor empresario y como ventaja competitiva en la percepción de servicio por parte del cliente, incluye beneficios poco imaginados hace una década, como marketing relacional, estudio de comportamiento de los consumidores, supermercados virtuales, etc.

Seguramente, al momento de estar este libro en sus manos, esta descripción resulte anacrónica, caduca. La velocidad es la savia de la denominada economía digital.

Por ello, resulta un claro y cotidiano ejemplo de cómo se percibe el principio rector de toda ruptura: nada es como antes, nada será como antes. No hay retorno.

Las rupturas, precisamente, rompen, irrumpen sin pedir permiso y entran con toda su onda expansiva generadora de acción en el presente y a su vez, formulan sólo incógnitas de cara al futuro.

En el marco de la economía digital, un desafío clave para las empresas es retener a su personal clave para el desarrollo del negocio. Si bien, ésta es, actualmente, una problemática común a todas las empresas, es notoria la alta rotación que afecta a las IT, hoy por hoy.

Es por ello que surgen nuevas formas de contratación, retención y retribución, acorde a los tiempos, donde la palabra "empleabilidad", pareciera ser uno de los pilares que sustentan la nueva relación del hombre con el trabajo.

Pero además, pareciera, que el desarrollo incesante de la tecnología, nos está llevando a lo que Chris Anderson, denomina una *"ciencia sin modelos"*. O lo que me atrevo a definir como la posible "nueva ruptura tecnológica".

El estadístico George Box, hace, aproximadamente, 30 años, sostuvo: "todos los modelos son incorrectos, pero algunos son útiles". En aquellos años, sólo los modelos, desde las ecuaciones cosmológicas, hasta las teorías del comportamiento humano, parecían poder explicar el mundo que nos rodeaba de manera más o menos consistente, pero, seguramente, incorrecta.

Setenta años atrás, las computadoras digitales hicieron legible la información, hace 20 años, Internet la hizo alcanzable y masiva, y hace 10, los primeros "web crawlers" ("arañas de la web"), que recopilan páginas para los motores de búsqueda, transformaron toda la información en una sola base de datos.

Actualmente, compañías como Google están entrando en la era del Petabyte, en la que "más", significa "diferente". Los kilobytes se almacenaban en discos flexibles, los megabytes en discos rígidos y los terabytes en unidades de discos múltiples. Los petabytes se almancenan en la "nube" de Internet.

Es la era del Petabyte, como sostiene Peter Norving, director de investigación de Google:

(...) *"clasificar los datos es ocioso. Debemos abandonar la idea de que la información puede visualizarse en su totalidad y abordarla con otro enfoque"* (...) *"visualizarla de forma matemática, y luego darle un contexto. A Google, le alcanzó la matemática aplicada para conquistar el mundo de la publicidad. No nos detuvimos en pensar si sabíamos algo sobre las convenciones de la publicidad y la cultura de la misma. El objetivo no es la publicidad, sino la ciencia"* (...).

Y afirma:

(...) *"en el mundo de hoy, las grandes masas de datos y la matemática aplicada reemplazan a cualquier otro instrumento analítico".*
Suma controversia y sostiene:

"Terminemos con las teorías sobre el comportamiento humano, (...), olvidémonos de las taxonomías, de la ontología y la psicología. ¿Quién sabe por qué las personas hacen lo que hacen? (...). El punto es que lo hacen, y que hoy podemos rastrearlo y medirlo con una fidelidad sin precedente (...)".

¿Vamos hacia una ciencia sin modelos?; según muchos teóricos y dada la actual abundancia de información, el método científico, -hipótesis, modelo, comprobación- está quedando obsoleto. Esta línea de pensamiento, verdadera ruptura paradigmática, está popularizándose.

Por ejemplo, en Febrero de 2008, la Fundación Nacional de Ciencias de los Estados Unidos anunció el programa Cluster Exploratory (CluE), que financiará la investigación necesaria para poner en funcionamiento una plataforma de computación distribuida a gran escala creada por Google e IBM, junto con seis universidades.

El cluster constará de 1.600 procesadores, varios terabytes de memoria y cientos de terabytes de capacidad de almacenamiento. Entre otras investigaciones biológicas, los primeros proyectos de CluE, incluirán simulaciones del cerebro y el sistema nervioso.

Imagínese que aprender a usar una "computadora" de esta escala, puede ser todo un desafío. Pero a su vez, parecería que la oportunidad es formidable. La nueva disponibilidad de enormes cantidades de datos, junto con las herramientas estadísticas para procesarlos, brinda una nueva forma de entender el mundo.

Como sostiene Peter Norving:

"(...) cada vez más, la correlación reemplazará a la causalidad, y la ciencia puede avanzar mucho, incluso sin modelos coherentes, teorías unificadas o una explicación mecanicista (...)".

Ante esta inminente nueva (posible) ruptura y frente a la escasez de recursos humanos con conocimientos específicos en el vasto campo de la tecnología, la pregunta recurrente es "¿dónde buscar, ya que el mercado no nos ofrece la posibilidad de reclutar estos talentos?

Cada vez, se torna más imperativo "mirar hacia adentro", formar los "semilleros" que alimentarán las futuras generaciones directivas de cada compañía.

En este contexto, una nueva figura hace su presentación en el mercado global de trabajo: el e-worker. Esta inédita concepción de la relación hombre-trabajo, va más allá del campo del conocimiento al que el profesional se dedique; es un estilo de vida.

Como bien señala Álvarez Roldán, tal vez en lugar de hablar de generación "Y", deberíamos estar hablando de generación "@", comprendiendo dentro de ella a un grupo de profesionales enmarcados en un paradigma de relación con el trabajo signado por la existencia de "nuevos" valores:

- ► Equilibrio en la relación trabajo- calidad de vida.

- ► Libertad.

- ► Empleabilidad.

- ► Trabajo por proyectos, más que por permanencia en la oficina.

- ► Entornos de trabajo dinámicos, ágiles, sin el peso de un "jefe" que está todo el día atrás de uno.

- ► Sentirse "socio" o "dueño del "proyecto", más que de la empresa.

Como dijimos, toda ruptura, desafía a "recomponer" hábitos, sistemas de creencias, costumbres y hasta formas de escribir y comunicarse. No hay más que leer los messengers, o intentar descifrar ciertos mensajes de texto en los celulares de sus hijos adolescentes...

V. La era del conocimiento:

Probablemente, la otra gran ruptura que irrumpió en la última década, sea la denominada "era del conocimiento".

Cuando hablamos de conocimiento, nos estamos refiriendo al conjunto de información desarrollado en el contexto de una experiencia y transformado en una experiencia para la acción.

Según Javier Fernández López, en su libro "Gestionar la Confianza", conocimiento *"no equivale a la inteligencia, ni en sentido personal, ni en sentido organizacional"*.

La inteligencia es concebida como lo que los seres humanos necesitamos para generar conocimientos, siempre a partir de la experiencia que nos permite transformar vivencias en sabidurías.

Mi opinión es que la gestión del conocimiento organizacional es *el proceso a través del cual se transforman datos, en información gerencial valiosa para la toma de decisiones con impacto en el negocio.*

Dicha información, es retenida en los sistemas de la empresa, independientemente, de las personas que la conforman. De esta manera, lo que distingue a las organizaciones más allá de las personas que, circunstancialmente, la habitan u ocupan sus cargos, siempre será el conocimiento.

Así, el "acopio" de conocimiento se convierte tal vez en el activo más valioso para hacer frente a crisis y rupturas propias de este momento.

Hasta hace, relativamente, pocos años, cuando usted iba a una fiesta, conocía a una persona y le preguntaba a qué se dedicaba, seguramente, le hubiera contestado, "trabajo en Microsoft", o "trabajo en Techint", hoy la respuesta sería algo así como "soy programador" o "soy consultor", o "desarrollo software".

La lectura primaria que uno puede hacer de estas respuestas es que cada vez menos las personas se identifican con sus "empleadores", sino que cada vez más se identifican con su conocimiento.

Esa es su materia prima, y eso es lo que ofrece al mercado: conocimiento para volcarlo en un proyecto. Ya no se ofrece permanencia. El conocimiento es funcional al ritmo de los negocios: rapidez, poca predicibilidad y renovación constante.

Por lo tanto, el conocimiento organizacional, verbigracia su gestión, es un organismo dinámico; la dinámica del conocimiento (el tránsito del almacenamiento individual de conocimiento a la creación de la red de conocimiento, o conocimiento compartido) es lo que distingue a las organizaciones "vivientes" de las netamente "económicas", tal como afirma el anteriormente mencionado gurú Arie de Geus:

> (...) *"Las organizaciones "valen" en la medida que logren administrar más eficientemente que su competencia, la dinámica de generación del conocimiento. A través de dicha dinámica, convierten lo ordinario en extraordinario, lo común en valioso, la creatividad en innovación permanente, el simple dato en información para tomar decisiones de negocio."*

Pero como dice Senge "las organizaciones aprenden", y si aprenden conocen, por lo que están en condiciones de decidir. Producto de dichas decisiones de negocio, desarrollan su propio "banco de conocimiento", es decir, lo que muchos denominan a veces de manera apresurada: "ventajas competitivas".

Tales "ventajas competitivas" siempre son consecuencia de procesos de aprendizaje organizacional; y se construyen día a día, y todas ellas experimentadas, probadas e internalizadas por toda la organización, conforman conocimiento organizacional, es decir facilitan el ya de por sí complejo proceso decisorio.

ISLA DE REFLEXIÓN N° 1:

1. Mencione con dos o tres palabras, qué significó el fenómeno "globalización" en su empresa o actividad profesional por aquellos años:

2. ¿Qué aprendió a nivel personal/organizacional de dicho período?

3. ¿Qué impacto generó dicho aprendizaje en su organización/ profesión?

4. Piense en su propia experiencia profesional de los últimos 10 años. Distinga momentos de crisis y momentos de ruptura e indique con una palabra cómo podría definir a cada uno:

5. ¿Cómo definiría al estilo directivo de los managers locales?, ¿podría decir que dicho estilo está en crisis, atraviesa un momento de ruptura o es el adecuado de acuerdo al actual contexto de negocios argentino/global?

6. Desde su actual rol profesional, ¿qué debería estar haciendo usted de acuerdo a lo que manifestó en la respuesta anterior?

Capítulo 2

APRENDIZAJE ORGANIZACIONAL

"Capacidad para aprender = capacidad para (generar X generalizar ideas con impacto)"

Arthur K. Yeung

I. Origen y marco teórico.

El concepto de "organización abierta al aprendizaje", o como "sistema integral de aprendizaje", tiene su origen a principios del siglo XX. Frederick Taylor, padre de la influyente y a menudo, parcialmente, interpretada, Teoría de la Administración Científica, sostenía que cuando las "jerarquías administrativas" estaban ya fijas o más bien, establecidas, podía, perfectamente, transferirse este aprendizaje al resto de los empleados.

Se generaba así, una "cultura de la eficiencia organizacional"; algo así como que el aprendizaje debería dar origen a la eficiencia; o que la eficiencia siempre es producto del aprendizaje, como se prefiera.

Más avanzado el siglo XX, precisamente, en la década del `50, el tema del aprendizaje organizacional fue abordado por una serie de teóricos entre los que se destaca el por entonces futuro premio Nobel de economía, Herbert Simon.

Pues como veremos, si pensamos en los procedimientos para las operaciones estándar de la organización, entonces la opción que *elige* ésta, (la organización), queda condicionada por las *reglas* a las que se sujeta. Estas reglas, a su vez, reflejan los *procedimientos de aprendizaje* de la organización mediante los calar la empresa se adapta a su *entorno*.

El trabajo acerca de cómo *"eligen"* las organizaciones llevó a Simon y a sus colegas a estudiar modelos relacionados con la toma de decisiones. Por ejemplo, estudiaron a jugadores de ajedrez y vieron que los expertos eran más aptos que los nuevos para reemplazar piezas en el tablero de juego, porque recurrían a esquemas o "mapas de conocimiento" para organizar una serie de piezas o movidas clave.

Otra corriente de investigación fue la liderada por Chris Argyris y Donald Scnhon y la misma ha desembocado hasta nuestros días en el interés por el aprendizaje en las organizaciones. Argyris y Schon presentaron la diferencia entre el aprendizaje de primer orden y el de segundo orden.

El de primer orden trata de mejorar la capacidad de la organización para alcanzar objetivos conocidos y a menudo, está ligado al aprendizaje de rutinas y conductas.

El aprendizaje de segundo orden vuelve a evaluar la índole de los objetivos, así como los valores y creencias organizacionales que los fundamentan.

Brinda una visión muy práctica de las consecuencias de las decisiones empresariales, objetando, por ejemplo, las contradicciones de las metas que llevan al aprendizaje de primer orden; por ejemplo, aumentar las utilidades en el corto plazo en contraposición con incrementar, por ejemplo, la inversión en investigación de mercado, el desarrollo y otras variables para afrontar el largo plazo.

Puede decirse que el aprendizaje de primer orden no busca generar cambios significativos en la performance diaria de la empresa, en cambio, el aprendizaje de segundo orden busca cambiar los supuestos básicos subyacentes de toda organización (sistema de creencias, misión, visión, etc.).

De lo que se trata, según el enfoque es de entender que ambos aprendizajes no deben ser excluyentes, más bien al contrario, son, absolutamente, complementarios. En la medida que las organizaciones conviven con esa complementariedad, "aprenden a aprender".

Es precisamente el enfoque de Argyrys, el que alimenta la visión de Paul Evans quien hacia fines del siglo XX, desarrolló su teoría del "Liderazgo Dualístico".

La misma argumenta que el aprendizaje organizacional consiste en administrar "fuerzas opuestas"; estas fuerzas opuestas, por ejemplo, calidad y costos, corto plazo y largo plazo, expansión versus centralización etc., generan tensiones o brechas que son, absolutamente, necesarias y a la sazón, su existencia, es la fuente del aprendizaje organizacional.

Tal como sostiene Evans:

> *El reto del liderazgo hoy, es navegar entre opuestos, por lo que la organización que pretende ser eficaz debe estar en posesión de atributos que son contradictorios, o incluso, mutuamente excluyentes. La fuente del aprendizaje organizacional, son precisamente, estos valores en competencia; el control y la flexibilidad, la atención centrada en lo interno y en lo externo, la orientación a los medios y a los fines. El reto empresarial del nuevo siglo, consistirá en aprender a aprovechar las tensiones que los valores en competencia crean, en lugar de permanecer sujetos a ellas.*

Y complementa:

> *No se pueden reconciliar de una vez por todas las fuerzas opuestas, tales como la diferenciación y la integración, la orientación interna y la externa, la jerarquía y la red, el corto y el largo plazo, el cambio y la continuidad. Estas fuerzas opuestas crean tensión.*

Por todo ello, el aprendizaje organizacional consiste en la eficaz administración de dichas fuerzas opuestas, donde el liderazgo, a todo nivel de la organización posee un protagonismo trascendente.

El cuadro siguiente muestra las diversas tendencias y principales hitos en el último medio siglo, en lo que hace a enfoques acerca de administración y aprendizaje organizacional.

Décadas basadas en...	Aprendizaje organizacional
2000/10	Comercio electrónico. Empleabilidad. Marketing relacional. Administración de recursos escasos. Managment de la contradicción. Diversidad / multiculturalidad. Comunicación 2.0
1990	Facilitación del Cambio Organizacional. Administración de la información. Liderazgo a todo nivel organizacional 360º. Globalización. Desempeños alineados a resultados de negocio. Economía del conocimiento. Nueva relación hombre trabajo Generación Y.
1980	Administración Japonesa. Calidad Total: círculos de calidad. Cero defecto. Calidad de servicio y atención al cliente. Empowerment a los empleados. Liderazgo situacional. Ciclo del servicio. Excelencia.
1970	Planificación Estratégica. Presupuestación base cero. Administración por matrices. Administración participativa.
1960	Administración por objetivos – (APO). Enriquecimiento del puesto. Grupos de trabajo.
1950	Teoría"X" / Teoría"Y" Parrilla administrativa. Pronósticos.

Creo que lejos de ser excluyentes tanto los enfoques "clásicos" expresados, como los que figuran en el cuadro se complementan. Es más, en muchos casos se retroalimentan uno del otro.

Esta complementación o intersección cognitiva de los diversos enfoques, constituyen una verdadera espiral de aprendizaje organizacional, donde los modelos no se excluyen por "antiguos", sino que se complementan con otros más vigentes, produciendo un "nuevo conocimiento", tal vez no de carácter universal, pero sí, propios de cada organización, y funcionales a sus necesidades y objetivos de negocio.

II. Del conocimiento individual al aprendizaje organizacional

La era del conocimiento, tal como la planteamos signada por la necesidad de establecer ventajas competitivas, exige un mayor grado de flexibilidad por parte de las organizaciones para transitar de manera casi permanente, por lo que varios autores denominan "transición", es decir, el camino de una situación actual, hacia una pretendida. Este concepto lo ampliaremos en el Capítulo 3.

Ser parte activa del aprendizaje organizacional exige el desarrollo y/o fortalecimiento de nuevas competencias organizacionales para "navegar" de la manera más eficiente y rentable por esta continua transición:

- ▶ Habilidades para aprender rápida y continuamente.
- ▶ Capacidad para cambiar y flexibilizarse.
- ▶ Habilidad para actuar sin fronteras en un mundo globalizado.

Ampliando lo expresado al respecto y para entender mejor la problemática del aprendizaje organizacional, diremos que a mediados de los ochenta, aparece la denominada: *Teoría de Recursos y Capacidades.*

Ésta se centra en analizar los recursos y las capacidades de las organizaciones como base para la formulación de su estrategia. La Teoría basada en los recursos se encuadra dentro del denominado Análisis Estratégico, y se considera la precursora de la *gestión del conocimiento*. La teoría de recursos se resumía en tres puntos:

- ▶ Las organizaciones son diferentes entre sí en función de los recursos y capacidades que poseen en un momento determinado. Estos recursos y capacidades no están disponibles para todas las empresas en las mismas condiciones. Esto explica sus diferencias de rentabilidad.

▶ Los recursos y capacidades tienen cada vez un papel más relevante en la estrategia.

▶ El beneficio de una empresa es función de las características del entorno y de los recursos y capacidades de que dispone.

Estas aseveraciones, nos llevan a centrarnos en el concepto de: *capital intelectual.*

Este concepto se aplica al conjunto de activos intangibles que, aunque no estén reflejados en los estados contables tradicionales, generan o generarán valor como consecuencia de aspectos relacionados con el capital humano y con otros aspectos estructurales, los cuales permitirán a algunas empresas aprovechar mejor las oportunidades que a otras.

Con esto, podemos complementar la definición de Gestión del Conocimiento como *conjunto de procesos y sistemas que permiten que el Capital Intelectual de una organización aumente de forma significativa, mediante la gestión de sus capacidades de resolución de problemas de forma eficiente, con el objetivo final de generar ventajas competitivas sostenibles en el tiempo.*

El concepto hace referencia a las combinaciones de activos inmateriales que permiten funcionar a la empresa (conocimiento de los empleados, satisfacción de los empleados, fidelidad de los clientes, cuota de mercado...).

La fuente principal de ventajas competitivas sostenibles reside, fundamentalmente, en lo que la empresa sabe, en cómo utiliza lo que sabe y en su capacidad de aprender cosas nuevas.

Conocimiento es información que tiene valor. Por ello, el conocimiento pasa a ocupar un papel central y decisivo en la consecución del éxito de las empresas y organizaciones de nuestro tiempo, y por lo tanto, la gestión organizada del conocimiento pasa a ser asignatura obligada.

Más allá de los modelos y metodologías a las que se recurra, las organizaciones que aprenden son las que *logran transformar el conocimiento individual en organizacional, y éste en rentabilidad.*

En tal sentido, si bien el conocimiento de una organización "es uno solo", predominan dos exteriorizaciones del mismo que en sí no resultan excluyentes sino que deben complementarse, de acuerdo con lo expresado por Ponte y Dandois en "*El Management en el Siglo XXI*" de 1999:

▶ *El conocimiento individual*: También conocido como "know how", constituye el conjunto de actitudes, habilidades y experiencia que determinan el desempeño de una persona dentro de la compañía. No necesariamente resulta conocimiento compartido a nivel organizacional. También se lo denomina: conocimiento tácito.

▶ *El conocimiento organizacional*: Aquel que está documentado a través de normas, manuales de procedimientos, programas de entrenamiento, planes de desarrollo, y que es compartido. También denominado: explícito.

El siguiente cuadro ilustra los conceptos señalados:

Adaptado de: "El Management en el siglo XXI". Ed. Granica, 1999.

Este verdadero proceso supone: *"crear condiciones tanto en la persona como en la empresa"*, por lo que las empresas, necesariamente, tendrán que regenerarse de manera continua, lo cual supone un aprendizaje también sostenido.

Como quedó dicho en páginas anteriores, deberán adquirir de manera sostenida nuevas competencias, reformular sus procedimientos y, especialmente, escuchar las necesidades de sus clientes internos y externos.

Esto implica incorporar nuevos modelos, o formas de hacer negocios, es decir, desarrollar nuevos paradigmas, acordes a las tendencias del mercado. La capacidad de aprendizaje organizacional, está, estrechamente, ligada a la flexibilidad de la cultura organizacional a actualizar paradigmas básicos relacionados con su forma de implementar su estrategia.

Evidentemente, hay quienes deberían revisar sus paradigmas; en este sentido, tal vez no esté de más recordar, que el término refiere a un modelo de comportamientos a imitar y se remonta a la época de los griegos, quienes le denominaban "Parâdeima", actualmente, según el diccionario de la real academia española, significa:

▶ *"Ejemplo o **modelo** a seguir."*

▶ *"Forma rectora de **pensar**, formular e **interpretar** las soluciones de un problema."*

▶ *"Modelo conceptual que guía un proceso de diseño y determina la forma inicial de un programa."*

Nótese que estas explicaciones acerca del significado de la palabra "Paradigma", bien pueden constituirse en preguntas en sí mismas, que todo responsable de un área, gerencia o empresa deberá formularse todos los días, como forma de generar aprendizaje organizacional continuo:

▶ *"¿Nuestro actual **modelo** de negocios responde, cabalmente, a las necesidades de nuestros clientes?"*

▶ *"¿Nuestra actual forma de pensar, sentir e interpretar el negocio nos aportan reales soluciones de valor?"*

▶ *"¿En qué forma concreta nuestro actual modelo o patrón de hacer negocios facilita/obstaculiza nuestro crecimiento?"*

▶ *"¿Hasta qué punto no somos generadores de incompetencia gerencial?"*

Como nos comentaba un alto ejecutivo alguna vez: *"La duda es el primer paso hacia el éxito en los negocios"*. Dudar implica cuestionarse de manera continua el paradigma vigente en la manera de hacer negocios, por lo tanto, la duda es el germen del conocimiento organizacional.

Las empresas capaces de "desbaratarse" a sí mismas, de ponerse a prueba diariamente y cuestionarse de manera crítica su actual paradigma, habrán dado el primer paso en el continuo camino del aprendizaje organizacional.

En cuanto al Management y su migración paradigmática, entre el siglo XIX y lo que va del XXI, me gustaría detenerme en el análisis de determinadas variables críticas para entender buena parte del desarrollo organizacional:

Variable	Siglo XIX	Siglo XX	Siglo XXI
Teoría sobre la personalidad del trabajador.	Músculo y energía.	Subordinado a una jerarquía de necesidades.	Individuo reflexivo y autónomo.
Información y Conocimiento.	Atributo exclusivo de la dirección.	Dominada por la dirección y compartida esporádicamente.	Muy difundida. Share Knowledge.
Objetivo del trabajo.	Sobrevivir.	Acumular riqueza/ estatus social.	No se vive para trabajar, se trabaja para vivir. Cambio/rotación.
Identificación.	Con la empresa.	Identificado con un grupo social y/o con la empresa.	Identificado en general, consigo mismo, y sus principios. Los valores son la libertad y la elección .
Conflicto.	Nocivo, hay que evitarlo.	Molesto, pero tolerado, administrable a través de la negociaáon.	Forma parte vital de la dinámica de las relaciones humanas.
División del trabajo.	Dirección decide, empleados ejecutan.	Dirección decide, empleados ejecutan conscientemente.	Empleados y dirección deciden y ejecutan.
Poder	Concentrado en la cumbre.	Limitado, compartición funcional/ empowerment.	Difuso/compartido.

El primer paso hacia el aprendizaje organizacional consistirá en identificar en qué paradigma se encuentra su organización actualmente. No se deje engañar por lo visible; puede haber sistemas y recursos informáticos del siglo XXI, pero ejercicio del poder del siglo XIX.

En todo caso, recuerde que los paradigmas no son ni "buenos ni malos, ni mejores o peores", los paradigmas son actualizados o desactualizados, por lo tanto, inicie el el ejercicio del cuestionamiento, como base de cualquier cambio organizacional.

El germen de todo proceso de aprendizaje es el cuestionamiento profesional. El ejercicio de "sacudir el manzano" y ver lo que cae y lo que queda, de manera periódica, forja las bases para inducir a a su organización a un proceso de superación constante, pero eso empieza por los individuos.

Según Fiol y Lyles, el aprendizaje organizacional representa los sistemas, las historias y las normas de la organización que son transmitidos a los miembros nuevos de las organizaciones.

Hedberg, otro teórico del aprendizaje organizacional, sostiene:

"Aún cuando el aprendizaje en las organizaciones ocurre por medio de los individuos, sería un error concluir que ese aprendizaje no es sino el resultado acumulado del aprendizaje de sus miembros. Las organizaciones no tienen cerebros, pero tienen memoria y sistemas cognitivos. Conforme los individuos van desarrollando sus personalidades, hábitos personales y creencias con el transcurso del tiempo, las organizaciones desarrollan ideologías y visiones del mundo. Los miembros entran y salen, los líderes cambian, pero las memorias de las organizaciones conservan ciertos comportamientos, mapas mentales, normas y valores con el paso del tiempo".

Introducir a la organización en un proceso de aprendizaje, al contrario de lo que muchos aún creen, no se logra de manera automática, ni a través de cursos de formación o de programas de mejora.

Sin dudas, supone un cambio; cambios que muchas veces son confundidos con la instalación de programas para mejorar procesos, por ejemplo de reingeniería. Estos programas (la citada reingeniería de procesos, la calidad total, de mejora en el servicio, etc.), eran la "moda" y la supuesta solución a los problemas organizacionales.

Por supuesto que no estamos en contra de ellos; son condición necesaria para soportar cualquier proceso de aprendizaje organizacional. De hecho, deben formar parte del camino organizacional de aprendizaje, pero siempre como herramienta, no como fin en sí mismo.

De hecho, tal como sostiene John Kotter en "Leading Change" (Harvard Business School, 1996), en muchísimas ocasiones las mejoras generadas por la implementación de ciertos programas han sido decepcionantes y el desastre resultante ha producido consternación y ha dejado muchos recursos, -técnicos y humanos-, desperdiciados, y empleados quemados, asustados o frustrados, ya que en general son percibidos como agregados y como "algo más" con lo que se deberá "lidiar", sin tener claro el beneficios final que la implementación generará.

La pregunta sería por qué. Qué sucede o qué no se tiene en cuenta, para que herramientas de soporte útiles, más allá de su nombre, no resulten valiosas o no sean percibidas como medio para el aprendizaje organizacional, y por extensión, no ayudan a que la organización aprenda.

Mi opinión es que el *cambio o la actualización de la cultura* es fundamental para que la organización inicie un proceso continuo de *aprendizaje*, de andar y desandar caminos, de recrear modelos, de contrastar paradigmas, y por extensión, de lograr sus objetivos de negocio de una manera más eficiente que su competencia.

Por ello, creo necesario combinar tres indicadores de gestión que, normalmente, son considerados de manera general, abstracta y desintegrada:

Iniciativa para el Cambio Organizacional.
Cambio de Cultura Organizacional.
Capacidad de Aprendizaje Organizacional.

El cuadro siguiente, nos muestra una forma de integrar tales conceptos:

Grado de adopción de la iniciativa para el cambio	Grado en que existe una organización que aprende	
	Poco	Mucho
Mucho	2 Iniciativas para el cambio Variación Experimentación	4 Cambio de cultura por medio de la capacidad de aprendizaje
Poco	1 Statu quo	3 Aprendizaje individual Aprendizaje sin difusión

J. Kotter y J. Heskett, Culture and Performance, Free Press, Nueva York, 1992.

Aquí las dos dimensiones son: el *Aprendizaje* y el *Cambio*. Las organizaciones muestran mayor o menor entrega a una u otra dimensión. Las que están ubicadas en el cuadro 1, no se entregan a ninguna de las dos.

Las ubicadas en el cuadro 2 se comprometen con algunas iniciativas para el cambio, pero no logran convertir dichas tendencias en verdadero aprendizaje organizacional; compran programas, cursos o adquieren nuevas tendencias que quedan en la superficie, sin llegar a constituirse en mecanismos de aprendizaje.

Se trata de las compañías que tienen "el programa del mes" o "el premio al empleado eficaz".

En el cuadro 3, encontramos las organizaciones que son islas de talentos. El conocimiento, si bien importante, no está integrado, por lo tanto no cambian. Las personas generan ideas, pero éstas no generan impacto en el resto del negocio por no generalizarse dentro de la empresa.

No poseen una red de conocimientos compartidos, un "knowledge space", que permita abrevar conocimiento y mejores prácticas que generen desempeños de alto nivel.

Las organizaciones del cuadro 4, son las, verdaderamente, aprendientes, ya que además de poseer absorción de conocimiento y generación de mejores prácticas, éstas a su vez, moldean o regeneran la cultura empresaria, es decir, cambian y por lo tanto, aprenden.

En la práctica, observamos que en general, las organizaciones "navegan" entre los cuadrantes 2 y 3. Es decir, vemos ciertas acciones "espasmódicas" orientadas a la iniciativa, al aprendizaje, generalmente copiadas, que quedan, simplemente, en eso.

Por ello, devienen en organizaciones que son "islotes" de conocimiento; o sea, poca gente que sabe mucho. No se forman líderes, no se transmite know how, y por lo tanto no hay conocimiento compartido.

Este problema queda, visiblemente, expuesto en el momento de promover gente a posiciones jerárquicas (jefaturas, gerencias); probablemente son personas sobresalientes desde el punto de vista técnico, pero cuándo se les pregunta a quiénes formó para que lo reemplacen en el puesto que dejará libre, no tienen respuesta.

Nótese además, que el hecho de diferenciar el aprendizaje, las iniciativas para el cambio y el cambio de cultura, puede aportar información para las decisiones de negocio.

Por ejemplo, cuando se emprende una iniciativa para el cambio es importante probar ideas nuevas en lugar de tratar de superarse cada vez más en algo que, evidentemente, está equivocado. Es como decíamos en el capítulo 1: decidir en crisis cuando el contexto está determinado por la ruptura de un ciclo.

Un error muy típico en las organizaciones que no dimensionan estas variables antes de decidir, consiste en concentrarse en "resolver bien el problema equivocado", lo que se constituye en lo que Mitroff y Betz denominan en su obra "Dialectical Decision Theory", un "error gerencial de tercera clase".

Hoy en día, las organizaciones al centrarse en el aprendizaje, no sólo deberán cumplir una iniciativa, sino que deben transferir, más allá de sus propios límites, lo que hayan aprendido de ellas, como fuente de sus propias mejores prácticas. Éstas, las mejores prácticas, jamás se escriben con el resultado puesto, siempre se construyen desde el error.

En la medida que las organizaciones no "vean" que siempre están tratando de resolver el problema equivocado, sus mejores prácticas, no serán reales, porque no son fruto del aprendizaje. Simplemente, porque no pueden ya no aprender, sino, detectar la situación de aprendizaje.

El sello del aprendizaje organizacional no es el número de cursos que se hacen, o el de títulos que sus colaboradores obtienen. El aprendizaje se demuestra con resultados (aportar clientes, ver una manera de utilizar un proceso técnico de una forma distinta, tal vez de otra empresa, o bien reconociendo pautas financieras que sugieran la necesidad de hacer un nuevo plan de precios o de pagos, entre otros).

Las organizaciones que incentivan el aprendizaje no tienen por qué proporcionar formación necesariamente. Reconocen y recompensan el aprendizaje que sirve a la misión y a las estrategias de esas organizaciones. Esperan que la gente continúe aprendiendo y agregue valor a la organización.

El aprendizaje de las organizaciones se reduce a la capacidad para generar y generalizar ideas nuevas, que tengan impacto en el negocio.

En tal sentido, la empresa pendiente debatirá acerca de cómo va a contribuir el personal a todo nivel, más que en lo que ya haya conseguido. ¿Qué harán por los clientes en año próximo?, ¿cómo ayudará eso a las estrategias de la empresa?, ¿qué paradigmas deberá actualizar?

III. Las premisas del aprendizaje organizacional

A continuación, analizaré lo que Arthur Yeung y David Ulrich, denominan "*Cimientos para el aprendizaje organizacional*":

Cimiento 1. "*Las organizaciones que aprenden no sólo se concentran en el aprendizaje, sino que también alcanzan sus metas*".

La mayor parte de las definiciones del aprendizaje organizacional refieren a que el éxito del aprendizaje en una empresa está, directamente, ligado al logro de sus metas, y éstas a la vez, podrían no estar ligadas con los resultados "per se".

Mi opinión es que en el contexto actual, la meta de cualquier organización debe ser la reinvención y la adaptación continua tanto de sus productos, como de sus paradigmas vectores, a fin de entre otros beneficios, mejorar su nivel de competitividad.

En esta búsqueda, a menudo, el aprendizaje no representa los medios, sino la consecuencia, el fin. Una empresa todos los días, a partir de sus actividades, tiene innumerables posibilidades de aprender, si lo desea.

Para empezar a trabajar en "modo aprendizaje" es necesario concebir el funcionamiento organizacional, holísticamente. En tal sentido, Peter Senge, ha demostrado que cuando los administradores conciben a la organización como un sistema entero y no sólo en partes, donde, generalmente, la que dicho gerente dirige es la más importante, es mucho más probable que pueda darse el aprendizaje.

Llegado este punto y aunque no constituye la finalidad de este trabajo, no puedo pasar por alto, algunas diferencias que en general quienes nos hemos formado en Arthur Andersen, tenemos con la teoría de Peter Senge, por no considerarla, precisamente, digamos, "del todo sistémica".

Más allá de lo que yo pueda expresar, recurro a Lazzati y Sanguinetti quienes demuestran, magistralmente, las limitaciones del alcance del

Modelo Sengeniano, de las que recomiendo su lectura total en "Gerencia y Liderazgo". Aquí, una síntesis:

▶ *"No es debidamente sistémico, porque descuida la influencia de los elementos del sistema técnico".*

▶ *En materia de motivación, apela, principalmente, a la intrínseca, descuidando el efecto que la extrínseca posee en el rendimiento y proyección de las personas".*

▶ *"Carece de consideraciones situacionales, dejando de lado aspectos tales como el impacto que puede tener en el desempeño de un individuo entusiasta el choque con una cultura organizacional antagónica que él no puede modificar".*

Volviendo a la primera premisa, mi opinión es que la capacidad para aprender tiene antecedentes y consecuencias. Las compañías que aprenden se adaptan con mayor rapidez a las nuevas necesidades de sus clientes, logrando de esta manera incrementar su rentabilidad.

Cimiento 2. "Lo que aprenden las organizaciones está relacionado con lo que aprenden las personas, pero no se limita a ello".

Que las personas de una empresa aprendan, no significa que la organización aprenda; esta aseveración, en cierta manera, debería indicar el rumbo que las empresas deben tomar para crear entornos de aprendizaje continuos.

El aprendizaje individual, a menudo, se potencia más que el organizacional; pareciera ser más "capaz" el individuo que la empresa para aprender, al menos se "nota" más.

Esto tiene su origen en la creencia profunda que los directivos de una empresa, tienen o no hacia el aprendizaje, los estilos de aprendizaje de la organización y en tercer lugar, de sus incapacidades para aprender. Todo esto reflejado en sus propios modelos mentales, sistema de creencias, cultura, etc.

Siempre digo que si el aprendizaje de una organización, o lo "que sabe" la misma, representara la suma de lo que sus empleados "saben", los consultores deberíamos dedicarnos a otra cosa; tampoco habría premios especiales por nuevas iniciativas que resulten rentables o capacitación interdisciplinaria.

Ahora bien, ¿por qué es necesario que las empresas aprendan?; en todo caso, ¿cuál sería la relación que esto guarda con las personas que aprenden?

Snyder y Nason en *"Organizational Learning Disabilities"* en su trabajo académico para la Escuela de Administración de Empresas de la Universidad de California, 1992, señalan:

"Cuando lo que aprenden las organizaciones se conserva dentro de las normas, rutinas, las tecnologías y las políticas de la organización, este aprendizaje vive incluso, pese a la rotación de personas. Lo que las organizaciones aprenden se halla incrustado en patrones de conducta que no están relacionados con una persona determinada, ni se identifican con ella. (...) De hecho, una empresa sólo tendrá capacidad para crearse una identidad para aprender propia, si el aprendizaje no está ligado a un director entusiasta, únicamente."

Opino que, solamente, cuando el esfuerzo o la "patriada" individual, es reemplazada por la identidad colectiva hacia el aprendizaje, éste pasará a formar parte de la cultura de esa empresa, no antes. No hay aprendizaje en la medida que no sea percibido como parte de la cultura organizacional. Habrá en todo caso iniciativas, cursos, eventos, pero no aprendizaje.

La *"identidad para aprender"* constituye la piedra angular del aprendizaje organizacional. En la medida que sus directivos tomen conciencia de la necesidad de poseer dicha identidad, deberán generar las acciones hacia el aprendizaje.

Éstas deberían orientarse a que las personas perciban que sus ideas y conocimientos superen los límites de espacio, tiempo y, especialmente, de jerarquía.

Aún cuando las personas de una organización generen buenas ideas, éstas no tendrán repercusiones reales a menos que se generalicen, es decir, si otras personas, gerencias, áreas o sucursales las amplíen, repasen o recreen.

Es de esa manera, que las organizaciones empiezan a "escribir" sus mejores prácticas, o su propio libro, no recitando, o pretendiendo replicar las mejores prácticas de otros. O dicho de otra manera, es así, como la organización aprende.

Cimiento 3. "El aprendizaje sigue una línea continua, de lo superficial a lo sustancial".

Muchos teóricos han descrito la diferencia entre lo que Yeung y Ulrich denominan: aprendizaje superficial y aprendizaje sustancial. Argyris y Schon, como cité, establecieron la diferencia entre aprendizaje de primer orden y de segundo orden.

Fiol y Lyles en "Organizational Learning", de 1985, también destacan la diferencia entre aprendizaje de orden inferior, el que ocurre dentro de la estructura de una organización y un conjunto determinado de normas, y el aprendizaje de orden superior, que pretende adoptar normas y reglas generales, en lugar de actividades y comportamientos específicos.

En el siguiente cuadro, se ilustran las diferencias que diversos investigadores señalaron entre el aprendizaje superficial y el sustancial y sus gradaciones:

	Superficial (grado inferior)	Sustancial (grado superior)
Definiciones	Aprendizaje de primer orden	Aprendizaje de segundo orden Argyris y Schon, 1978)
	Aprendizaje de un ciclo	Aprendizaje de dos ciclos (Argyris y Schon, 1978)
	Adquirir conocimiento	Entender la lógica/procesos que sustentan el conocimiento (Levitt y March, 1988)
	Aprendizaje que forma hábitos	Descubrimiento (Hedberg, 1981)
	Aprendizaje reactivo	Aprendizaje proactivo (Miles y Randolph, 1980) Diseñar el aprendizaje (Shrivastava y Mitroff, 1982)
Características	Ocurre por repetición	Ocurre con el uso de la heurística
	Rutina	No rutinario
	Control de la tarea, las reglas y la estructura inmediatas.	Desarrollo de estructuras, reglas, etc., bien diferenciadas para atacar la falta de control.
	Bien entendidas	Concepto ambiguo
	Ocurre en todos los niveles de la organización	Ocurre principalmente en los niveles superiores
Consecuencias Ejemplos	Resultados conductuales	Resultados cognoscitivos
	Reglas formales Institucionalizadas	Misiones nuevas y definiciones de intención de estrategias
	Cambios de sistemas administrativos	Establecer agenda para la gerencia
	Habilidades para resolver Problemas	Habilidades para definir problemas

Nótese que, pese a algunos posibles puntos que hoy parecerían controversiales que deben ser considerados en su contexto, como que el *"aprendizaje sustancial ocurre en los niveles superiores"*, al entender esta línea continua del aprendizaje organizacional, queda claro qué es realmente y por qué el aprendizaje de lo sustancial es más valioso.

En mi opinión, las empresas que aún hoy se centran en el aprendizaje superficial adquieren en el corto plazo conocimiento, pero no tendrán la capacidad de aprender en el largo plazo. El conocimiento en estas organizaciones, proviene de procesos y rutinas muy establecidas, reglas formales y vínculos marcados, fuertemente, por lo "jerárquico".

El aprendizaje superficial, no propicia la toma de riesgos, gerencialmente, responsables; por lo tanto, tiene de "aprendizaje" nada más que el rótulo, porque al no propiciar la generación de error que entraña entre otras competencias gerenciales, la toma de riesgos, paradójicamente, inhibe el aprendizaje.

En su gran mayoría las áreas de Capacitación/Recursos Humanos, "compran" métodos de aprendizaje que tienden a consolidar más lo superficial, pretendiendo resultados que se lograrían, principalmente, a través de intervenciones generadoras de aprendizaje sustancial; es decir, equivocan en buena parte, la elección del método de aprendizaje.

De hecho, creen que eligen un método de aprendizaje (por más equivocada que sea su elección), cuando en realidad, lo que eligen es un método de transmisión del conocimiento, lo cual no está mal en la medida que ésa sea su necesidad.

En tanto, el aprendizaje sustancial, tiene entre sus pilares el "descubrimiento" como forma de aprendizaje, el "aprendizaje proactivo" y la capacidad para "definir problemas".

Considero crítica esta última capacidad, ya que la misma consiste en ir más allá de resolver un problema. A menudo, se cree que la resolución del problema es suministrar más medicación (distinta, pero igualmente inadecuada), cuyo resultado es... seguir teniendo el mismo problema.

Por lo tanto es más importante definirlo previamente. La recurrencia en pretender solucionar el problema en lugar de erradicarlo, es una de las causas que generan mayor ineficiencia y revelan el grado de inaptitud en niveles gerenciales.

Por ello, las organizaciones que priorizan el aprendizaje sustancial, en sintonía con el actual escenario de negocios, aprenden a dudar de las presunciones tradicionales, a manejar la ambigüedad, e, insisto, a definir los problemas incluso antes de que se presenten en vez de dedicarse a resolverlos.

Por lo tanto, la meta de toda organización que se autodenomine "aprendiente", será alejar los programas e iniciativas que apunten a lo superficial (lo que en algún momento puede ser necesario), para dirigirse gradual pero sostenidamente hacia la generación de intervenciones que generen aprendizaje sustancial.

Cimiento 4. "El aprendizaje pasa por muchos pequeños fracasos".

S.B.Sitkin, en su magistral obra de 1992 "Learning Through Failure: The Strategy of Small Losses", demostró que la incidencia regular de pequeños fracasos favorece el aprendizaje, sosteniendo:

> *"(...) los pequeños fracasos frecuentes brindan la variedad que se necesita para que ocurra el aprendizaje (...) algunos fracasos ejercen una influencia positiva en el desempeño de largo plazo, porque aumentan la tolerancia al riesgo, la búsqueda de información el reconocimiento de problemas, el procesamiento a fondo de la información y la motivación para adaptarse".*

Por supuesto que no todos los fracasos son útiles para las organizaciones, sobre todo si como sostiene Sitkin, los mismos "resultan catastróficos, o no entrañan aprendizaje alguno".

El mismo autor define los fracasos "inteligentes", como aquellos que, necesariamente, incluyen cinco aspectos:

1. Son resultado de actos bien pensados y proyectados.

2. Tienen resultados inciertos.

3. En pequeña escala.

4. Recibidos y ejecutados con presteza.

5. Se dan (los fracasos) en un terreno lo bastante conocido como para permitir un aprendizaje efectivo.

Al decir de Sitkin, las empresas deben contar con una lógica inteligente para sus fracasos; es decir, la capacidad para correr riesgos informados merece recompensas en lugar de sanciones.

Conocido es el caso General Electric, la que invirtió mucho dinero en el desarrollo de su nuevo refrigerador *"Profile"*. Una falla menor del diseño requirió retirar algunos productos del mercado. En lugar de sancionar al equipo que lo había diseñado, los ejecutivos, después de que el problema quedara resuelto, premiaron a todos los integrantes del equipo por su gran idea.

Dudo que el paradigma aún vigente en las empresas, al menos en Argentina, considere al fracaso ya no sólo como posibilidad de aprendizaje, sino como medio para recompensar a las personas. En otras palabras, me cuesta trasladar el caso GE a nuestro medio.

En todo caso, tal vez haya llegado el momento de repensar o "reiniciar" ciertos modelos mentales que asocian fracaso con fracaso, para migrar al vínculo fracaso-aprendizaje. Como siempre, ese trabajo quedará en cada uno de nosotros.

Cimiento 5. "Las organizaciones aprenden por medio de dos fuentes básicas: la experiencia directa y la experiencia de terceros".

Las dos fuentes de aprendizaje (directo y por medio de terceros) abarcan mucho terreno, tan poco explorado, como también difuso y gris. Lo cierto es que esta dicotomía explica, al menos en buena parte, el motivo por el cual las organizaciones adoptan diferentes estilos para aprender.

Estos dos "abrevaderos" de aprendizaje son necesarios, importantes, no excluyentes y, por sobre todo, deberían constituirse en benéficos para la organización. La "identidad para aprender" debería ir más allá de la fuente de aprendizaje a la que situacional o, estratégicamente, la organización recurra.

Obviamente, las organizaciones aprenden por experiencia directa. Adquieren conocimiento, desarrollan/validan sus mejores prácticas y crecen a partir de sus propios actos, fracasos y desaprendizajes.

Autores como Ulrichy Greenfield en *"The transformational of Training and Development, to Development and Learning"*, de 1983, hablan de la : "investigación en acción", que significa aprender mediante experiencias estructuradas, en tiempo real, en lugar de hacerlo con lecciones en las aulas.

Al realizar una serie de actividades, y después de reflexionar acerca de ellas, se puede adquirir conocimiento. En este sentido, las investigaciones realizadas por Epple, Argote y Devadas, volcadas en "Organizational Learning Curves", de 1991, respecto a las curvas de aprendizaje en base en la experiencia, demuestran que:

"Conforme las organizaciones van generando una cantidad mayor de un producto, el costo unitario de la producción normalmente va disminuyendo con tasa decreciente".

De la misma manera, los estudios de Imai y Mc Duffie, *"Kaizen: The Key to Japan's Competitive Success"* acerca de las mejoras continuas, ilustran que:

"(...) las organizaciones mejoran, ininterrumpidamente, la calidad de sus productos y procesos, cuando los miembros de esas organizaciones, toman parte en ciclos interactivos para la solución de problemas".

La segunda fuente básica para el aprendizaje organizacional es la experiencia de terceros; o sea la incorporación de conocimientos sin tener que realizar ciertas tareas u operaciones por su cuenta.

Según Ulrich, algunos ejemplos de aprendizaje mediante la experiencia de terceros, incluyen:

> *"(...) el aprendizaje indirecto o el aprendizaje por observación; esto consiste en injertar mediante las adquisiciones y el reclutamiento y la difusión del conocimiento por medio de asesores, instituciones educativas (...). La gerencia y los empleados, al observar y tomar puntos de referencia imitando los productos y procesos de otras organizaciones que han tenido éxito, pueden adquirir conocimientos y desarrollar ideas para sus propios productos/procesos."*

Intenté demostrar como al decir de muchos investigadores, las organizaciones por diferentes motivos, eligen un método para aprender en lugar de otro. La pregunta podría ser, ¿qué influye en el método para aprender que elige cada organización?

Bourgeois y Eisenhart, en "Strategic Decision Process in High Velocity Environments", de 1988, señalan factores de contexto, como la velocidad de cambio del ambiente, según volcamos en el siguiente cuadro:

Características del contexto	Aprender por experiencia directa	Aprender por experiencia de terceros
Velocidad de cambio del entorno.	Más probable si el entorno cambia con rapidez. No sirve para aprender de terceros.	Sólo sirve si el ambiente no cambia demasiado rápido, de modo que la experiencia de terceros siga siendo relevante.
Estrategia para competir.	Competir por medio de la innovación y la diferenciación de productos.	Competir con costos/precios.
Recursos escasos.	Más abundantes.	Más limitados.

Características del contexto	Aprender por experiencia directa	Aprender por experiencia de terceros
Éxito actual de la Organización.	Más probable que aprenda por experiencia directa si la organización tiene éxito.	Más probable que aprenda de terceros si el desempeño de la organización no es satisfactorio.
Ambigüedad de la tecnología.	Relación causa-efecto clara, Menos ambigua.	Relación causa-efecto incierta, ambigua Imitar compañías de Perfil alto para reducir sanciones al mínimo.

De acuerdo con esta investigación, es más probable que las organizaciones aprendan mediante la experiencia directa cuando sus ambientes están cambiando, rápidamente, y compiten mediante la innovación y la diferenciación de productos. Cuentan asimismo, con recursos escasos, pero suficientes, niveles satisfactorios de resultados y tecnología incorporada.

Por otra parte, es más probable también, que las organizaciones aprendan por medio de la experiencia de terceros cuando su entorno laboral es estable, compiten con base en costos/bienes de consumo, cuentan con pocos recursos para aprender y usan tecnología menos ambigua o sea, tecnología en la que la relación insumo-producto está entendida con claridad y, por lo tanto, no hay problema para transferir el aprendizaje de una situación a otra.

En un contexto como el actual signado por transiciones continuas, ambigüedades y reglas tal vez no muy claras, la organización debe considerar como no excluyentes a sus fuentes de aprendizaje.

Para las organizaciones, tan o más importante que el reconocimiento de las fuentes, será incorporar la identidad para aprender, lo que la llevará a elegir, adecuadamente, cuál es la fuente de aprendizaje más necesaria para la implementación de las estrategias y la consecución de sus objetivos de negocio; momento que se constituirá, a la vez, en un nuevo punto de partida para el aprendizaje organizacional.

Cimiento 6. "Las organizaciones aprenden, fundamentalmente, con dos propósitos: explorar campos nuevos o explotar oportunidades existentes".

Otros investigadores se focalizan en las metas o los objetivos que persigue la organización aprendiente: exploración de nuevos horizontes de negocio, o explotación de oportunidades existentes. Lo cual a simple vista, puede parecer una contradicción estratégica. En tal sentido, James March, uno de los académicos más importantes de la Escuela Carnegie, explica:

> *"Un interés central de los estudios sobre los procesos de adaptación es la relación que existe entre explorar posibilidades nuevas y explotar certezas certezas añejas (...). La exploración y la explotación son esenciales para las organizaciones, pero las dos compiten por obtener los recursos escasos".*

La exploración se refiere a experimentar competencias, tecnologías y paradigmas nuevos. Se presentan, normalmente, cuando las organizaciones pretenden obtener una ventaja competitiva por medio de avances importantes en sus productos, servicios o procesos. Pretenden alcanzar lo que Tushman y Anderson en *"Technological Discontinuities and Organizational Science"*, de 1991, denominan: "innovaciones para destruir competidores".

La explotación, por su parte, implica el perfeccionamiento y la ampliación de las competencias, las tecnologías y los paradigmas vigentes. Se presenta cuando las organizaciones pretenden apalancar los productos, servicios y procesos existentes.

La explotación, en el caso de algunas compañías, intenta crear una mejoría de orden de magnitud en su actual línea de productos, que aprovechan los conocimientos tecnológicos disponibles.

Tanto exploración como explotación afectan la supervivencia y la prosperidad de las organizaciones. Como señala March, las dos requieren recursos escasos y compiten por obtenerlos. Hay investigaciones que demuestran que las organizaciones eligen entre las dos de forma estratégica, dependiendo de diversas características tanto del producto como del mercado, así como, naturalmente, de la rentabilidad que se persiguen, y se espera que derivarán del proceso de aprendizaje seleccionado.

El citado autor March lo grafica así en *"Exploitation and Exploitation in Organizational Learning"*:

Características	Exploración	Explotación
Factores del contexto		
Ciclo de vida de la industria.	Industria joven que compite para tener diseño dominante.	Industria madura, afinar diseño dominante.
Trayectoria tecnológica.	Desarrollar innovaciones que destruyan la competencia.	Desarrollar innovaciones reforzar competencias.

Características	Exploración	Explotación
Estrategia para competir.	Diferenciación Liderazgo tecnológico.	Competencia de costos, liderazgo en costos.
Factores decisorios.		
Posibles réditos	Enormes ser jugador Nº 1	Menores, por ser seguidora
Recursos comprometidos	Muchos	Pocos
Certeza de rentabilidad	Escasa	Mucha
Proximidad temporal de la rentabilidad	Lenta	Rápida
Riesgo	Gran dependencia hacia la estrategia de exploración genera muchas ideas que no se desarrollan o se desarrollan poco.	Dependencia excesiva en la estrategia de explotación produce equilibrios estables por abajo del óptimo y escasa adaptabilidad.

De acuerdo a March, es más probable que las organizaciones exploren posibilidades nuevas cuanto más joven sea y la ventaja competitiva se derive del liderazgo tecnológico, en lugar del liderazgo de costos.

Si bien, estas organizaciones podrían recibir grandes beneficios por ser las "primeras en pegar", también es cierto, que deben comprometer una cantidad sustancial de recursos y el rendimiento sobre la inversión, puede ser lento, o incluso, peligrar.

Como citamos en el capítulo anterior, la existencia de las variables Explorar/Explotar constituye una (otra más) paradoja de gestión, propia de estos tiempos. Estas fuerzas opuestas crean tensión.

La tensión es la savia del aprendizaje organizacional, por lo que las organizaciones pueden optar por una o por otra; pudiendo, incluso, convivir, dependiendo de su necesidad de aprendizaje, que es en última instancia, lo que le permitirá generar ventajas competitivas.

IV. Los estilos de aprendizaje organizacional

Así como las personas aprenden de distintas maneras, las organizaciones, también poseen distintos estilos de aprendizaje.

En general, la mayoría de la bibliografía relacionada al tema aprendizaje organizacional, cita "características" de la organización que aprende, tal vez, presuponiendo que mediante un recetario, las organizaciones se convertirán en "entes aprendientes".

De esta manera, parecería que siguiendo una tarjeta de control o verificación de determinadas *competencias para el aprendizaje organizacional*, la empresa tomará conciencia de su identidad para aprender, ingresando de por vida, a una escalada aprendiente perdurable.

Si bien no es descartable conocer mejores prácticas que llevan a una organización a un camino de aprendizaje necesario y sostenible, creo que más que trabajar con el producto terminado, o sea, la mejor práctica escrita o el "check list de verificación de aprendizaje", resultará de mayor utilidad recorrer el camino que la llevará a la situación de aprendizaje.

A tal fin, me basaré en las investigaciones de David Ulrich, Arthur Yeung, Stephen Nason y Mary Von Glinow que demuestran la manera diversa con que las organizaciones abordan el aprendizaje, como germen para la generación del logro de objetivos.

Como mencioné, las organizaciones abordan el aprendizaje sea como exploradoras o explotadoras. A este enfoque, Ulrich y colaboradores, suman diversos y variados tipos de capacidad para aprender.

Las organizaciones aprenden siempre desde motivos. El motivo es la llama del aprendizaje. Como las personas, es poco común que las organizaciones aprendan desde el estado de abundancia; mucho del aprendizaje organizacional se da desde la necesidad.

Este camino, las lleva a abordar el proceso de diversas maneras. Entre los motivos, podemos citar: el momento, los recursos, el pasado organizacional y hasta las limitaciones de la competencia que coyunturalmente enfrenta.

Por ejemplo, la compañía 3M aprende, primordialmente, por experimentación en razón de su historia, cultura y particular estrategia. Samsung Electronics aprende por medio de parámetros o las denominadas "marcas de referencia" (benchmarking), debido a su falta de conocimientos tecnológicos, a sus estrategias particulares de competencia y a los valores culturales nacionales.

La tipología de estilos organizacionales para aprender de Ulrich, se forja en el trabajo simultáneo vinculado a la personalidad de los individuos que aprenden, ya que no hay organización que aprende sin personas que primero aprenden.

Se basa para ello, en el, mundialmente, aplicado y reconocido Myers-Briggs Type Indicator-MBTI, o Indicador de tipos de Myers-Briggs. Este instrumento, basado en la teoría de tipos psicológicos de Karl Gustav Jung, señala cuatro dimensiones para diagnosticar preferencias vinculadas a la personalidad de los individuos.

Las preferencias son agrupadas en cuatro dimensiones, compuestas las mismas, por un par de preferencias:

Dimensión 1
▶   Introvertido/Extrovertido

Dimensión 2
▶   Sensorial/Intuitivo

Dimensión 3
▶   Racional/Sentimental

Dimensión 4
▶   Crítico/Perceptivo

Según el "tipo psicológico" predominante por cada una de las cuatro dimensiones, se elabora un "perfil" de su tipo de personalidad. Por supuesto que no existen sólo cuatro tipos de personalidad y que todos tenemos una mezcla de estas dimensiones.

Lo atractivo del Myers-Briggs, más allá de su solidez teórica, es que los cuatro tipos tienen sentido de aplicación para saber, básicamente, desde dónde la persona:

▶   Se vincula con su medio ambiente.

▶   Incorpora información.

▶   Procesa dicha información.

▶   Toma decisiones a partir de dicha información.

▶   Resuelve los problemas que se le presentan.

Ulrich y sus colegas integran, a mi juicio, magistralmente, la manera en que la persona aprende a través de su tipo psicológico, con la forma en que las organizaciones pueden hacerlo.

Para ello, caracterizan a una organización; es decir, justifican que es posible identificar "perfiles organizacionales de capacidad para aprender". Estos perfiles representan cómo es que las organizaciones generan ideas que tienen impacto, es decir, generan rentabilidad.

Una vez elaborados los perfiles de capacidad de aprendizaje organizacional, éstos se usan para describir cómo ocurre el aprendizaje y qué cambios en éste podrían ayudar a la empresa a ser más competitiva.

El siguiente cuadro representa el modelo de Ulrich, sobre tipología de las organizaciones que aprenden y los cuatro estilos de aprendizaje, surgidos de su investigación:

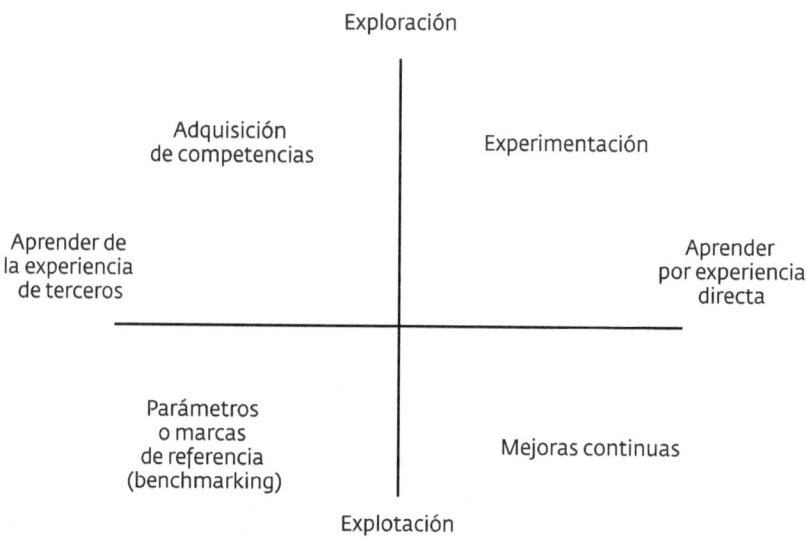

Nótese que la tipología integra, además, las dimensiones de "la experiencia directa", como contraria de la "experiencia de terceros" y la "exploración", como contraria a la "explotación", de acuerdo al enfoque de March, citado en páginas anteriores.

Los cuatro estilos de aprendizaje organizacional identificados por Ulrich, *son la experimentación, la adquisición de competencias, las marcas de referencia y las mejoras continuas.*

La experimentación:

Las organizaciones, como quedó demostrado, aprenden probando y tomando una posición receptiva y, ciertamente, en algunos casos entusiasta, frene a experimentos con productos, procesos y prácticas nuevas. Las fuentes primarias de aprendizaje están en sus clientes y en sus empleados, a través de la experiencia directa.

Estas organizaciones aprenden a través de simulaciones controladas y no priorizan la experiencia de terceros, como principio fundamental de aprendizaje, sin explotar la experiencia de terceros. Compañías como 3M, Sony y Hewlett Packard, entre otras, se destacan dentro de este tipo de aprendizaje, según la investigación que estamos citando.

La adquisición de competencias:

El desarrollo de competencias nuevas, especialmente, las dirigidas hacia el desarrollo de la inteligencia emocional, más allá de las aptitudes, son la base del aprendizaje de estas empresas. La creación/consolidación de nuevos saberes, pero por sobre todo de actitudes personales que acompañen la necesidad de negocio, y "su" aprendizaje correspondiente, son la base de la identidad de aprendizaje en este tipo de organización.

Algunas iniciativas para la adquisición de competencias incluyen: actividades de capacitación, creación de estructuras de mentores, Universidades Corporativas, generar "centros de ideas", entre otras.

La idea es contribuir a que los miembros de la organización adquieran lo último en competencias, con el fin de catalizar el desarrollo de nuevas ideas, de cara a la generación de productos, servicios o procesos con algo valor en materia de innovación.

Motorola y General Electric son mundialmente reconocidas por su continuo trabajo orientado a "adquirir competencias" centradas en el aprendizaje.

Las marcas de referencia:

Otra forma de aprendizaje organizacional es averiguar cómo funcionan otros y a partir de ahí, adaptar y adoptar de acuerdo con la estrategia, recursos y procesos disponibles, esos conocimientos para hacerlos propios.

En este caso, el aprendizaje tiene su fuente en las organizaciones que han obtenido excelentes resultados en la elaboración de productos, el posicionamiento de sus servicios o la implementación de nuevos procesos. Samsung Electronics, Xerox y Milliken, basan buena parte de su estrategia de aprendizaje dentro de este estilo.

Las mejoras continuas:

Las organizaciones aprenden mejorando, continuamente, lo hecho con anterioridad y asegurándose de dominar cada una de las instancias de su proceso productivo, antes de innovar, o simplemente continuar.

Para ello, este tipo de organización, invierte mucho tiempo, esfuerzo y dinero en la participación de sus empleados, por ejemplo por medio de grupos de innovación, círculos de calidad, grupos "ad-hoc" para resolver problemas concretos, o células de trabajo autodirigidas, sólo para mencionar algunas conformaciones.

Se trata de organizaciones que aprenden a través de la experiencia directa, así como a la explotación de los procedimientos existentes. Toyota,

Honda, Xerox y Motorola son algunas de las empresas, que registran mejoras continuas.

En conclusión, nunca está de más destacar que estos cuatro estilos, sólo representan ideales. Así como las personas nunca se ajustan a un solo tipo de personalidad, las empresas, especialmente, las corporaciones, por la gran variedad de negocios que administran, raramente, aprenden, exclusivamente, a través de un solo estilo.

Además, como demuestra la investigación de Ulrich, los perfiles de capacidad de aprendizaje organizacional pueden ir cambiando con el tiempo, dependiendo de situaciones de mercado, país, regulaciones, macroeconomía, etc.

El desafío en esta materia es entender cada vez más profesional y, sistémicamente, la manera en que los factores de contexto influyen en el estilo de aprendizaje, y si en todo caso, la organización está "aprendiendo", de acuerdo a lo que el mercado demanda que aprenda.

V. El aprendizaje organizacional en el siglo XXI: conciliando clientes con talentos

La segunda mitad del siglo XX, se caracterizó por las crecientes demandas de más beneficios por parte de los accionistas y la cada vez mayor presión de los consumidores en lo referente al precio, la calidad y la diferenciación del producto.

Esto llevó a un nuevo aprendizaje organizacional: Las oportunidades en el entorno externo a la organización se generan a partir de cambios en los factores económicos en las que se opera ("mercado"), tales como el tipo de cambio que permite exportar o importar, según corresponda, la forma en que actúa la competencia, los cambios en las regulaciones impositivas o en las leyes, etc.

Las oportunidades a partir del entorno interno de la organización se generan desde la manera en que utilizan y combinan los recursos físicos, financieros e intangibles para con los conocimientos puestos en acción por parte de las personas que la integran.

Existe una tendencia natural en las organizaciones a desarrollar, o al menos a intentar hacerlo, todas las oportunidades que el mercado le ofrezca para alcanzar un amplio rango de posibles clientes.

Sucede, que no todas las organizaciones cuentan con los recursos y las capacidades de las personas para desarrollar productos únicos y deseables, de hecho, son muy pocas las empresas que pueden ingresar en esta definición.

Por lo tanto, otra de las "palancas" del aprendizaje organizacional requerido, será decidir entre "lo que se puede llegar a hacer", y lo que la organización, realmente, "puede hacer", combinando, eficientemente, sus recursos con sus capacidades.

En el actual contexto de negocios, observamos que es cada vez menos frecuente encontrar ventajas competitivas en los factores externos a la organización, y mucho menos probable aún, que sean estos factores lo que les permita a una empresa sostener la estrategia de su negocio a través del tiempo.

Irrumpen, entonces, los factores internos (recursos tangibles, intangibles, financieros y humanos). De cómo la organización logra combinarlos y sinergizarlos, se desprenderán ventajas competitivas sustentables.

El conocimiento de los clientes, sus necesidades, deseos, y la manera en que interactúan con la empresa, a través de sus comportamientos, es quizás hoy una de las ventajas competitivas más importantes que las organizaciones deban desarrollar para crecer y/o mantenerse en el negocio.

Es por eso que en el entendimiento de "Clientes" y "Recursos Humanos", como dos caras de una misma moneda, observamos que, solamente, las organizaciones orientadas, realmente, al cliente, son las que invierten en su "gente", para generar conocimiento "puesto en acción".

Cualquiera sea el origen de la ventaja competitiva alcanzada, se sabe que éstas no perduran en el tiempo en forma indefinida. Por esta razón, las organizaciones tienen el gran desafío de explotar las actuales, y simultáneamente, desarrollar nuevas que sean relevantes en el futuro.

Es decir, las organizaciones deberán estar siempre, en "modo aprendizaje".

Este aprendizaje supone reconocer que las ventajas competitivas en las empresas, surgen a partir de la interacción de sus recursos y de las capacidades de su gente, es decir el conocimiento puesto en práctica.

Los recursos son los elementos necesarios para los procesos de producción y desarrollo del negocio, y como es sabido, en general, se clasifican en:

▶ Recursos tangibles, tales como los activos fijos.

▶ Recursos intangibles, como la marca y la tecnología.

▶ Recursos financieros, como el capital de trabajo, el flujo de caja, etc.

▶ El Capital Humano, a diferencia del resto de los elementos –que denominamos recursos por su finitud dentro de una organización-, nos referimos al Capital Humano, pues la capacidad del hombre es capacidad ilimitada y porque las personas, no pueden ser puestas en el mismo orden que las "cosas".

Cuando los recursos, tangibles, intangibles y financieros, y el Capital Humano, están debidamente integrados, de manera tal que ayudan a desempeñar una determinada actividad alineada con la estrategia de negocios deseada, se transforman en Capacidades.

Frecuentemente, las capacidades se relacionan con el conocimiento y la información con que cuentan las personas dentro de la organización para el desarrollo de sus funciones.

Por ejemplo, para una agencia de viajes, el proceso de emitir un pasaje requiere de la administración de recursos tangibles e intangibles, como por ejemplo, tener una computadora, tener acceso a la transacción con la aerolínea, conseguir el pasaje y contar con un nombre que la habilite a realizar esta operación.

Cuando el capital humano interactúa con esos recursos y logra su integración, poniendo lo que "lo intangible no pone", como respeto, dedicación y atención adecuada, transforma este simple proceso: en capacidad.

Sólo si esta capacidad genera un beneficio para el cliente, se transformará en valor.

En definitiva, la capacidad es el arte de convertir lo ordinario en extraordinario, en sorprender al cliente, por algo que por lo que a priori, él no debería sorprenderse.

Para lograr esto, no basta con tener los recursos, es necesario saber integrarlos, con el objetivo de dar valor y "movilizar" al cliente.

Como es natural, estas presiones llevaron a muchas empresas a desarrollar estrategias de "customización", orientadas al cliente, siendo las más agresivas, las que permiten a los clientes "customizar" un producto o servicio, dentro de una gama de opciones.

Surge así una nueva forma de llegar a los clientes: el Marketing Relacional, cuyo pionero, Fred Newell sostiene:

> *"Empresas y profesionales del marketing deben aprender a conocer bien al cliente, será lo mejor que puedan realizar. Y no realizarán recurriendo a conceptos obsoletos como grupos de edad y códigos de postales o la demografía, sino confeccionando el perfil de cada cliente: sus necesidades, deseos, sueños, cuándo quieren algo, y cuánto están dispuestos a pagar".*

No es novedad decir que las empresas desarrollan actividades comerciales orientadas al logro de dos objetivos básicos: vender más y mejorar la rentabilidad, y que ello lo logran atrayendo y reteniendo clientes rentables.

Sin embargo, aún hoy, muchas empresas no conocen lo suficiente a sus clientes, y por lo tanto, siguen estructurando sus procesos de negocio basados en los productos y servicios que generan.

Aprender a desarrollar una visión centrada en el cliente en la era del conocimiento, implica generar relaciones duraderas, y en tal sentido, comparto algunas ideas:

1. Cada vez es menos rentable ejecutar acciones de marketing pensando en el "cliente promedio", y es por ello que el aprendizaje organizacional también pasará por migrar hacia estrategias orientadas a actuar con clientes bien conocidos.

2. Los consumidores han dejado de tener un rol pasivo en la gestión comercial para ser cada vez más activos y, en determinados casos, basados en información y experiencias, terminan definiendo el producto que quieren comprar.

3. Los nuevos consumidores desean ser escuchados.

4. Para lograr impacto en grupos de consumidores y lograr la rentabilidad esperada, cada vez más empresas dejan de utilizar medios masivos de comunicación, que son reemplazados de la mano de la conectividad que genera Internet, a nuevos formatos, más dirigidos.

5. Las empresas invierten en prospectos y clientes "deseados".

¿Por qué esto es así? simplemente, porque los clientes, sus deseos, motivaciones y sus criterios de fidelidad cambian con una velocidad en muchos casos más rápida de lo que las empresas quisieran. Esto supone aprendizaje organizacional continuo. Los clientes cambian antes que la empresa aprenda.

Por lo tanto, actuar sin un adecuado conocimiento de ellos nos puede llevar a invertir mal los presupuestos administrados y no generar los resultados deseados al formular los planes estratégicos.

Es por ello, que desde hace unos cuantos años ya, y de la mano de Don Peppers y Marta Roggers, se comenzaron a fundamentar las acciones marketing a partir del cliente y de un adecuado "gerenciamiento de las relaciones con los clientes" o CRM por sus siglas en inglés (Customer Relationship Management), y de lo que se denominó "marketing 1 a 1.

Este enfoque supone, migrar (o volver), a ciertos principios básicos para acceder a nuevos consumidores. Un ejemplo de esto, es la estrategia de "estar donde el cliente está".

¿Y dónde está el cliente? Hoy, más que nunca, en los celulares. Los teléfonos celulares y otros dispositivos móviles se convierten para muchos consumidores en elementos de primera necesidad. En tal sentido, la plataforma móvil pareciera ser el medio ideal para acceder a estos consumidores.

Estudios recientes indican que el 90 por ciento de las marcas más conocidas de los Estados Unidos, se está involucrando en prácticas de marketing móvil, que en muchos casos, absorberán más del 25 por ciento del presupuesto total de marketing.

Empresas como Burger King, Procter & Gamble y Ford, entre otras, ya iniciaron programas para teléfonos celulares que permiten a los consumidores ubicar el restaurante más cercano, recibir cupones electrónicos y participar de diversas actividades.

A través de este servicio, la gente usará sus celulares como una especie de "control remoto global", para acceder, vía mensaje de texto, a más de dos millones de piezas con contenidos digitales, incluyendo canciones, videos, clips deportivos y contenidos generados por los propios usuarios.

Imagínese tomando algo en su bar favorito pidiendo el último video de su cantante preferido. Podrá verlo en la pantalla del televisor del bar, con sólo escribir el código específico de la canción.

Este servicio está disponible para quienes aceptan recibir promociones y ofertas de marketing, a cambio de contenido móvil "on demand". Las empresas anunciantes pueden enviar en tiempo real, avisos y contenido digital (por ejemplo, cupones con promociones de su oferta de servicios), adaptado al perfil y hábito de consumo del destinatario que accedió a ver el video.

La investigación del comportamiento de los futuros consumidodres y el aprendizaje consecuente para las empresas serán, cada vez más, la base de su estrategia de marketing y posicionamiento. O dicho de otra manera, sin aprendizaje, no habrá posicionamiento.

VI. ¿Qué significa "tener talento" en una organización?

La vigésimo cuarta edición del Diccionario de la Real Academia Española define en su segunda acepción, al talento como: la *"capacidad para el desempeño o ejercicio de una ocupación"*.

Según lo expresado, aquel individuo que no posea dicha "capacidad", no sería "talentoso"; aunque por otro lado, en una organización, todos sus integrantes poseen las capacidades al menos mínimas necesarias para llevar adelante su función; entonces en dicha empresa, ¿todos serían talentosos?

En su tercera acepción, el Diccionario de la Real academia Española consigna al talento como *"persona inteligente o apta para determinada ocupación"*. De esta manera, la noción acerca de lo que entendemos por talento, se torna más acotada.

Para ser talentoso, se requiere *inteligencia y una aptitud, o capacidad competente* para desarrollar una determinada tarea o función. De esta manera, el talento migra hacia un limitado grupo de individuos que podríamos denominar "inteligentes, capaces y aptos", unificando las acepciones descritas.

En nuestra opinión, talento es la capacidad sobresaliente que una persona posee para el cumplimiento de su labor profesional. La pregunta entonces sería, ¿el talento se aprende, se desarrolla, o es innato? *¿Las organizaciones con el auge de la "gestión del talento", no pretenden forzar la generación de talentos donde no lo hay? ; en todo caso, ¿no sería más efectivo pensar en la distribución o mapas del talento, unificando inteligencias y capacidades con tareas y personalidades?*

El talento es la demostración máxima del desempeño de un ser humano. Esto significa, que el ámbito de aplicación del talento es acotado, porque no poseemos ni la inteligencia, ni la capacidad sobresaliente para todo aquello que hacemos; por lo tanto, la manifestación del talento y su ámbito de aplicación, se restringe a un reducido número de actividades/oportunidades.

Por lo tanto, mi opinión es que denominar "talentos" a todos los integrantes de una organización, sin tener en cuenta aspectos de su automotivación, su personalidad, ni de su inteligencia intelectual, afectiva y emocional, resulta por lo menos apresurado, o producto de una tendencia que va en la misma línea de dejar de denominar a las personas "Recursos Humanos".

Para ir "despejando" el concepto, creo necesario hacer algunas distinciones, por ejemplo, entre conocimiento y talento:

El conocimiento es un conjunto de información almacenada mediante la experiencia o el aprendizaje; o bien, a través de la introspección. Tener conocimiento supone poseer múltiples datos interrelacionados.

Para Platón, el conocimiento es aquello, necesariamente, "verdadero" (episteme); en cambio la creencia y la opinión ignoran la realidad de las cosas, por lo que forman parte del ámbito de lo probable y de lo aparente.

El conocimiento tiene su origen en la percepción sensorial, para luego llegar al entendimiento y concluir en la razón. El proceso de conocimiento involucra siempre cuatro elementos: sujeto, objeto, operación y representación interna, o sea, el proceso cognoscitivo.

Cuando el conocimiento puede ser transmitido de un sujeto a otro mediante una comunicación formal, o actividad de formación específica, se habla de conocimiento explícito. En cambio, si el conocimiento está más bien basado en experiencias personales o modelos mentales propios (más cercanos al concepto de Platón de "creencia" u "opinión"), se trata de conocimiento implícito.

En definitiva, el conocimiento, explícito o implícito, se puede enseñar; pero, ¿qué pasa con el talento?

Buckingham y Coffman en *"Primero, rompa todas las reglas"*, sostienen:

> *"(...) toda función posee un rango. Más allá de la inteligencia y la experiencia, solamente la presencia de talentos indicados –patrones recurrentes de comportamiento concordantes con la función-, explicitan dicho rango de desempeño. Sólo la presencia de talentos pueden explicar por qué, siendo iguales todos los demás factores, algunas personas sobresalen en su función, mientras que otras tienen dificultades."*

El concepto de *"patrones recurrentes de comportamientos"* de Buckingham, permite reforzar el concepto de talento como: "capacidad sobresaliente", al que hice referencia, anteriormente.

Tal capacidad será "sobresaliente" para una determinada tarea/función, en la medida que a través de un desempeño, se logre integrar los siguientes patrones recurrentes:

- ▶ Patrón cognitivo (demostrado mediante los conocimientos, destrezas y competencias que la persona "trae" o posee; no necesariamente para las requeridas para una determinada función).

- ▶ Patrón actitudinal (traducido en el compromiso y la automotivación personal).

- ▶ Patrón relacional (se asocia a la inteligencia emocional y cómo la persona se vincula y gestiona sus relaciones, administra el conflicto y su tolerancia a la frustración).

Es por eso que el talento, supone niveles "excelsos" de capacidad no sólo cognitiva, como se suele rápidamente asumir. Una persona "apta" y "con las competencias requeridas para el puesto", no necesariamente será talentosa; será precisamente eso, apta; lo cual no es poco.

Por ejemplo; a un delantero de un equipo de fútbol se lo considerará talentoso si conoce las reglas del fútbol y posee las destrezas para el juego, efectúa excelentes pases, desarrolla "estrategias" de juego, asiste a sus compañeros para dejarlos frente a posición de gol y como si fuera poco, él es goleador (*campo cognitivo*).

Si además, posee seguridad en sí mismo, está motivado, encuentra sentido a lo que hace y cómo lo hace, "pone lo que hay que poner en la cancha" e, interiormente, siente los nervios de la primera vez antes de salir a jugar por su club y se "mata" en los entrenamientos (*campo actitudinal*).

Si resulta el capitán del equipo con todo lo que ello supone dentro y fuera de la cancha, como ayudar a mantener la calma a sus compañeros frente a situaciones adversas o inesperadas del juego, negociar premios con los dirigentes, manejar el vestuario y erigirse en "referente del plantel" (*campo relacional*).

Ahora bien, ¿qué pasaría si a ese delantero, lo mandamos a jugar de defensor?

Seguramente, uno de los campos del talento se agrietarán. Hará lo que pueda; hasta podría ser apto, con esfuerzo y adaptación, pero esa alteración tendrá impacto directo en los otros dos campos; su motivación decaerá, su autoconfianza disminuirá y su campo relacional, a partir de lo que transmite, posiblemente, no será un recurso tan valioso como lo era antes, en su anterior posición.

En este contexto, ¿lo seguirán llamando talentoso?

Llevemos esto ahora al ámbito de una organización, ¿por qué una persona talentosa en la empresa "A", no lo es en la empresa "B"?

Se supone que el patrón cognitivo la persona lo "trae"; sin embargo, no logra descollar, no logra un desempeño talentoso dentro de esa organización. Demuestra en todo caso, un techo competente; pero su talento, tan apreciado en la empresa "A" no aparece.

Mi opinión es que las organizaciones aún se focalizan, mayoritariamente, en un patrón componente del talento humano (el cognitivo). Para ello, a veces "sobreactuan" o sobredimensionan el papel de las competencias requeridas. De esta manera, piensan que con las competencias es suficiente para desde su aplicación, poseer los talentos que necesitan.

Descuidan, o lisa y llanamente ignoran que el talento, es decir la conjunción 33%/33%/33% de los tres patrones es innata; mientras que lo cognitivo, se incorpora mediante incorporación de conocimiento y, especialmente, práctica, lo que deviene en aprendizaje efectivo.

Se deja de lado además, que si bien el talento es innato, las organizaciones deberían generar entornos laborales aunque no orientados a "crear" el talento, sí a intentar al menos, despertarlo para fortalecerlo.

El talento no se aprende ni se adquiere en aulas. Se debería en todo caso, mejorar a través de actividades orientadas a facilitar la conjunción de los tres patrones del talento. Por eso, antes que gestionar el talento, primero hay que identificar el talento; caso contrario, se gestionará aquello que a ciencia cierta, aún no se sabe si existe.

Esto demandará, por parte de las áreas de Recursos Humanos, la revisión de sistemas de reclutamiento, selección, evaluación y desarrollo de las personas miembros de la organización. La capacitación, en la medida que contenga intervenciones orientadas a transferir lo aprendido al lugar de trabajo, será una herramienta esencial a la hora de fortalecer el talento.

La distinción entre los patrones cognitivo, actitudinal y relacional, para entender, conceptualmente, el talento, nos permite arribar a que el talento:

▶ No se constituye por poseer las competencias requeridas para una tarea/función.

▶ No se relaciona con la aptitud de una persona. El talento resulta más bien de la correspondencia entre lo cognitivo, lo actitudinal y la relacional; tres campos que unificados, y demostrados a través de un desempeño, determinan talento.

▶ No acompaña siempre al individuo. No todos pueden demostrar ser talentosos en las distintas empresas en las que ha trabajado. Esto se debe a que el talento posee impulsores internos que entre otras cosas, explican la auto motivación, el sentir y los motivos que motivan a una persona en un momento determinado (patrón actitudinal). Ese "momento", no siempre es congruente con el de la organización a la cual la persona, le presta, momentáneamente, su talento y/o dicha empresa no es capaz de explorar dicho patrón.

▶ No se demuestra mediante el cumplimiento de "todas" las competencias de la empresa; ni siquiera de algunas.

▶ No significa, por lo tanto, que una persona sea talentosa porque aprende rápido a ser competente.

▶ No se adquiere en un aula mediante un curso.

En definitiva, el talento es un don innato, por lo tanto complejo de identificar y de sostener, porque no solo involucra conocimientos y destrezas (saber), sino también predisposición, confianza en sí mismo y automotivación (actitud), y templanza, equilibrio emocional y capacidad vincular (relacional).

De hecho, vemos todos los días personas con conocimientos pero sin compromiso; o con conocimientos y compromiso, pero carente de destrezas; o bien puede tener destrezas y compromiso, pero carecer de los conocimientos.

Si a esto le sumamos el patrón relacional, vinculado a lo que hoy conocemos en gran medida como "inteligencia emocional", resulta que el determinar si una persona posee talento, parecería bastante más complejo de lo que, normalmente, asumimos que es.

Creo que las organizaciones en primer lugar, deberán redefinir que entienden por talento.

En segundo lugar, preguntarse si su perfil de puestos está debidamente alineado a las competencias que actualmente posee, para dar cumplimiento a sus objetivos de negocio determinando potenciales brechas entre dichos objetivos y los talentos con los que se cuenta, a fin de alinearlos a dichas metas.

Para esto existen múltiples instrumentos como evaluaciones de desempeño y potencial. Por último, resultara esencial el equilibrio, entre lo que realmente es talento, con lo que se pretende entender "masivamente" por dicho concepto.

Si nos ajustamos al concepto general, de que "talento es igual al desempeño óptimo de casi cualquier cosa que se le pida a la gente que haga", en el mejor de los casos, obtendremos personas competentes, no talentosas.

Por otro lado, si la gestión del talento se circunscribe exclusivamente, a aquellas que sobresalgan en el cumplimiento de los tres patrones, corremos el riesgo (real), de que menos personas califiquen como talentosas.

La paradoja para las áreas de Recursos Humanos, sera entonces .talentosos o competentes? Tal vez, sea cuestión de reemplazar la "o" por la "y" Talentosos "Y" competentes.

Como en todo, mesura, sentido común y tomar distancia de rótulos y tendencias de moda, resultara fundamental para que todos puedan aportar su conocimiento, más allá del supuesto talento.

VII. Talento y Conocimiento Organizacional

Según Business Week, de Octubre de 2001:

> *"La ventaja competitiva no pertenece más a los más grandes o agraciados por la abundancia de recursos naturales o financieros. En la nueva economía global, es el conocimiento. Aquellas empresas o naciones que sobresalgan por la creación y utilización del nuevo conocimiento prosperarán en los años venideros."*

Ponte y Dandois, en la ya citada obra *"El Management del Siglo XXI"*, consignan que los imperativos para afrontar la Era del Conocimiento pasan por administrar el conocimiento organizacional, efectivamente, y pueden ser enfocados con cuatro perspectivas:

Perspectivas	Imperativos en la administración del conocimiento
ESTRATÉGICA	Articular, claramente, la estrategia del conocimiento organizacional alineada con los requerimientos y objetivos del negocio, mercado y competencia.
ESTRUCTURA INTERNA	Crear procesos alineando estrategia y estructura de cara al cumplimiento de dicha estrategia y objetivos de negocio.
TECNOLÓGICA	Aprovechar todas las posibilidades que da, actualmente, la tecnología para aumentar la eficiencia, productividad y satisfacción de clientes.
HUMANA	Afrontar el proceso de transformación cultural que requiere el momento. Incorporar la noción de "facilitación del cambio", alineando objetivos de negocio con actitudes, conocimientos y comportamientos requeridos de cara a los objetivos de negocio perseguidos.

Para conciliar las perspectivas mencionadas en el cuadro anterior, añadiendo otras variables, como el valor de mercado, por ejemplo, presento a continuación, una serie de modelos desarrollados por empresas líderes de diversos sectores, orientadas a determinar los componentes del Capital Intelectual, y su impacto en el negocio:

SKANDIA NAVIGATOR o navegador Skandia.

Skandia AFS es una empresa sueca de seguros, ha sido una de las empresas pioneras tanto en el desarrollo como en la aplicación de herramientas de medición del capital intelectual.

La principal línea de argumentación es la diferencia entre los valores de la empresa en libros y los de mercado. Esta diferencia se debe a un conjunto de activos intangibles, que no quedan reflejados en la contabilidad tradicional, pero que el mercado reconoce como futuros flujos de caja. Para poder gestionar estos valores, es necesario hacerlos visibles.

El enfoque de Skandia parte de que el valor de mercado de la empresa está integrado por dos capitales, el financiero y el intelectual.

El modelo de Skandia divide el Capital Intelectual en:

▶ Capital Humano.

▶ Capital Estructural. Conocimientos explicitados por la organización. Integrado por tres elementos:

▶ Clientes. Activos relacionados con los clientes (fidelización, capacidad de conformar equipos mixtos, etc.).

▶ Procesos. Forma en que la empresa añade valor a través de las diferentes actividades que desarrolla.

▶ Capacidad de Innovación. Posibilidad de mantener el éxito de la empresa a en el largo plazo a través del desarrollo de nuevos productos o servicios.

El Navegador Skandia es una herramienta que intenta vincular los indicadores de capital intelectual con los resultados financieros y se compone de 5 apartados:

▶ Financiero: que incluye el balance de situación, se puede considerar el pasado de la empresa.

▶ Clientes: capital estructural externo.

▶ Renovación y desarrollo: capital estructural interno, el futuro de la organización.

▶ Recursos humanos: capital humano de la empresa.

▶ Procedimientos: capital estructural interno.

Skandia es de las empresas pioneras en la valorización del capital intelectual. Fueron los primeros en crear un puesto de Director de Capital Intelectual, encargado de descubrir las posibles formas de valorar los activos intangibles de la organización y desarrollar un modelo de gestión para el capital intelectual.

Emplea indicadores tanto de medida absoluta como de eficiencia del Capital Intelectual.

El caso Andersen

La consultora Arthur Andersen a la cual tuve el privilegio de pertenecer durante un importante tramo de mi vida profesional, contaba con

53.000 profesionales en 430 oficinas en los 5 continentes. El 99% de lo que Andersen vendía a sus clientes era *conocimiento*.

A partir de allí, la Misión del conocimiento en Andersen era: "Transformar la capacidad de Andersen y de sus clientes para crear, compartir, aplicar y dar valor al conocimiento".

Desde esta perspectiva, Andersen reconocía la necesidad de acelerar el flujo de la información que tiene valor, desde los individuos a la organización y de vuelta a los individuos, de modo que sean ellos mismos los que estén en condiciones de usarla para crear valor para los clientes.

El principal aporte de este modelo podía ser interpretado o desde dos perspectivas complementarias:

▶ Desde la perspectiva individual, la responsabilidad personal de compartir y hacer explícito el conocimiento para la organización.

▶ Desde la perspectiva organizacional, la responsabilidad de crear la infraestructura de soporte para que la perspectiva individual sea efectiva, creando los procesos, la cultura, la tecnología y los sistemas que permitan capturar, analizar, sintetizar, aplicar, valorar y muy especialmente, distribuir el conocimiento.

Knowledge Management Assestment Tool (KMAT)

El KMAT era un instrumento de evaluación y diagnóstico construido sobre la base del Modelo de Administración del Conocimiento Organizacional desarrollado por Arthur Anderesen, que propone cuatro catalizadores o "palancas" de conocimiento (Liderazgo, Cultura, Tecnología y Medición) que favorecen el proceso de administración del conocimiento organizacional.

Liderazgo: Comprende la estrategia y cómo la organización define su negocio y el uso del conocimiento para reforzar sus competencias críticas.

Cultura: Refleja cómo la organización enfoca y favorece el aprendizaje y la innovación incluyendo todas aquellas acciones que refuerzan el comportamiento abierto al cambio y al nuevo conocimiento.

Tecnología: Incluye la medición del capital intelectual y la forma en que se distribuyen los recursos para potenciar el conocimiento que alimenta el crecimiento organizacional.

Procesos: Incluyen los pasos mediante los cuales la empresa identifica las brechas de conocimiento y ayuda a capturar, adaptar y transferir el conocimiento necesario para agregar valor al cliente y potenciar resultados de negocio.

Al año de creado el KMAT, cerca de 100 empresas lo habían utilizado, con los siguientes resultados:

Palanca de genración de conocimiento	Importancia (1)	Performance (2)
Cultura Organizacional	84%	39%
Liderazgo	76%	27%
Tecnología	74%	25%
Procesos	70%	20%
Medición	56%	7%

(1) Porcentaje de respuestas que clasificaron al factor/palanca como de alta importancia.
(2) Porcentaje de respuestas que clasificaron el factor/palanca como de buena performance.

Nótese la importancia asignada por las distintas empresas al factor "cultura"; tal como la describimos en apartados anteriores, siendo la misma entendida como un indicador clave y mensurable a la hora de fijar objetivos de negocio.

En el extremo opuesto, está la medición, aspecto aún no explotado, suficientemente, por las gerencias de Recursos Humanos, y que como dijimos, en gran parte constituirá su reto: el reto de la medición.

Según el modelo del Club Intellect, precursor de la materia, los componentes del capital intelectual son los siguientes:

1. **El Capital Humano**: Conformado por el valor de las personas en términos de capacidad de aprendizaje, flexibilidad y propensión a los cambios, actitudes y "modelos" de mejores prácticas organizativas.

2. **El Capital Organizativo:** Definido como la capacidad organizacional de adecuarse y anticiparse, estratégicamente, a un entrono altamente competitivo y cambiante. Por supuesto que existe una fuerte relación entre dicha capacidad empresarial y su cultura organizacional.

3. **El Capital Relacional:** Referido al valor generado a través del intercambio de información interna, pero también externamente (clientes/proveedores/organismos de influencia, medios de comunicación, etc.)

4. **El Capital Regenerativo:** Capacidad para convertirse (la organización) en una verdadera "usina" de mejores prácticas y conocimiento. Ser la clase de organizaciones que "hacen escuela" dentro de un determinado mercado/sector: Microsoft, Andersen, Coca-Cola, etc.

Indudablemente, la gestión del Capital Intelectual, requiere trabajar de una manera sistémica y estratégica en la optimización de todos los componentes descriptos, verdaderos módulos de aprendizaje organizacional.

Adicionalmente, la gestión del conocimiento debe ser concebida desde el momento inicial de su implementación como el comienzo, no ya de un cambio organizacional, sino de una filosofía de trabajo perdurable e inserta en los valores corporativos de la organización que los desarrolla.

En definitiva, el conocimiento, y por extensión su gestión,- es una condición necesaria, a la sazón, imprescindible para como dice Arie de Geus, su empresa sea "viviente", y no una simple "sobreviviente" en el complejo mundo actual de los negocios.

Pero, la condición de suficiencia es que ese conocimiento sea capaz de generar rentabilidad, aumentando la satisfacción de clientes tanto internos como externos y creando valor empresario.

Por lo tanto, las empresas se diferenciarán cada vez más ya no por la calidad de sus productos/servicios, sino por el conocimiento que como "materia prima" utilizan para la generación de ese resultado.

El "germen" del valor empresario es el conocimiento en acción. El conocimiento en Internet y en la base de conocimientos de la empresa, tampoco sirve. Como Consultor veo a diario, cómo soluciones o sugerencias frente a determinados procedimientos, que de hecho "están escritas" en algún lado (intranet, red, archivos físicos) de la empresa, son usadas por unos pocos o directamente ignoradas.

La gestión del conocimiento consiste en un proceso dinámico a través del cual el conocimiento individual pasa a documentarse, y una vez documentado, pasa a ser compartido e internalizado como mejor práctica, en la medida que esté permanentemente validado y "aprobado" por los destinatarios finales de dicho conocimiento (empleados, clientes, proveedores, distribuidores, etc.).

El poder de una empresa es la suma del poder de las personas que trabajan en ella. Por lo tanto, anímese (y anime) a compartir experiencias. Si poder es conocimiento, me pregunto ¿a qué líder no le gustaría que su empresa tenga más poder?

El fin último de desarrollar conocimiento dentro de una organización es aumentar sus negocios y optimizar el desempeño de las personas que la integran.

Con relación a ello, creo que existen una serie de áreas específicas sobre las que las organizaciones deben actuar para convertirse en verdaderas "usinas de conocimiento":

▶ Definir, claramente, el fin, el propósito de crear conocimiento y el impacto de dicho conocimiento con los objetivos de la empresa. ¿Es el conocimiento una cuestión estratégica para nosotros?; tal vez sea la primera pregunta que se deberán estar haciendo ya muchas empresas, si es que su estrategia de supervivencia está concebida para sobrevivir en la "era del conocimiento".

▶ Implementar estrategias a largo plazo, considerando al conocimiento como "regenerativo", como un proceso continuo, lo cual como se mencionó en páginas anteriores, supondrá revisar artefactos primarios de la cultura de esa empresa, actualizar paradigmas y revisar el sistema de valores de dicha empresa.

▶ El área de Recursos Humanos deberá asumir un papel protagónico, pasar de ser un administrador, para convertirse en un facilitador de procesos de aprendizaje organizacional. Su eje será atraer, retener y desarrollar talentos de manera estratégica.

▶ Implementar sistemas de medición continuos. Desarrollar comportamientos a todo nivel de la organización acorde con los objetivos corporativos, y medir sus variaciones. Premiar, estimular y crear sistemas de incentivos/retención de talentos creativos y acordes a la reformulación de la relación del hombre con el trabajo, vigente hoy.

La implementación de estas "palancas de trabajo" constituyen de por sí un reto organizacional. Tal vez, el primer reto vinculado a "aprender" a hacer las cosas de una manera distinta a las que la viene haciendo. Siempre el primer sujeto de aprendizaje es la organización misma.

Como mencioné, esto supone un cambio que habrá que afrontar con el menor impacto económico y emocional posible, pero que resulta, absolutamente, imprescindible para ser un jugador clave en la era del conocimiento.

Una vez definido que el conocimiento es un "asunto estratégico" para la empresa, se deberán crear estrategias específicas orientadas a la creación de valor empresario, a través del desempeño y motivación de las personas, entre las que destaco:

- ▶ Flexibilidad a los cambios: Establecer canales formales de intercambio, promover el error, motivar a la asunción y toma de riesgos responsables por parte de todos los miembros de la organización. No esperar a que sean "gerentes" para que decidan. Promover la cultura de la decisión.

- ▶ Integración de valores corporativos con objetivos de negocio: Contrastar de manera continua los valores, entre los cuales deberá incluirse el conocimiento, con los objetivos de negocio logrados.

- ▶ Generación de mejores prácticas: Fomentar la cultura del aprendizaje, promoviendo la creación de las mejores prácticas de "esa" empresa, dejando de lado fórmulas lindas pero que no se aplican en dicha compañía.

- ▶ Compromiso de los líderes: Más allá de definir visiones, los líderes de la gestión del conocimiento, deberán ser referentes y por qué no, formadores de su gente. Deberán asumir un rol de "coach", muy proclamado, pero poco practicado.

- ▶ Alinear estructuras: Se deberán crear estructuras organizacionales acordes con el desarrollo del conocimiento. Crear ámbitos de intercambio entre diversas áreas, fomentar el aprendizaje compartido y oportunidades para difundir el conocimiento adquirido.

- ▶ De manera complementaria, la estructura deberá estar alineada con la estrategia. Los puestos de trabajo constitutivos de dicha estructura deben, al menos, intentar ser correspondientes con los talentos que la organización dispone. Aunque destaco que no es conveniente forzar estructuras "exclusivas" para talentos.

En el Capítulo I, presenté cuatro "discontinuidades" las que a mi criterio, ya sea en forma de crisis o rupturas, han irrumpido con fuerza en el "sistema Argentina", en los últimos diez años.

Estas irrupciones en el natural devenir de una sociedad sorprenden, crean ansiedad, incertidumbre y no son gratuitas. Han generado un alto costo que hoy estamos pagando, traducido en descreimiento, escepticismo, datos macroeconómicos poco confiables y una creciente angustia en términos de hacia dónde estamos yendo como país.

Especialmente, las crisis o rupturas, nos pasan una factura social alta. A nivel empresa, la desconfianza imperante y la crisis de liderazgo es manifiesta, lo cual tiene un alto impacto en la productividad de la gente.

A nivel social, una brecha cada vez más grande entre los que "tienen" y los "que no", genera desigualdad de oportunidades, y, especialmente, el que considero el sentimiento más obstructor de cualquier proyecto, ya sea de país, personal o profesional: el resentimiento.

Precisamente, la mayor pobreza del planeta no está en Latinoamérica, pero sí la mayor inequidad en la distribución de la riqueza, y por lo tanto al acceso a la educación, salud y otras condiciones mínimas que permitan el desarrollo y el aprendizaje de las personas que integran.

También es cierto que el permanente devenir de discontinuidades impulsa a la concreción de nuevos desafíos, nos incitan a la superación y someten a cualquier organización a una situación de transición continua, lo cual crea una tensión creativa permanente entre lo que somos y lo que queremos ser.

Dentro de estos desafíos, creo que el más importante es la necesaria toma de conciencia por parte de aquellos con acceso al conocimiento, acerca de asumir y ser responsables de su propio autodesarrollo.

Como sostiene Peter Drucker en sus "Escritos Fundamentales", la responsabilidad por el desarrollo del trabajador del conocimiento tendrá que ser asumida por el propio trabajador del conocimiento.

Esto nos lleva a reformular nuestro conocimiento permanentemente, en el marco de un contexto en transición continua. Preguntas como ¿*"Para qué tipo de tarea estoy ahora calificado?"*, *"¿Qué tipo de experiencia, de conocimiento y de competencias es necesario adquirir ahora?"*, *"¿Cómo alinear mis conocimientos a las demandas del mercado?"*, en definitiva... *"¿Qué hago con lo que sé?"*, deberían ser leídas todos los días por cada uno de nosotros.

En el ámbito organizacional, lógicamente, la decisión a tomar no puede ser exclusiva de la persona; la misma deberá contemplar las necesidades de dicha empresa y las reales capacidades del individuo en cuestión. Tal vez en gran parte éste sea uno de los nuevos roles de las áreas de Recursos Humanos, pero eso no es tema de este trabajo.

Insisto en que la responsabilidad por el desarrollo del individuo/empresa en la economía del conocimiento tiene su punto de partida en el autodesarrollo. La responsabilidad por la ubicación laboral del individuo en la era del conocimiento es responsabilidad por la auto-colocación.

Caso contrario, es poco probable que la gente con conocimientos pueda seguir siendo productiva, a riesgo de continuar "esperando" que "alguien" le de una oportunidad.

"Las oportunidades no vienen, se buscan", parece ser una de las reglas de oro, en la economía del conocimiento. ¿Está su empresa y/o usted preparados para buscarlas?

VIII. ISLA DE REFLEXIÓN Nº 2:

7. ¿Se discute en su empresa la "cuestión" del conocimiento?

8. ¿Forma parte de su estrategia fomentar el conocimiento?, ¿debería formar parte de la misma?

9. ¿Estableció la relación conocimiento/cumplimiento de objetivos/rentabilidad?

Capítulo 3

ARQUITECTURA DEL CAMBIO ORGANIZACIONAL

"No es la más fuerte de las especies la que sobrevive, ni la más inteligente, sino lo que mejor responde al cambio"

Charles Darwin

I. Cambio organizacional: concepto y elementos constitutivos.

El rediseño total o parcial de la estructura organizacional, el impacto de diversas variables macroeconómicas, fusiones, adquisiciones, incorporación de nuevas tecnologías, creación de nuevas unidades de negocios, o, la implementación de nuevos procesos, son sólo algunas de las tantas causas que generan en una organización, o en determinados sectores de la misma, una situación de cambio. Cambio que, la mayoría de las veces, no está ni completa ni, eficientemente, planificado, y mucho menos, facilitado.

Seré recurrente en el término "facilitación"; ya que considero que el cambio no se gestiona, científicamente, ni se administra. Facilitar el cambio implica *apoyar* a las personas para que primero visualicen, luego internalicen y, posteriormente, se involucren, voluntariamente, en el logro del objetivo resultante de la situación emergente.

Muy lejos de esto, aún se cree que el involucramiento y el alineamiento al nuevo estado de cosas, se logra entregando un "manual" reseñando Misión, Visión y Valores de la empresa o unidad de negocios en cuestión, una actividad Outdoor, y en las buenas épocas... dos días de "reflexión" y/o capacitación en lujosos hoteles, y a la vuelta... nuevamente cada uno a lo suyo... pero eso sí, "el cambio ya lo pasamos", comentan. Esto es un error.

En realidad, facilitar procesos de cambio en gran parte supone: dialogar, caminar la planta o los pisos, escuchando, participando y haciendo participar, capitalizando los errores, y sobre todo, sabiendo "leer" los mensajes subyacentes de las personas involucradas y obrar en referencia a lo que se observa (proactividad), y no como consecuencia de lo sucedido (reactividad).

Para empezar a comprender el proceso de facilitación del cambio, y lograr que el mismo genere valor, sin dejar de reconocer las pérdidas que todo cambio supone, habrá que reconocer la existencia de al menos tres elementos:

a. Una situación actual, la que por algún motivo necesitamos abandonar.

b. Una situación deseada, a la que queremos, o nos dicen que tenemos que arribar, y

c. Un momento difuso, crítico, muchas veces gris, difícil de mensurar y más aún de facilitar, que se encuentra entre la situación actual y la deseada: la transición.

II. Las transiciones organizacionales

Constituyen el conjunto de intervenciones, esencialmente, orientadas a relevar, diagnosticar y analizar la *estrategia, el talento, la estructura y el nuevo paradigma de relaciones* de la organización, de cara a la situación deseada.

La toma de conciencia, por parte de la alta dirección, del necesario análisis e interpretación de estas variables vinculadas a su situación actual, con vistas a definir y decidir escenarios futuros medianamente previsibles, constituye una competencia crítica para cualquier líder de cambio en un escenario cambiante y poco previsible como el actual.

En otras palabras, podemos decir que para empezar a recorrer procesos de cambio medianamente exitosos, resulta imprescindible establecer un *alineamiento organizacional* consistente en conocer de qué manera la *estrategia*, el *talento*, la *estructura* y el *nuevo paradigma de relaciones* de la organización, operan (o no), para cumplir, satisfactoriamente, con el logro de los objetivos estratégicos y con la visión del negocio.

Normalmente, ante cualquier situación de cambio el *alineamiento organizacional*, -verdadero modelo para armar-, versa sobre la necesidad de *integrar* la *situación actual*, ya que la organización "no puede parar" de producir, con lo siguientes aspectos inherentes a la *situación deseada*:

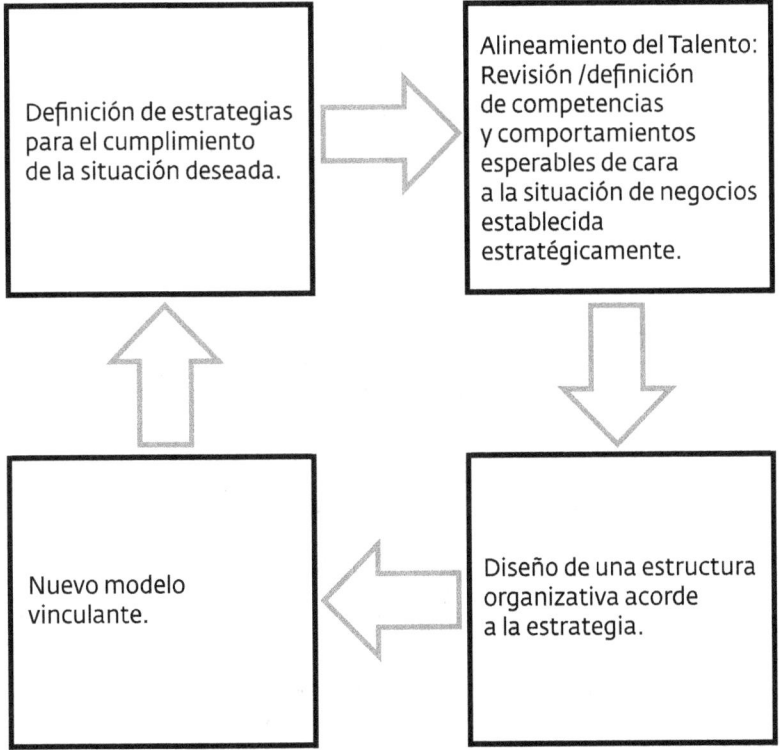

Nótese que la secuencia es, arteramente, tramposa; si bien es necesario conocer las partes inherentes y críticas de una organización/sector que atraviesa procesos de cambio, no olvide que en un contexto como el actual, el arte consiste en articular dichos elementos de manera tal que resulten una dinámica continua. Lejos de facilitar cambios, en el contexto actual se facilitan dinámicas.

Operativamente, la transición organizacional consta de tres etapas:

a. *Relevamiento*: El mismo consiste en aplicar, situacionalmente, diversas técnicas: encuesta de clima organizacional, encuestas específicas para conocer el grado de predisposición al cambio organizacional, workshops con Dirección, sesiones de "visioning" entrevistas con personal clave, etc. Profundizaremos el alcance de algunas de estas técnicas, en el capítulo V, en el cual desarrollaré las fases de nuestra metodología CEM©-Change Enablement Methodology.

b. *Diagnóstico*: Del mismo, surgirán datos que serán de capital importancia, y una referencia continua para quienes deban decidir el rumbo de la organización, de cara a la situación deseada. Muchos procesos de cambio fracasan, o logran sus objetivos a medias, porque no efectúan un relevamiento de la situación actual. O lo que es peor, los directivos responsables del proceso, ignoran o no dimensionan, adecuadamente, los datos de la situación actual. Los ejemplos característicos de esta situación son: objetivos ambiciosos para la estructura con la que se cuenta, falta de participación de las áreas involucradas en la definición de objetivos, errores de presupuesto destinado a las áreas sujeto de cambio, desvinculaciones antes/durante el proceso, incorporación de personal, que luego resulta innecesario, etc.

c. *Diseño*: En función del diagnóstico efectuado, consiste en la integración de los elementos enunciados en el gráfico anterior u otros propios de cada organización, y derivados del cambio específico por el que transita. Se pretende que la organización "arme" su "caso de cambio", como medio de asegurar un importante porcentaje de éxito.

Profundizaremos el alcance de estas intervenciones en el capítulo V, en el cual desarrollaré las fases de nuestra metodología FACO-Facilitación del Cambio Organizacional.

A. Definición de Estrategias para el cumplimiento de la situación deseada:

Las estrategias constituyen un curso de acción elegido, frente a otros alternativos, por lo que en tal sentido, frente a procesos de cambio organizacional y más allá de su dimensión, siempre es conveniente considerar que, independientemente, de la elegida, la estrategia siempre resulte efectiva, verbigracia, que genere impacto directo sobre el objetivo de negocio a alcanzar.

Es por ello, como sostiene Santiago Lazzati, que al momento de formular estrategias siempre resulta conveniente distinguir:

- ▶ Las que tendrán impacto/efectividad directa en el contexto organizacional (mercado, competencia, clientes, productos, organismos de influencia, políticas salariales, de precios, desarrollo de canales, etc.)

- ▶ Las que tendrán impacto/efectividad directa en el entorno inmediato de la organización (recursos humanos, tecnológicos, medios de financiación, etc).

Vale la pena recordar, que toda declaración de estrategia debe empezar con una definición del objetivo, o la meta que se espera lograr con o a través de dicha estrategia. Es obvio que la mayoría de las empresas compiten en entornos de alta incertidumbre, cambiantes y donde las reglas del juego en el mejor de los casos, resultan poco claras, por lo que resulta cada vez más crítico, que las organizaciones tengan claro cuáles son sus reales ventajas competitivas, es decir la manera diferente, y difícil de imitar, a través de la cual la empresa logrará los objetivos declarados en la estrategia.

Como dice Jamie Dimon, el CEO de Bank One, "Prefiero una brillante ejecución y una buena estrategia, que una brillante estrategia pero con una ejecución mediocre".

Con esto, se potencia el valor de la ejecución de la estrategia, ya que la formulación de la misma, sin una adecuada ejecución, no genera ningún tipo de valor. Si la estrategia no se convierte en desempeño efectivo, será percibida apenas, como una declaración de principios. Recuerde que menos del 10% de las estrategias, efectivamente, formuladas son, correctamente, ejecutadas.

¿Qué costo genera la mala ejecución de una estrategia? Recurro a un informe de Michael Mankins y Richard Steele, publicado en Julio de 2005 por la Harvard Business Review, acerca de la pérdida promedio de desempeño por fallas en la planificación y ejecución de la estrategia.

Los ejecutivos relevados aducen que obtuvieron apenas el 63% de desempeño efectivo a partir de una formulación estratégica. El 37% restante de mal desempeño, o sea de dificultad para convertir una estrategia en performance alineada al negocio, se compone de las siguientes causas:

7.5%: Recursos inadecuados o no disponibles.

5.2%: Pobre comunicación de la estrategia.

4.5% Las acciones necesarias para la ejecución no están claramente definidas.

4.1% No queda claro quién tiene responsabilidad sobre la ejecución.

3.7% Silos organizacionales y la cultura bloquean la ejecución.

3.0% Seguimiento inadecuado del desempeño.

3.0% Consecuencias y recompensas inadecuadas para el éxito o fracaso.

2.6% Liderazgo débil de la alta gerencia.

1.9% Alta gerencia poco comprometida.

0.7% Estrategia no ha sido aprobada.

0.7% Otros obstáculos (incluyendo destrezas y habilidades inadecuadas)

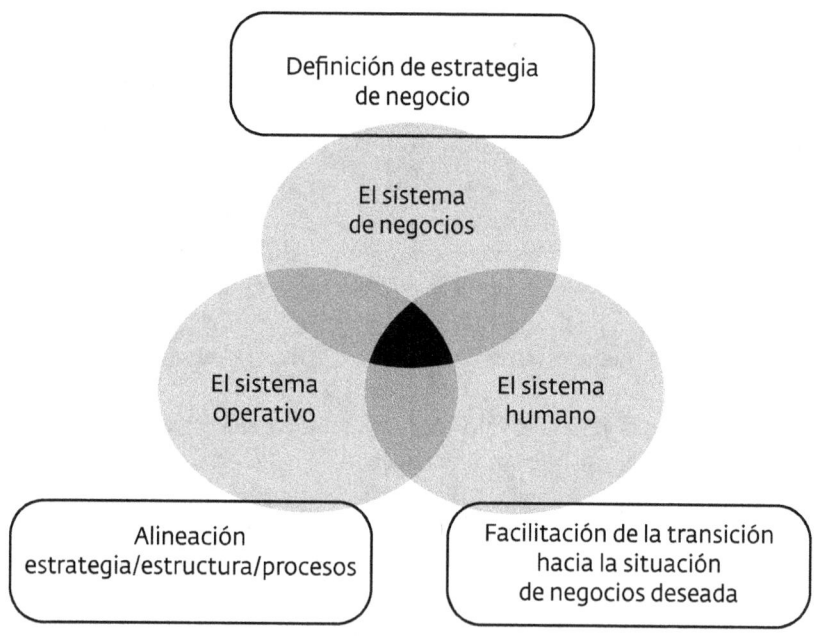

Las estrategias no, necesariamente, deben ser brillantes; suficiente con que sean efectivas, es decir que contribuyan a generar, básicamente, dos cosas: valor y ventajas competitivas.

Dicha efectividad estratégica nace en su génesis, en su formulación. La misma deberá incluir, la estrategia propiamente dicha, las razones de negocio que impulsan su concreción y sus objetivos principales.

En complemento, deberá considerar al "sistema operativo" de la organización; una revisión de sus procesos críticos y, especialmente, de aquellos que resultarán claves para la concreción de la estrategia.

Asimismo, acciones detalladas orientadas a crear el Plan de Transición, o alineamiento serán fundamentales. Como consigné, las estrategias sin desempeño son inocuas. Y la falta de desempeño requerido para la concreción de dichas estrategias, tiene que ver con la carencia de un Plan de Transición.

Definidas las estrategias por parte de los máximos responsables de la implementación del proyecto de cambio, es importante que las "primeras líneas" gerencialmente hablando, compartan un entendimiento de la visión y estrategias elegidas para su concreción, como así también la situación competitiva de la empresa de cara a la situación requerida.

A partir de allí, se formularán los objetivos, que son resultados o atributos a lograr (rentabilidad, participación en el mercado, satisfacción de clientes, etc), como así también las metas, que son objetivos expresados de manera específica en cuanto a su proyección en el tiempo y con posibilidades de ser medidos tanto cuanti como cualitativamente.

B. Alineamiento del Talento

En la otra vereda de lo expresado en párrafos anteriores, observo que las empresas que pretenden que el camino hacia la situación de negocios requerida, resulte efectivo y creíble, invierten considerable esfuerzo en alinear competencias de su gente a dicho estado deseado.

Dicho alineamiento es parte esencial de su formulación estratégica, focalizándose, fuertemente, en construir, mantener y desarrollar las competencias de su gente, como generadoras de valor continuo.

Hecha la distinción en el capítulo anterior entre talento y competencia, me centraré ahora en este último concepto. Recurro a Spencer y Spencer (*"Competence at work, models for superior performance, 1993*) quienes sostienen que "competencia es una *característica subyacente* en un individuo que está, *causalmente*, relacionada a un *estándar de efectividad* y/o a una performance superior en un trabajo o situación".

Las competencias, en esencia, son comportamientos; algunas personas disponen mejor de ellos que otras, incluso, son capaces de transformarlas y hacerlas más eficaces en una situación dada.

Estos comportamientos deben ser observables tanto en la realidad cotidiana del trabajo, como en situaciones de evaluación. Esas personas aplican, íntegramente, sus aptitudes, sus rasgos de personalidad y los conocimientos adquiridos.

Es por ello que las competencias son un rasgo de unión entre las características individuales y las cualidades requeridas para conducir mejor las misiones profesionales/organizacionales requeridas.

Frente a procesos de cambio, sugerimos clasificar dichas competencias de acuerdo al siguiente ordenamiento:

Competencias Genéricas:

Son las que deben poseer y desarrollar todas las personas que integran la empresa para prosperar en su entorno competitivo de acuerdo al planteo estratégico y a la definición de los negocios, que permitirán llegar a la situación requerida.

En esencia, describen los comportamientos funcionales que debe tener una persona, cualquiera sea su puesto o nivel para contribuir al éxito y a los resultados del negocio.

Competencias específicas por nivel:

Son: los conocimientos, habilidades, actitudes y valores que debe tener un determinado nivel jerárquico, adicionalmente, al conjunto de competencias genéricas necesarias para ser "empleable" en la empresa.

Competencias particulares por área:

Definen los conocimientos, habilidades, actitudes y valores (además de las competencias genéricas y específicas por nivel) que debe tener una persona para ser exitosa en un área determinada de la Empresa.

De acuerdo a nuestra experiencia, sugerimos considerar algunos aspectos críticos a la hora de desarrollar un modelo de competencias en sus diferentes etapas:

Al diseñarlo:

▶ Involucrar a representantes claves de los diferentes niveles y funciones.

▶ Incluir las competencias críticas que se requieren para el éxito de la compañía (evitar una lista extensa de todos los comportamientos desarrollados en el trabajo).

▶ Desarrollar un glosario o diccionario de términos que facilite y promueva la comunicación al interior de la Organización.

Al Implementarlo :

▶ Comunicar pronto y en forma recurrente.

▶ Tener comunicadores claves y utilizar terminología consistente.

▶ Efectuar una comunicación "cara a cara" al lanzar la implementación del Modelo.

▶ Ligar las Competencias al Desarrollo de la gente a través del desarrollo de los Planes de Capacitación, Plan de Incentivos, etc.

Considerando esta clasificación, se puede definir:

▶ Quién deberá contar con determinadas competencias.

▶ Cómo puede demostrar la posesión o no, de dichas competencias.

▶ Cuáles deberán ser los procesos de RRHH orientados a colaborar con los empleados para desarrollar las competencias requeridas.

Y, tener presente que:

▶ Implementar un modelo de competencias, no supone poseer talentos.

Asimismo, antes y durante el desarrollo de un modelo de competencias deberán considerarse los siguientes factores para el éxito de la implementación:

▶ Generar canales participativos para acordar las competencias clave ("core competencies") a nivel corporativo, pero también a nivel sectores.

▶ Alinear las competencias clave a los valores corporativos. Las competencias deberán ser "traducidas" a comportamientos medibles y observables, a través de los cuales se podrá verificar el alineamiento entre dichos valores y el desempeño de los miembros de la empresa.

▶ Insistimos con el diseño de un "diccionario" de competencias que permita a todos los sectores de la organización comprender claramente que significa cada una de ellas tanto a nivel corporativo, como a nivel de sector. Probablemente, una competencia típica como "Actitud hacia el cliente", no signifique lo mismo en términos de comportamientos, para el área de Sistemas, que para el área de Administración, Ventas o Producción.

▶ En este sentido el área de Recursos Humanos o la que resulte impulsora de este proyecto crítico a la hora de facilitar procesos de cambio, deberá tener un papel clave, al momento de consensuar las competencias/comportamientos propios de cada área y el significado que para dicha área tienen los mismos, en relación a sus propios objetivos.

▶ Constato a menudo que muchos gerentes de áreas operativas sienten que las competencias/comportamientos definidos no tienen nada que ver con lo que es la realidad de su negocio, y deben evaluar sobre algo que a ellos no se los consultó. Esto genera desintegración, falta de alineamiento y visión compartida hacia la situación de negocios pretendida, estratégicamente.

Para "navegar" por este nuevo escenario de negocios, se torna, absolutamente, imprescindible contar con indicadores de gestión válidos, consensuados y alineados a los objetivos y estratégicas específicas de cada organización.

La creación de dichos indicadores, entre los que consideramos al mencionado Modelo de Competencias, permitirá medir el impacto que la gestión agrega "valor" en términos de desempeño, de todas y cada una de las personas que integran la organización.

En este sentido, la administración adecuada del modelo permitirá a los líderes de procesos de cambio contar con información clave y valiosa para tomar decisiones con impacto en el negocio y, por supuesto, en la gente, a través de los procesos clave del área de Recursos Humanos arriba enunciados.

C. Diseño de una estructura organizativa acorde a la estrategia:

> *Si tiene un organigrama a mano, vaya guardándolo. Dentro de poco será pieza de museo. Se lo pagarán muy bien.*

La finalidad de cualquier estructura organizativa es establecer un sistema de roles que han de desarrollar los miembros de una unidad, con el fin de lograr eficiencia en la operación.

Stoner define la estructura organizacional como : *"el arreglo e interrelación de las partes componentes y de las posiciones de una compañía".*

Lo cierto es que la estructura de organización –entiéndase por ella también a un sector de la empresa, en este caso objeto de cambio-, debe tener como misión clarificar la división de las actividades y mostrar cómo están relacionadas dichas actividades o funciones.

Por sobre todo, una clara estructura frente a procesos de cambio, nos asegura una relativa estabilidad y continuidad, o al menos, un "caos organizado", por lo cual debe ser diseñada también de manera flexible, lo que le permite al sector objeto de cambio sobrevivir a las discontinuidades propias del actual contexto. Es por ello que la estructura de cierta manera debería anticipar ciertos hechos, por eso, siempre debería resultar de una estrategia.

Es por ello que cuando autores destacados en temas de Administración como Alfred Chandler utilizan la expresión *"la estructura sigue a la estrategia"*, quieren decir que se torna imprescindible, generar los mecanismos de complementación estructurales para *"soportar"* a dicha estrategia. Los errores en la ejecución estratégica, suelen ocurrir por falta o inadecuada estructura que la sostenga.

En procesos de cambio organizacional que, personalmente, considero efectivos, verbigracia, con impacto en el cuadro de resultados, uno de los pilares de dicho éxito radica en que la estrategia siempre determinó cómo se iban a establecer líneas de responsabilidad y los canales de comunicación entre los líderes del cambio, las líneas gerenciales y los mandos medios, como primer circuito comunicante.

La estrategia influye en la información, que circula a través de dicho circuito y, por consiguiente, en los mecanismos de planificar y decidir. En un estudio clásico en teoría administrativa, Chandler determinó la estrecha relación existente entre estrategia organizacional y estructura.

Luego de analizar las historias administrativas de compañías como Du pont, General Motors, Estándar Oil y Sears Roebuck, entre otras, Chandler determinó que los cambios de la estrategia corporativa anteceden a los cambios del diseño organizacional, y a su vez, lo generan.

Más allá de su dimensión, frente a procesos de cambio, recomiendo que toda estructura organizativa intente contener tres aspectos fundamentales:

1. Asignación de responsabilidades, definición de tareas y agrupación de procesos operativos.

2. Coordinación de las tareas entre las distintas áreas involucradas en el proyecto de cambio y también, dentro de ellas. Establecimiento de relaciones, cadenas de mando, cadenas de valor, diseño de esquemas matriciales en caso de ser necesario, etc.

3. Asignación de equipos para cada área de responsabilidad relacionada al proyecto de cambio.

Adjudico significativa importancia a la fusión estrategia/estructura, y especialmente al trabajo en equipo como medio para su interrelación continua, como primera respuesta a la implementación de cambios estructurales.

Un buen ejemplo de lo dicho hasta aquí, es lo que, actualmente, está realizando una compañía líder en servicios financieros, con quien colaboramos hace un tiempo.

El Chief Financial Officer (CFO) líder del equipo financiero regional, con sede en Buenos Aires, con metas de trabajo muy claras definidas a nivel corporativo, generó una estructura como primera respuesta a la implementación de la estrategia, en el marco de un nuevo modelo de negocios regional.

Para facilitar el cumplimiento de los objetivos derivados de dicho cambio, se definieron tres comités de trabajo, cuyo objetivo fue impulsar la estrategia regional con roles muy claros.

- ▶ **Comité "1":** Conformado por los profesionales de mayor experiencia y proyección regional dentro de la compañía, cuya misión es decidir la implementación de estrategias.

- ▶ **Comité "2":** Compuesto por profesionales con proyección a mediano plazo, cuyo propósito es suministrar al Comité "1" información relevante para que éste decida la implementación de estrategias.

- ▶ **Comité "3":** Integrado por personas con menos experiencia pero con marcado potencial, cuyo propósito como equipo es ocuparse de la resolución de cuestiones operativas básicas para el logro de los objetivos definidos.

Vale aclarar, que esta implementación fue una iniciativa local del CFO, quien nunca esperó que la "corporación" o el área de Recursos Humanos le suministré instrucciones para implementar una más eficiente estructura de trabajo.

El desempeño de esta estructura es, continuamente, evaluado y los índices de cambio o evolución en su performance basados en indicadores de comportamiento medibles, sirven para ajustar los objetivos y las aptitudes y actitudes requeridas para la concreción de sus metas de negocio.

De la información obtenida a través de los resultados de las continuas mediciones, surge información útil para varios aspectos tales como evaluación de la performance, beneficios e incentivos, planes de sucesión, promociones, recolocaciones, entre otros.

El gráfico siguiente muestra la esencia del modelo de Tablero de Control para la toma de decisiones, relacionadas con la medición y el seguimiento de los tres equipos que conforman la estructura.

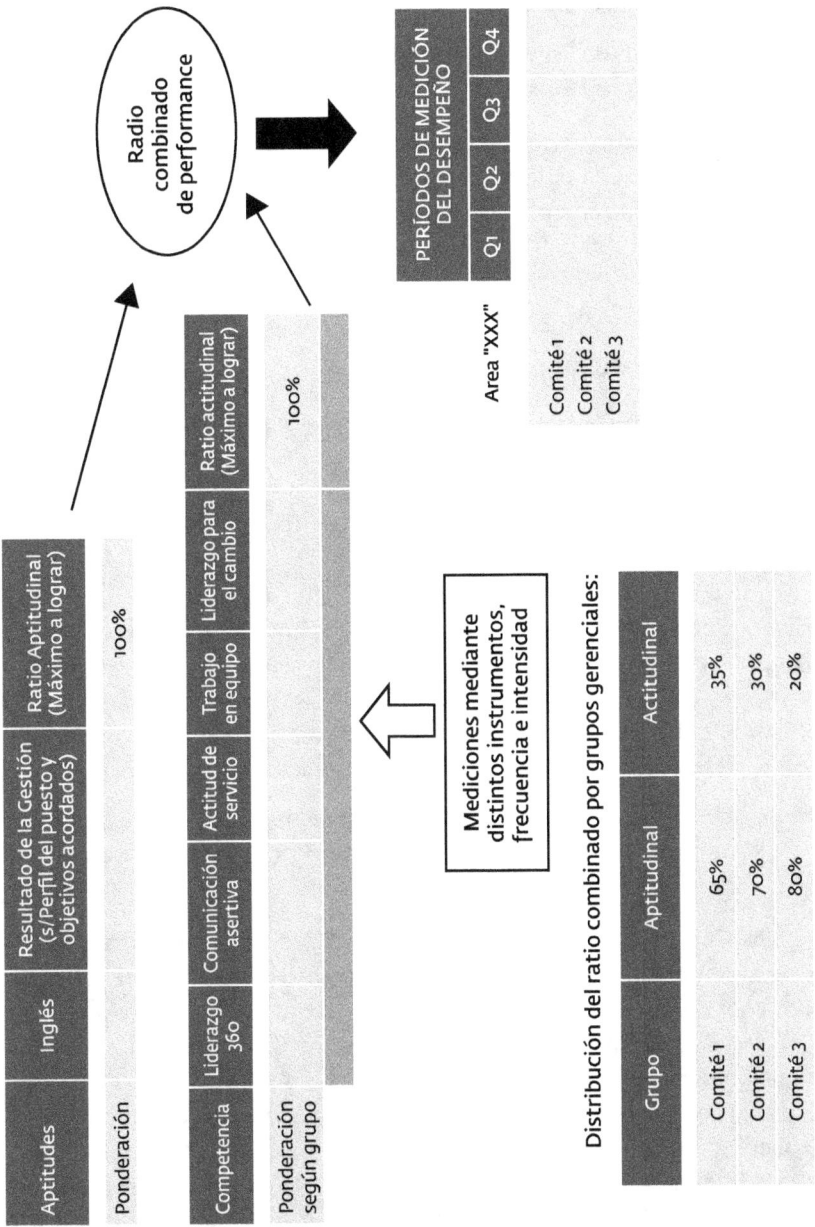

Nótese que el tablero consta de dos ratios de medición: el aptitudinal y el actitudinal.

El aptitudinal está conformado por dos indicadores de medición:

▶ Conocimiento del idioma inglés (clave para el desarrollo de las personas de este nivel en esta empresa) y,

▶ Resultados de la gestión, según perfil de puesto y objetivos de negocio acordados.

A su vez, el ratio actitudinal posee como indicadores de medición, el cumplimiento de una serie de competencias definidas como clave para que la estructura pueda cumplir con sus objetivos de acuerdo al nuevo modelo de negocios de la compañía:

▶ Liderazgo 360º.

▶ Comunicación Asertiva.

▶ Actitud de Servicio.

▶ Trabajo en Equipo.

▶ Liderazgo para el Cambio.

Destaco que se trabajó, concretamente, en dar un significado a estas palabras, que de por sí no dicen nada. Recomiendo que dicho significado siempre sea resultante de la integración de dos aspectos:

a. De la estrategia definida, a la que no caprichosamente hice referencia de manera anterior a la estructura, y,

b. De los objetivos de negocios de la persona/área. De ahí la importancia de consensuarlos y conocerlos, tal como se menciona en el ratio aptitudinal.

Del producto de las mediciones de desempeño de la estructura, se obtiene un ratio combinado de performance, tanto integral de la estructura, como por comité integrante de la misma, y naturalmente, individual.

A lo largo de un año, se establecen diversos "Q" de medición con frecuencia a determinar, en este caso, por cada Comité.

De la comparación de los resultados de cada toma, se obtienen índices de cambio registrados, lo que constituye un verdadero tablero decisorio para el líder de esta unidad de negocios.

Estos resultados son cotejados con los denominados Rangos de Efectividad Deseados (más conocidos como Indice RED), previamente, acordados con el líder del proceso de cambio, siendo en este caso los siguientes:

Grupo	Aptitudinal	Actitudinal
Comité 1	65%	35%
Comité 2	70%	30%
Comité 3	80%	20%

Hoy, a poco más de un año de su lanzamiento, esta estructura es ejemplo en la región por sus resultados en términos de colaboración en el logro de las metas de negocio, es además replicada en los distintos países de Sudamérica, donde nuestro cliente opera, y el CFO es referente de liderazgo en la creación de estructuras altamente efectivas.

Este y otros ejemplos que vivo a diario me convencen de que pese a la innumerable lista de excusas tales como "la estructura de esta compañía es rígida", o "en esta empresa no se puede hacer nada", es posible cambiar la organización piramidal, o bien migrar hacia una estructura horizontal de manera progresiva.

Logros como el mencionado, también me refuerza la idea de que el conocimiento en su máxima expresión, proviene del trabajo en equipo; nadie puede generar conocimiento de manera aislada.

No hace falta una directiva corporativa (que quizás nunca llegue) para, dado un objetivo, reestructurar, conformar y medir la performance de los equipos.

Sólo hace falta un liderazgo basado en convicciones: objetivos claros y coraje responsable.

No espere a que alguien de la corporación venga a entregarle un manual con las mejores prácticas de la Compañía. ¡Créelas usted mismo!

Asigno crucial importancia a la conformación de equipos, ya que el sistema jerárquico de "planifico, organizo, dirijo y controlo" aún vigente, tiende a clasificar a las personas: director, gerente, mando medio, supervisor, operario, etc.

En función de ello, se recrea la dinámica en la cual pocos piensan y muchos hacen, lo cual constituye un error fatal, con impacto negativo en los resultados esperados en procesos de cambio. Las motivaciones, aptitudes y actitudes de la gente están por encima de títulos y cargos circunstanciales.

Las personas somos portadoras de valores y capacidades; sin embargo, el modelo organizativo vigente las clasifica y decide quién piensa, quién ejecuta, quién controla y quién decide.

Está claro que este modelo ya no está en crisis, sino en estado de inminente ruptura tarde o temprano, porque lleva a la rutina, a la burocracia, a la repetición y al "trabajo a reglamento", en definitiva, al tristemente zafe... o sálvese quién pueda, o al "quintismo".

Un componente esencial de las ventajas competitivas de cualquier organización son las personas, por lo que el desafío del liderazgo a todo nivel organizativo radicará en ejercitar la habilidad de obtener lo más valioso de ellas, que por cierto no es ni su capacidad para repetir tareas, ni para obedecer órdenes.

Lo más valioso de las personas es su voluntad, su inspiración, su capacidad de soñar y su compromiso, paradójicamente, lo mismo que nos dicen en los cursos de liderazgo, pero que por "algún motivo estructural", no logramos aplicar.

También es cierto que, lamentablemente, una considerable proporción de la actual oferta de capacitación gerencial y de mandos medios, especialmente, en materia de liderazgo, trabajo en equipo y otras competencias de las denominadas "blandas", fuertemente, ligadas al liderazgo requerido en la implementación de cambios, no va al fondo de la cuestión y representa una mínima, por no decir marginal, ayuda para implementar lo dicho hasta aquí.

Pero esta realidad, también supone una revisión interna acerca de la calidad de entrenamiento que como empresa necesitamos y debemos exigir a los proveedores, frente a procesos de transformación, por más mínimo que este resulte.

En ese aspecto y recurriendo a su franqueza, lo invito a que por favor conteste estas preguntas:

¿Qué impacto directo generó el último entrenamiento en el cumplimiento del número final al cual usted o quienes participaron deben llegar en términos de objetivos de negocio?

¿Cómo se llevaron a la práctica diaria bellas palabras como "Neurolingüística", "Calibrado Visual", "Asertividad", "Receptividad", "liderazgo centrado en personas", "empatía", entre otras, cuando a su jefe lo único que le interesa saber es cómo va a hacer usted para llegar al 20% de rentabilidad este ejercicio o abrir ese maldito canal de distribución antes que la competencia?

¿Cómo hizo para que el efecto motivador post-curso dure poco más de una semana?

Buenos instructores, rica comida, salón cómodo, excelente material... pero, ¿recuerda qué sensación tuvo el primer día después del curso al ver a su jefe, colegas y colaboradores, corriendo detrás del número, atrapados por la diaria? ¿Cómo era eso que decía el "Modelo", escrito hace 20 años para una realidad primer mundista y por lo tanto, poco aplicable en Argentina 2014?

¿Cómo se las arregló para trasladar las mejores prácticas de liderazgo de General Motors que le enseñaron, a su empresa que es una Pyme de 150 personas con problemas de descontento salarial y con dificultades para que le otorguen un crédito?

Y fundamentalmente, ¿Pudo verificar la evolución de sus comportamientos relacionados con el liderazgo y su impacto directo en el cumplimiento de sus objetivos?

Sin pretender cargar todas las tintas a los proveedores de capacitación, es evidente que la oferta actual de formación en "Liderazgo", por poner un genérico, (salvo distinguidas excepciones), está muy lejos de ayudarlo a contestar estas preguntas, por lo tanto aquí está la primera paradoja: Se pretende desarrollar comportamientos que luego no son medidos en términos del impacto en los objetivos de negocio de quien contrata dicho curso.

La Capacitación tradicional, vía curso, deberá migrar hacia un proceso metodológico, que permite alinear y medir cambios en los comportamientos individuales y de equipos de trabajo, y su correspondiente impacto en los objetivos de negocio, de cara a la situación deseada.

Textual de un Gerente Regional de un Banco líder de Argentina:

"Los llevamos a hacer cabalgatas, a navegar, los nombramos líderes del cambio, fueron a cuanto curso de liderazgo te imagines..., gastamos los dólares que también te imagines... ¡ Y mira los resultados del sector!". Sólo sé una cosa: no quiero más cursos, ni outdoors, ni nada".

Palabras más, palabras menos, queja recurrente. Este ejecutivo no cuestionaba lo competentes que eran los miembros de su equipo. Su preocupación no eran las aptitudes... sino las actitudes, y los comportamientos de dicho equipo, que impactaban directa y, negativamente, en una meta comercial.

Este comentario representa la "crisis" del modelo de formación de líderes, predominantemente, vigente, al que considero lejano al negocio, caro, teórico, imposible de mensurar en términos de metas de negocio y reactivo a cuanta moda llegue con recetas ya hechas.

Las organizaciones, la gente en definitiva, no necesita recetas, sí que la ayuden a pensar, a implementar, y, especialmente, a dudar. Todo lo contrario a la oferta conductista de formación gerencial, mayoritariamente, vigente.

Pero por sobre todo, dicha oferta desde su discurso y su metodología está poco alineada o en muchos casos ignora una realidad: la actual estructura vigente en la mayoría de las empresas y la crisis de liderazgo a la que hice referencia, anteriormente, no contribuye a la puesta en práctica de la teoría y mensajes bajados en los cursos.

Las organizaciones no cambian con cursos; no es con tendencias de moda, o con los diez pasos del "liderazgo feliz", con lo que como líderes ayudaremos a desterrar de las actuales estructuras organizativas sus males endémicos.

Es con: convicciones, valores, coraje y objetivos claros.

Pero eso sí... todavía nos interesa que la gente sepa la diferencia teórica entre "equipo, grupo y conjunto de individuos..." y esto es real: más de una empresa aún luego de un entrenamiento toma exámen a los participantes para ver cuánto aprendieron, a través de un Múltiple Choice...

Ignoran lisa y, llanamente, que el aprendizaje no se adquiere en un aula, sino en la transferencia de lo visto en el aula a su realidad de trabajo e invitando a que la gente se "exponga" y a que se equivoque.

Sin embargo, existen buenas prácticas. Los casos de éxito, en los que me toca intervenir, tienen cinco características salientes que van más allá del rubro y tamaño de las empresas que optan ya no por tomar cursos, sino por adentrarse en un verdadero proceso de cambio, orientado a desarrollar comportamientos de liderazgo orientados al negocio:

1. Cuentan con un área de Recursos Humanos involucrada y autopercibida como "dueña" del negocio; con voluntad de entender la problemática de otros departamentos (a la sazón, sus clientes internos), dejando de lado el tradicional rol de "compradora/proveedora de cursos".

2. Un total convencimiento por parte de los "número uno" de la organización o área específica, de invertir tal vez más tiempo en desarrollar hábitos y comportamientos ligados a objetivos, pero con la certeza de contar con mediciones y modificaciones continuas, concretas de la efectividad del liderazgo y su impacto en resultados de la empresa.

3. Firme creencia de los líderes de cambio, que hace falta revisar, previamente, a cualquier entrenamiento, el sistema de valores, estrategia y estructura vigente en la empresa, al momento de optar por un entrenamiento con verdaderos resultados. Caso contario, será más de lo mismo.

4. La importancia de traducir los cambios de comportamiento observados en personas/equipos, en sus evaluaciones regulares de desempeño, considerando su impacto en premios, bonus, etc.

5. Estas empresas saben (o las ayudamos a que sepan) acerca de la importancia de operacionalizar (convertir en comportamientos medibles y observables), los desafíos de sus líderes. Por ejemplo, "nuestros líderes deben marcar la diferencia": ¿qué significa eso en términos de incremento de la rentabilidad?, ¿qué es para esta Compañía "marcar la diferencia"?, ¿qué comportamientos concretos hay detrás de esa frase?, ¿es lo mismo "marcar la diferencia" para un líder comercial que para otro de sistemas?

No proclamo una posición "anti curso"; sí digo que la capacitación tradicional debe formar parte de un proceso mucho más integral y sistémico de cambio, donde el curso es parte de ese proceso y no el proceso en sí mismo.

En tal sentido, es tiempo que cada uno desde su rol (responsables de Gestión Humana, Consultores, Capacitadores, Diseñadores) propicie que la capacitación empresaria, especialmente, aquella con pretensiones de desarrollar actuales o futuros líderes, haga su propia "reconversión" y asuma que las necesidades y sobre todo los enfoques deben revisarse.

En cuanto a la empresa, empezar a tomar conciencia que hoy las cosas van mucho más allá de desarrollar cualidades personales en "8 horas curso", sino que involucra ante todo el trabajo a nivel corporativo en los siguientes aspectos:

Antes del entrenamiento:

► Revisión de los sistemas de valores de la organización.

► Definición en base a dichos valores sobre que rol se espera del liderazgo para el logro de los objetivos de negocio, relacionados con la situación deseada.

► Clarificación de la estrategia.

► Definición de la estructura de soporte a la estrategia.

► Creación de los comportamientos asociados con el concepto de liderazgo definido.

► Desarrollo de habilidades y actitudes personales de liderazgo sobre la base de los valores definidos.

Adicionalmente, no se debería perder de vista, que todo proceso de entrenamiento, si desea ser efectivo, debe, desde el primer momento, persibirse como el primer paso de una gradual pero progresiva intervención orientada al cambio de hábitos por parte de quienes intervendrán en él.

Es cierto que en muchos casos discontinuar ciertas conductas como resistencia a lo nuevo, incapacidad para delegar, la no toma de riesgos u otras asociadas a rasgos de personalidad, resultan muy difícil de desterrar. Los hábitos que las mismas generan son difíciles de reemplazar.

James Prochaska, en su obra "Changing for good", ha desarrollado un modelo compuesto de una serie de etapas y estrategias para facilitar la incorporación de hábitos. De acuerdo al modelo, las etapas son:

1. Precontemplación: La persona no reconoce el problema, ya sea porque no lo puede ver, no quiere asumirlo, o carece del conocimiento suficiente. Por ello, directamente, la persona ni piensa en cambiar en esta etapa.

2. Contemplación: El individuo ya duda si cambiar o no, resulta conveniente. Es una etapa de introspección incipiente. Aún no hay acción de cambio.

3. Preparación: La persona ya ha iniciado un camino hacia la modificación de hábitos. Encuentra logros parciales, pero aún le cuesta encaminarse y "asentar el hábito". Si no encuentra apoyo, discontinua su camino.

4. Acción: Pleno ejercicio por parte del la persona, de las acciones necesarias para incorporar el hábito.

5. Mantenimiento: El hábito ya está incorporado; ahora su estrategia y el apoyo que recibirá, debería enfocarse en consolidar el hábito y evitar un retorno al hábito abandonado.

Prochaska asocia cada etapa del proceso con un objetivo y una estrategia de aplicación:

ETAPA	OBJETIVOS	POSIBLE ESTRATEGIA
Precontemplación	Tomar conciencia con	Contrastar hábito nocivo su realidad. Conciencia del impacto que el hábito genera en sus vínculos laborales.
Contemplación	Analizar rasgos	Brindar información sobre fortalezas y mejorables de su estilo personal y rasgos predominantes. Contención e introspección.
Preparación	Fijar metas	Elaboración de un plan de Desarrollo de Hábitos, con metas simples y alcanzables.
Acción	Implementar	Retroalimentar, fortalecer el logro de la incorporación del hábito.
Mantenimiento	Monitorear	Determinar posibles brechas, convertir la brecha en nuevos desafíos de cambio.

En la práctica, con sus adecuaciones, este modelo resulta de utilidad doble: para la persona objeto de cambio comportamental y para el área que pretende colaborar en la generación de hábito con dicha persona.

Recomiendo, enfáticamente, considerar a la capacitación como un medio para sensibilizar acerca de la importancia de transferir lo aprendido al lugar de trabajo.

Todo plan de entrenamiento debería incluir al menos una sesión, orientada a que los participantes tomen conciencia acerca de:

▶ Diseñar e implementar un Plan de Desarrollo de Hábitos orientados a favorecer la transferencia al trabajo.

▶ Generar el autodesarrollo, ya que son los participantes los que deben poseer los conocimientos y actitud necesaria para lograr dicha transferencia.

Después del entrenamiento:

- ▶ *Evaluación constante del desempeño de los participantes en la transferencia al trabajo.*

- ▶ *Medición del impacto que la transferencia genera en los objetivos de negocio.*

- ▶ *Establecimiento de ratios de desempeño.*

- ▶ *Impacto en la performance de la persona/equipos (beneficios).*

- ▶ *Control de la incorporación y generación de hábitos.*

Creo que, sin la revisión de estos u otros aspectos propios de la cultura de su empresa u objetivos de negocio, cualquier actividad de capacitación resultará un evento y no un ejercicio inicial de toma de conciencia y transferencia al trabajo.

Sin embargo, dejo abierta la puerta a la controversia. Recurro ahora a Donald L. Kirkpartrick, quien en su libro *"Evaluación de programas de entrenamiento"*, enuncia una vez más, sus ya famosos cuatro niveles de evaluación de la capacitación:

1. *Reacción de los participantes.*

2. *Aprendizaje de conocimientos, habilidades y actitudes.*

3. *Cambio en el comportamiento.*

4. *Efecto en los resultados.*

Normalmente, la reacción de los participantes surge de la famosa "encuesta" que se realiza al finalizar un curso. Es un instrumento orientado a conocer la "satisfacción del cliente", que no brinda más información que esa. No se trata (como algunas áreas de RRHH aún creen), de pedirle a la encuesta respuesta a los otros 3 puntos de Kirkpatrick.

De hecho, circulan encuestas que tienen como punto a completar "la posibilidad de implementación/aplicación de lo visto al trabajo". Este ítem suele ser contestado, negativamente, lo que no debería subestimarse por parte de quien evalúa estas percepciones.

La posibilidad de aplicación no se ve en el aula apenas terminado el curso. Sino cuando se contrasta el conocimiento con la transferencia al trabajo.

El segundo nivel, Constatación del Aprendizaje, suele verificarse a través de un examen que ciertas empresas toman a los participantes al finalizar un Programa o Seminario de entrenamiento. Su finalidad es verificar conocimiento teórico. Que la persona "sepa la teoría" o "conozca el modelo", no significa de ninguna manera que transfiera dicho conocimiento al lugar de trabajo, y menos, que haya incorporado un hábito.

El tercer nivel supone investigar las modificaciones efectivas que el entrenamiento generó en los comportamientos de las personas. Creemos que el diseño de un Plan de Generación/Desarrollo de Hábitos, consensuado por ejemplo, entre el jefe y el colaborador que haya asistido a la capacitación, es un útil instrumento para verificar tendencias de cambio. A su vez, constituye esta instancia la posibilidad de generar mayor compromiso del jefe en el desarrollo de su personal.

Dentro del cuarto nivel, es conveniente distinguir por un lado, el impacto que en ciertos indicadores de gestión, se supone que fijados antes del entrenamiento, se pretende lograr. Entre ellos: incremento de ventas, reducción del número de quejas, reducción de piezas defectuosas, etc.

Adicionalmente, este nivel pretende medir el retorno sobre la inversión que supone conocer el porcentaje de ingresos atribuidos a la acción de capacitación. Por ejemplo, dentro del incremento de la productividad de un sector, qué porcentaje de dicho objetivo se le asigna al entrenamiento que recibieron los operarios de dicho sector. O dicho de otra manera, ¿la capacitación pagó el incremento de la productividad?

En la práctica, esta aplicación resulta muy difícil de verificar. Esto lo sostuvo el mismísimo Kirkcpatrick, a quien escuché personalmente. En todo caso, aunque insisto es complicado, es más factible determinar un ROI en ciertos tipos de entrenamiento, especialmente, técnico o comercial, donde es fácil efectuar un "antes y después" de la capacitación en términos de resultados.

No ocurre lo mismo con la capacitación orientada al desarrollo de hábitos relacionados con las relaciones interpersonales, el liderazgo, la mejor comunicación, incrementar la proactividad, o la conveniencia de delegar, por ejemplo.

Si bien opino que el fin de la capacitación debe migrar de la simple transmisión/incorporación de información, a la transferencia al trabajo a través de hábitos de gestión, no menos cierto es que se ha sobredimensionado la necesidad de establecer un ROI a veces forzado de las acciones de entrenamiento, en determinadas áreas del conocimiento.

Se crea así una zona turbia y a menudo, poco confiable, que lleva a generar mediciones y resultados que en general, no poseen sustento fáctico ni están avalados por hipótesis sustentables, lo cual termina por constituirse en un factor más de descreimiento de las acciones de capacitación.

No obstante, opino que antes de instalar, seriamente, el tema del Retorno de la Inversión en Capacitación (que tarde o temprano habrá que hacerlo), las empresas deberían formularse hasta qué punto esta distorsión tendrá o no su origen en los sistemas contables utilizados hasta hoy.

Estos sistemas fueron desarrollados en una época en la que el capital tangible, tanto financiero como físico, constituía la primera fuente de beneficios. Sabido es que durante ese período, las organizaciones, que tenían mayor acceso a la financiación y equipamiento, obtenían ventajas competitivas significativas.

En el marco de la economía del conocimiento y de los bienes intangibles, los sistemas de contabilidad tradicionales están generando las ya mencionadas distorsiones de información. El ejemplo más controversial está dado en que estos sistemas animan al pensamiento a corto plazo, respecto del control de los intangibles, porque los desembolsos en estas áreas (capacitación, por citar un caso), se tratan como gastos en vez de inversión.

Como resultado, las empresas, que están sometidas a una presión financiera, tienden a invertir en capital físico a expensas de capital humano (a pesar de que este último genera más valor en el largo plazo).

Esta controversia, o más bien presión, puede conducir a malas decisiones; por ejemplo, iniciar una ronda de despidos con el único objetivo de conseguir, en el corto plazo, una reducción de costos. Una mal entendida "reingeniería"; eufemismo muy utilizado en cierto período de la Argentina, al que haré especial referencia en el próximo capítulo.

En conclusión, creo que como los métodos contables actuales no pueden ofrecer las herramientas de medición que la "gestión del talento" requiere. En tal contexto, las áreas de Recursos Humanos tendrán que desarrollar sus propias formas para demostrar su contribución a los objetivos corporativos.

El desafío para las áreas de Recursos Humanos es claro; deberán desarrollar un nuevo cuadro de mando que cree verdadero valor para la empresa y que asegure su lugar como socia del negocio, caso contrario, migrará de área, a servicio a externalizar.

Mientras tanto, para aspirar al cambio de comportamiento (3er nivel de Kirckpatrick), deberán crearse instancias posteriores de facilitación de transferencia al trabajo, como el coaching o el counseling, a los que me referiré más adelante, sobre la base del control de un Plan de Transferencia, que le sirva a la persona entrenada a verificar día a día, como es posible el proceso de transferencia y generación de hábitos.

A su vez, para el jefe, hacerse más responsable del desarrollo de sus colaboradores a través de la generación de espacios de confianza mutua, comunicación llana y respeto recíproco.

En resumen...

Propicie la conformación de equipos transversales a la actual estructura; será su aporte a la modificación de dicha estructura.

Conforme equipos con gente distinta entre sí, y lo más importante, distinta a usted. Estoy convencido que los grandes equipos surgen desde las diferencias, nunca desde las similitudes: es más, las similitudes matan las ideas.

Exponga a la gente, rétela a nuevos logros, sáquela de su zona de confort. Genere vínculos de confianza; ésta resulta imprescindible para consolidar equipos efectivos, es decir con resultados.

Constituya equipos de buenos profesionales, no de amigos. En una selección, no están los más amigos, están los mejores.

Acostúmbrese a poner significado a bonitas palabras: "Trabajo en equipo" "creatividad", "comunicación"... ¿qué significan dichas palabras de acuerdo a sus creencias como líder y objetivos de negocio? No se convierta en un líder de manual...

D. Nuevo modelo vinculante

Lo que denomino Nuevo Modelo Vinculante es la virtud que todo liderazgo debe poseer para integrar aspectos que, en mi opinión, resultan fundamentales al pretender que las personas se involucren en un nuevo proyecto, o bien, sigan involucradas en el proyecto que, actualmente, se les ofrece, ellos son:

▶ Libertad de trabajo y pensamiento.

▶ Comunicación asertiva.

▶ Toma de riesgos responsables.

La libertad, como valor, es una constante a la hora de decidir por incorporarse a una empresa, o bien, al momento de "venderle" a alguien un proyecto interno.

Lo que significa libertad, en términos prácticos, se asocia con la posibilidad de propiciar espacios de participación, opinión y por sobre todas las cosas de error; el error como oportunidad de aprendizaje, el error desde la acción, no desde la crítica.

Y que a su vez, las personas se sientan con la confianza suficiente para: dialogar, disentir, cuestionar y buscar nuevas respuestas a viejos problemas.

Los grandes cambios nunca se escribieron en las hojas, sino en los márgenes. La innovación y la creatividad, como trabajo, no como fruto de la inspiración espontánea, surgen, solamente, a partir de darle a la gente la oportunidad para: pensar, dudar, experimentar y por qué no, equivocarse.

Los creadores, o pioneros de paradigmas, más allá de su disciplina y de la envergadura de su aporte, tuvieron siempre algo en común:

- ▶ Fueron sanos (responsables) cuestionadores del status quo.

- ▶ Tuvieron el coraje suficiente para escribir en los márgenes.

- ▶ Desafiaban, intelectualmente, y con argumentos sólidos, las reglas establecidas.

- ▶ Fueron persistentes, a pesar de muchas veces, sentirse solos.

- ▶ Poseían poca inclinación a los límites, a los horarios y a los poderes.

- ▶ Necesitaban generar proyectos, no administrar rutinas.

- ▶ Tenían ilusiones sin ser ilusos, tenían convicciones, soñaban, creían en algo.

- ▶ En definitiva, se sentían: libres.

Convierta a la gente en líderes de proyectos, no en administradores de rutinas; involucre a la gente; rétela a que le "vendan" su propio proyecto a usted.

Asigne responsabilidades más que tareas. Propicie espacios de libertad con responsabilidad... lidere mentes y voluntades, no robots.

Evidentemente, la estructura organizacional vigente, actualmente, no resiste la generación de estos climas, absolutamente, necesarios para la concreción de una situación deseada, pero esto no veo que se trate en profundidad en ningún curso de entrenamiento gerencial.

Por lo tanto, está en nosotros, como líderes, poner a disposición de la gente las comodidades (incluso físicas), los medios y por sobre todo, la confianza para que cada uno "explote" su talento, se apropie de lo que se le pide, convierta su aporte potencial en influencia sana para el resto del equipo y por extensión, para la concreción de la estrategia.

Las organizaciones son tan necias, que todavía creen que una moda cambia todo.

Recuerdo cuando me convocaron de una importante industria, en teoría muy compenetrada con conceptos tales como libertad, trabajo en equipo, participación, confianza etc.

Querían conformar, según decía, la teoría en boga de entonces "células de trabajo autodirigidas", cuya esencia de ser radicaba en diagnosticar, experimentar, y según los resultados, sugerir mejoras en la línea de producción a la cual cada célula pertenecía.

Para ello, decían que estas células debían ser las "pioneras" de ciertos valores por esta firma proclamados como "confianza", respeto al equipo", y otros tantos.

Inevitablemente, en las reuniones de las células, las personas manifestaban las dificultades/incoherencias con las que se encontraban. Recuerdo, perfectamente, cuando un operario líder de una célula, un hombre, sumamente, experimentado con más de 30 años en la firma, me dijo casi, tímidamente, que todo esto estaba muy bien, pero que si les reemplazaban las letrinas que tenían por baños un poco "más humanos", el compromiso de ellos, tal vez, sería mayor.

No hay mucho para agregar. Los cursos de liderazgo que este hombre tomó le hablaban de las nuevas tendencias de liderazgo y de la importancia del auto desarrollo, pero eso sí, "hacía sus necesidades" de pie en un ámbito laboral, donde lo consideraban "pionero de la implementación de un nuevo paradigma"...

Esto fue en Argentina hace cinco años, no cincuenta años atrás. Poco tiempo antes, el CEO de esa compañía fue nombrado "Empresario del año", entre otras "virtudes", por "su clara convicción hacia las personas", según proclamaba el fundamento de la elección...

Más allá de este ejemplo, que recuerdo como uno de los exponentes de mayor perversión organizacional que me haya tocado observar, es cierto que al menos la mayoría de las empresas que conozco, no poseen espacios de encuentro, no hay salas de reuniones, y las que hay son incómodas, ruidosas y, funcionalmente, obsoletas, no hay luz natural.

En definitiva, no hay posibilidades de hacer "vestuario", de reunirse, productivamente, de intercambiar ideas, de disentir, de experimentar la libertad.

Digo eso porque soy un convencido que los partidos no se ganan o se pierden en las canchas, sino en el vestuario... y nos falta espacio (y voluntad) para el vestuario.

Si usted quiere personas más involucradas, más libres, más responsables, confíe en ellas. Déjese sorprender, y seguro se va a sorprender.

Por supuesto, sepa a quien le apunta. Indudablemente, en todo equipo de trabajo existe un porcentaje de gente que por diversas razones, no querrá saber nada con lo que usted proponga, habrá otro porcentaje, normalmente, significativamente, menor que sí, que lo seguirá, mientras que el restante, estará "ahí", con dudas, casi a la expectativa.

Ese "estar ahí" es la gente golpeada, a la que le han prometido mucho y le han dado poco, la que quiere creer pero, le cuesta, la que supo querer y ahora sabe más pero quiere menos. Identifique, arme su propia campana de Gauss, diagnostique los grados de actitud de la gente que trabaja con usted, comuníquese, ¡ dialogue!

Sepa que siempre hay agendas ocultas, las personas son como un iceberg, la parte más visible, sus aptitudes, nos marcan sus conocimientos, lo que sabe. Lo subyacente, lo abisal son sus actitudes, es decir su predisposición, cuyo origen está dado en sus estilos personales, sus preferencias, que se ve reflejado en conductas.

Empiece a explorar las profundidades, genere confianza, pregunte, escuche, reconozca y administre diferencias de percepción, de valoración y a partir de ahí entienda (no estoy diciendo justifique, sino que entienda), ciertas respuestas.

El trabajar con gente y el querer involucrarlas hacia un objetivo implica no tanto saber lo que dice o lo que quiere, sino desde "dónde dice lo que dice", o desde "dónde quiere lo que quiere", en definitiva, ¡ no asuma!, ¡no presuponga!

No asuma que todos se motivan por lo mismo, no cometa el error conductista de "enchufar el motivómetro", por lo tanto ya está todo el mundo motivado porque los invitó a almorzar, u organizó una mega fiesta de fin de año; dependiendo de cada estilo, de cada motivación cada persona tiene, o no, predisposición o motivos para hacer o dejar de hacer algo.

De esta forma, se entiende por qué hay personas que, naturalmente, poseen un grado de compromiso que demuestran desde el momento inicial de un proceso, como otras que, por más que uno se esfuerce, parecen ser inmunes a todo.

Pero también hay otras, que son capaces de involucrarse si ven un liderazgo responsable, generador de espacios de libertad con responsabilidad y de clara y transparente comunicación.

Lejos de esto, las organizaciones "asumen" y abusan creyendo que por el hecho de tener trabajo las personas ya están motivadas. Siempre me pregunto por qué será que uno conserva más amistades de la escuela secundaria, de la universidad o incluso de otros ámbitos que del trabajo que deja.

Cuando uno deja un trabajo los que hasta ayer lo consideraban compañero, lo llamaban por su apodo o preguntaban por sus hijos, hoy lo consideran un leproso.

Si lo ven, miran para otro lado; cambian de vereda, se alejan; ya no contestan los llamados, ni están dispuestos a hacer favores. ¿Eso es culpa de la gente, o de la estructura en la cual esa gente se encuentra y se mimetiza sin darse cuenta?

¿Qué les infundirá dicha estructura para que reaccionen con usted de esa manera?, en mi opinión dos cosas: desconfianza y miedo.

Ciertas empresas tienden a convertirnos en máquinas generadoras de rentabilidad, sin darse cuenta que detrás de tales instrumentos hay personas con ilusiones, motivaciones trascendentes y, por sobre todo, inteligencia.

Personas adultas, experimentadas, que fuera del trabajo son líderes sociales, religiosos, políticos, deportivos, culturales o simplemente líderes dentro de su clan familar.

La necesaria revisión del modelo de liderazgo vigente debiera comenzar por preguntarse: ¿es capaz usted de liderarse a sí mismo?, y en todo caso, ¿a quién cree que lidera? ;¿a un instrumento o a una persona?

Mientras la responsabilidad del liderazgo se circunscriba a lo, estrictamente, corporativo/resultadista, descuidando el aspecto emocional y, motivacionalmente, trascendente propio de las personas destinatarias de dicho liderazgo, seguiremos trabajando en empresas con computadoras y sistemas de última generación y muchos MBA entre sus filas, pero con mentalidad de la edad media.

A menudo me pregunto, ¿cómo acortar la brecha entre las nuevas tendencias o modas de conocimiento y la estructura vigente?, ¿cómo es posible que personas formadas con las últimas tendencias, ocupando puestos clave en sus respectivas compañías, trate a la gente como instrumentos?, ¿por qué la gente, literalmente, "huye" de estas empresas lideradas por gerentes y CEOS entrenados bajo fórmulas que dicen que la gente es lo más importante?, ¿dónde está el quiebre?

Personalmente, creo que una de las grietas está en la comunicación. Sin embargo, tales gerentes dicen "nosotros nos comunicamos con la gente".

Existen varios niveles de comunicación, según su intencionalidad. La mal entendida: aquella que transmite su mensaje a través de carteleras o correos, que en realidad, más que comunicación es suministro de información. O sea, digo de manera impersonal y masiva, lo que quiero que escuches/sepas. Necesario muchas veces, sobre todo cuando se trata de "bajar línea".

Otro nivel es el "discurso político" basado en el arcaico y estático esquema comunicacional "emisor-receptor": digo lo que me interesa que el otro oiga.

Precisamente, como "emisor" pretendo que más que me escuchen me "oigan". Las típicas reuniones de equipo donde la actitud de quien la convoca es "yo hablo y ellos me oyen y hasta se ríen de mis chistes". Tal cual como el político en un acto.

El tercer nivel implica exposición, riesgo, apertura y reconocer que el otro no es un receptor, sino un interlocutor que piensa, acepta, cuestiona y debate. Es lo que yo entiendo como verdadera comunicación: el diálogo profesional y racional, centrado en el problema y no en la persona.

El reconocer que como individuos percibimos, valoramos y por ende, decidimos, respondemos de manera distinta. El ejercicio constante de la empatía, es decir, el tomarme el trabajo de saber desde dónde el otro valora, desde dónde su "disco rígido" almacena y procesa la información que percibe.

Cuando uno no empatiza, es decir, no indaga desde qué lugar el otro dice lo que dice, decide lo que decide, o se comporta como se comporta, se termina discutiendo sobre la respuesta, sobre la posición, sobre dirimir a ver quién "grita más alto", descuidando el interés mutuo que debiera prevalecer.

Siempre comuníquese sabiendo la valoración que su interlocutor tiene del tema a tratar. Es el único camino para enriquecer relaciones y profesionalizar el abordaje de problemas que a diario surgen.

En definitiva y por más obvio que parezca, la comunicación es inevitable porque aún en su ausencia, comunicamos algo. Podemos dejar de realizar una serie de actividades en nuestras vidas, pero jamás lograremos dejar de comunicarnos; aún sin palabras, nuestros silencios y actividades están "comunicando" algo.

La comunicación es la piedra angular en las organizaciones. La interacción de sus miembros con clientes, proveedores, aliados, etc. se hace cada día más necesaria; es por ello que la calidad en la comunicación adquiere cada vez más importancia.

Es tan crucial el tema de la comunicación que aseguro que es posible evaluar el nivel del progreso de una organización a través de la capacidad de comunicación entre sus integrantes, en esto reside el éxito o el fracaso en su forma de hacer negocios y entender a las personas.

En tal sentido, la conducta asertiva, entendida como la capacidad de defender nuestros derechos respetando los ajenos, puede contribuir a que mejoremos nuestros roles en materia de comunicación, realizando un eficiente manejo de cada elemento del circuito comunicativo.

Por lo tanto, la *comunicación asertiva* significa tener la habilidad para transmitir y recibir los mensajes, sentimientos, creencias u opiniones propias o ajenas de una manera honesta, oportuna y respetuosa para lograr como meta una comunicación que nos permita obtener lo mejor de las personas que nos rodean, sin por eso ocultar el conflicto. Se trata de administrarlo.

Este tercer nivel de comunicación, al que estamos haciendo referencia; el empático, el exponerse, sinceramente, implica que una de las columnas del liderazgo radica en saber comunicar asertivamente.

Comuníquese más, expóngase más. Salga de su zona de confort. De esta manera, aprenderá a relacionarse con las personas para que trabajen en "equipo", teniendo como meta un mismo objetivo, y por consiguiente, practicar una comunicación asertiva de puertas abiertas.

En definitiva, las organizaciones son la imagen que dan las personas que las conforman: los jefes esperan ciertos comportamientos de sus empleados, como así también, los empleados de sus jefes y los clientes de sus proveedores.

Cuando alguien trata mal a otra persona, es la empresa quien lo trata mal. Esos son los llamados "momentos de verdad" y constituyen una de las razones fundamentales por la que las empresas deben poner su atención en la manera que tienen de relacionarse.

Por ello, creo que a través de la teoría de la asertividad las organizaciones pueden entrenar a su personal a desarrollar actitudes más positivas, y por sobre todo, comunicacionalmente más sanas.

Anteriormente, hice referencia a la importancia de "dejarse sorprender", esto es desafiar a la gente a que sea capaz de venderle a usted una idea, un proyecto, una alternativa de solución a un problema planteado; en definitiva, alentar a que las personas sean capaces de elaborar proyectos asumiendo riesgos responsables y en algunos casos, aprender del error.

Ilustro con un caso que me tocó observar en una compañía cerealera afincada en Uruguay, muy comprometida con el "nuevo paradigma de relaciones" y con alentar a que la gente tome riesgos responsables, siendo conscientes de la posibilidad de equivocación.

Uno de sus gerentes, luego de un exhaustivo análisis de mercado, tomó una decisión, cuya implementación impactó, negativamente, en su objetivo de negocio; concretamente, a partir de la decisión tomada, perdieron plata.

En una de sus frecuentes visitas al Uruguay, el vicepresidente de dicha compañía quiso "conversar" con el gerente, cuya decisión generó la postergación de una buena oportunidad de negocios para la empresa.

Por razones que no vienen al caso, me solicitaron que estuviera presente en una reunión de directorio, durante la cual el gerente debía justificar el fundamento de su decisión.

Luego de una muy profesional presentación en la cual este gerente expuso el desarrollo de su proceso decisorio, al llegar al resultado económico ya conocido, hubo un silencio un tanto incómodo, sólo roto por el vicepresidente de la compañía:

"Señores, este entrenamiento nos costó una buena cantidad de dólares... espero que todos hayamos aprendido".

Personalmente, quedé sorprendido. Luego, hablando con él, me decía que la compañía había incorporado como valor en el marco del "nuevo paradigma de relaciones", precisamente, la "asunción de riesgos responsables", a través del aprendizaje.

Todo aprendizaje implica la probabilidad de cometer un error; mal puede usted inducir a la gente a que se aproprie de su tarea, sin considerar que dicha apropiación implicará siempre error.

Precisamente, este es uno de los grandes desaciertos en la aplicación del denominado *"Empowerment"*, otra moda importada que se aplicó mal.

Usted no puede facultar o empoderar a la gente, si ésta no está ni motivada, ni capacitada y si no sabe trabajar en equipo.

En este sentido, hace dos años, me tocó participar de un proceso bien interesante: se trata de una importante empresa con sede en Argentina, dedicada a la fabricación de elementos de limpieza para el hogar.

En el marco del denominado "Proyecto Generación de Innovaciones", se convocó a líderes de las distintas líneas de producción a "gerenciar" un proyecto, cuyo resultado, sea la generación de un producto nuevo e innovador, y/o la obtención o mejora de un proceso que elimine ciertas ineficiencias presentes, como re-trabajo, demoras, costos elevados, etc.

Para ello se introdujo a un grupo de 30 supervisores a un fuerte entrenamiento en "Gestión de Proyectos", consistente en Trabajo en equipo, Conducción de reuniones, Negociación, Comunicación, y por supuesto las habilidades "duras" necesarias: Administración de proyectos, Viabilidad e impacto económico de los proyectos, Planificación de proyectos, entre otras.

Todavía recuerdo al cabo del primer año del Proceso, la primera presentación de uno de los equipos de proyecto, quienes además de lograr "vender" el proyecto a la Dirección, remarcaron lo motivados que se sintieron y como dijo uno de ellos, "en un trabajo, es la primera vez que me siento dueño de lo que hago".

Quiero destacar que este proceso aún sigue vigente en esta empresa; a la fecha de escribir esto, fueron tres productos (casi uno por año), los que la empresa logró lanzar al mercado, como consecuencia de esta iniciativa, la cual genera también un considerable "bonus" a cada uno de los miembros de las líneas que logren desarrollar un nuevo producto, o dotar de mayor eficiencia a un proceso defectuoso.

Como mencioné, anteriormente, si bien es importante conocer los cuatro elementos (Estrategia, Estructura, Talento y Relaciones) de esta dinámica por separado, resulta imposible, concebirlos de manera aislada sin entender la dinámica que invariablemente los vinculan.

Aquel líder de procesos de cambio que los considere aislados, o que piense que no es importante considerar sus irreductibles vínculos, generará espasmos, pero no cambios, lo cual genera grandes costos económicos y emocionales.

III. Las Transiciones personales

"No hay nada más difícil de implementar, nada más dudoso de su éxito, nada más peligroso de administrar, que iniciar un nuevo orden de cosas. Quien lo inicia tendrá la enemistad de todos quienes quieren preservar el sistema anterior, quienes sólo lo apoyarán en la medida que el nuevo orden sea exitoso."

Nicolás Machiavello

Como mencionamos anteriormente, no hay cambio sin transición. Es más, dentro de poco tiempo, se dejará de hablar de cambio para empezar a impulsar la facilitación de transiciones, es decir, de momentos intermedios entre situaciones de negocios actuales y proyectadas.

En un contexto dinámico, donde el tiempo entre sorpresa y sorpresa (transición) es cada vez menor, es imprescindible analizar dicho fenómeno, no, solamente, desde la arista "organizacional", como lo hicimos hasta el momento, sino también desde la persona, sus costos y sus impactos emocionales.

La transición personal es el proceso psicológico por el que las personas deben pasar para encontrarse en sintonía con la nueva situación. En realidad, ningún cambio es efectivo sin considerar las implicancias de este proceso.

Es ese momento intermedio entre la situación actual y la deseada, durante el cual por un lado, las personas escuchan los beneficios que les generará trabajar de acuerdo a la situación deseada.

Pero por otro lado, no les queda otra alternativa que seguir operando a la "vieja usanza" porque aún no cuentan con los medios, los procesos, las personas, las estrategias, la información o la tecnología necesaria para operar de acuerdo a la nueva situación. *"Nos enroscan con la nueva, pero aún comemos de la vieja...¿hasta cuándo así?"*, me decía no hace mucho tiempo un Gerente medio, directamente, involucrado en un proceso de cambio por el que atraviesa una empresa cliente.

Y es así como la gente se siente. Es en esta etapa, donde los actores involucrados no ven, totalmente, claro el norte de la situación y emergen las trabas, las dudas, los costos del cambio, las desventajas del mismo y los perjuicios personales que esta nueva situación les podría traer aparejado a cada uno: pérdida de poder, de status, duplicidad o sobrecarga de tareas, posibles nuevos jefes, y asimismo, emergen autocuestionamientos acerca de su capacidad, e interrogantes de la más diversa, y en muchos casos justificada índole.

Lo que caracteriza a este momento es la incertidumbre; y la misma tiene un impacto directo en el desempeño y motivación de las personas afectadas y genera, como consecuencia primaria, reacciones de la más variada magnitud, que si no son escuchadas y "acompañadas", pueden dificultar de manera extrema, el camino hacia el objetivo deseado.

Como queda de manifiesto, es el momento en que el cambio tiene más posibilidades de fracaso, aunque el mismo logre implementarse.

> *Recuerde que cambio implementado no es sinónimo de cambio internalizado.*

Para recorrer la transición, sugiero que todo facilitador o responsable de un proceso de cambio comience por:

- ▶ Tener una visión muy clara acerca de las implicancias de los cuatro elementos de la transición organizacional. No pretenda involucrar a las personas en una nueva situación sin haber definido el alcance de dichos elementos.

- ▶ Entender el por qué del cambio, y asumir su propia transición.

- ▶ Visualizar la situación, sistémicamente, entendiendo el todo, sus partes, las interrelaciones existentes entre dichas partes involucradas, y el impacto que una decisión puede generar en el resto del "sistema" objeto de cambio.

- ▶ Reconocer que la resistencia al cambio es una verdad a medias: muchas empresas se aferran al paradigma de la resistencia para justificar de antemano el fracaso del cambio. La resistencia es una reacción natural, predecible y humana.

▶ Aceptar reacciones de toda índole, al menos en una primera etapa. Si no hay reacción en un proceso de cambio, no hay cambio. La gente reacciona cuando percibe que algo está cambiando. La resistencia, adecuadamente, canalizada, siempre suma.

▶ Minimizar, no ignorar, el impacto emocional que toda situación de cambio genera, sin por ello resignar la profundidad y el tomar decisiones, a veces no deseadas, que todo proceso de cambio supone.

▶ Acortar al máximo posible el período de transición, suministrando información acerca de la marcha del proceso, generando coaching y compartiendo, por qué no, la incertidumbre. El líder no tiene por qué saber todo.

▶ Comprender que las personas no son artefactos que cambian en una fracción de segundo de un estado al otro (ON/OFF y viceversa), sino que requieren su tiempo y habrá que acompañarlas en ese camino, a través de capacitación formal o informal, Workshops, Foros de discusión, sesiones de coaching, creación de una estructura de mentores, etc.

▶ Comunicar, comunicar y comunicar.

Noel Tichy en su obra "The Transformational Leader", destaca, especialmente, la necesidad de apoyo personal durante el proceso de cambio, cuando sostiene que:

> *"(...) en el drama de la transformación, los líderes deben dirigir a la organización hacia el futuro creando una visión positiva de lo que la organización puede alcanzar y proveer simultáneamente el apoyo emocional necesario para los individuos que afrontan el proceso de transición".*

Los costos de una inadecuada facilitación del cambio

Si bien es difícil medir los costos de un ineficiente manejo de la transición y además las organizaciones no registran en sus balances este tipo de pérdidas, sabemos que los riesgos que se corren por un mal manejo de la transición son muy altos y permanecen por mucho tiempo en la memoria colectiva de la organización; de acuerdo a nuestra experiencia, destaco los siguientes:

▶ Resultados finales peores que los existentes antes del cambio.

▶ Esfuerzos duplicados y costos elevados.

▶ Fijación de objetivos más complejos, pero con menor cantidad de personas para alcanzarlos.

▶ Retorno a las viejas prácticas luego de haber intentado algo nuevo, lo que implica pérdida de credibilidad y confianza hacia la organización a la hora de encarar futuros procesos de cambio.

▶ Efectos desfavorables en el clima de la organización.

▶ Pérdida de legitimidad en la cadena de liderazgo, desvinculaciones "poco claras", privilegios, promociones "de apuro", etc.

La Consultora Arthur Andersen efectuó una encuesta entre empresas que atravesaron por grandes y perdurables procesos de cambio, que sirvió para revelar cuál ha sido su propia percepción en cuanto a sus niveles de éxito.

Los resultados del cambio:

33%   No está seguro de cómo resultó el cambio
27%   No muy exitoso
27%   Demasiado pronto para saber
9%   Muy exitoso
4%   Moderadamente exitoso

Como verá, los resultados no son muy alentadores. Sólo, el 13% muestra niveles aceptables de conformidad; el resto es ambiguo. Adicionalmente, la encuesta arroja que la mayoría de las empresas que declararon estar conformes con los resultados del cambio (13%) dedicaron una gran cantidad de recursos (tiempo y dinero) a atender la problemática de la transición.

A la hora de indicar cuáles son las causas de los fracasos en los procesos de cambio, los resultados de otra encuesta diseñada y procesada por la misma Consultora, convergen en ciertos aspectos:

FACTOR	%
Resistencia al cambio	60 %
Limitaciones de los sistemas en uso	42 %
Falta de compromiso de los ejecutivos	39 %
Falta de un sponsor de nivel ejecutivo	37 %
Expectativas no realistas	35 %

FACTOR	%
Falta de un equipo interfuncional	33%
Equipo y habilidades inadecuados	31%
Falta de involucramiento del personal	19 %
Alcance del proyecto demasiado limitado	17 %

Nótese que la mayoría de las causas expuestas tienen que ver con aspectos humanos del cambio y que, de entre todas ellas, sólo las "Limitaciones de los sistemas en uso" parecieran estar relacionadas con aspectos técnicos.

El primer factor, "Resistencia al cambio", constituye una falacia en sí mismo, ya que es, absolutamente, natural que la gente se resista al cambio, por lo que es lógico esperar que el primer obstáculo, sea, precisamente, la resistencia.

Por ello, el problema no radica tanto en la resistencia, sino en cómo los responsables de cualquier proceso de cambio sectorial u organizacional, administran la resistencia.

Para ello, resultará más útil conocer sus causas, que el fenómeno de la resistencia en sí mismo, ya que conociendo sus orígenes, se simplifica, considerablemente, su facilitación.

Para que un cambio sea efectivo, no basta con tener buenas ideas y contar con tecnología adecuada, a pesar de que sobre estos componentes las empresas invierten un 87% de sus recursos para implementar un cambio. Lo más importante será contribuir a que las personas transiten de forma armónica, pero no por ello menos traumática el ya de por sí crítico momento de transición.

La transición, desde el punto de vista personal, consta de una serie bien diferenciada de etapas cada una de las cuales supone cambios en la performance y motivación de los individuos, que constituyen indicadores muy claros –o semáforos– que todo responsable de un proceso de cambio debiera interpretar para facilitar el involucramiento gradual hacia la situación proyectada.

Estas etapas de la transición, por las que las personas involucradas en procesos de cambio inevitablemente transitan son:

► La zona de finalización o "duelo"

► La zona neutral

► La zona de inicio

La zona de finalización o "duelo"

A continuación, señalo algunos de los principales indicadores de desempeño durante cada etapa y algunas recomendaciones para implementar:

► La sensación que unos pierden y otros ganan:

– Para minimizar esta percepción resultará imprescindible que la organización explique, claramente, el porqué y los beneficios del cambio, detallando, especialmente, la visión ("hacia dónde pretendemos ir con este cambio"), y asimismo, anticipar los procedimientos y las posibles dificultades para concretar dicha visión. Es imperioso, como primer paso, definir el "puerto de destino" de manera clara, sencilla y entendible para todos.

– Generar sentido de urgencia. Esto es crucial ya que por naturaleza las personas se resisten a racionalizar cualquier situación que suponga cambios, por lo que con baja urgencia, se le tornará muy complejo conformar grupos que a su vez sean los propagadores internos de la situación deseada. *"En esta etapa, hay que operar al paciente en sala de guardia, si lo llevamos al quirófano... se muere"*, me ejemplificaba un alto directivo, líder de un proceso de cambio en una línea aérea con sede en Buenos Aires.

– Imprimir carácter de urgencia es crucial para obtener la cooperación necesaria; cuando la sensación de complacencia es alta, las transformaciones se quedan en la nada, porque por tendencia natural, en general, existe muy poca gente interesada en trabajar en situaciones que impliquen cambio. Aquí es cuando si no se imprime sentido de urgencia, se enciende el "excusómetro" que todas las personas llevan consigo. Tarde o temprano, y mucho más en nuestra cultura, si la gente no percibe urgencia, la inercia del cambio muere antes de empezar; siempre la gente acaba encontrando creativas maneras de negarse a cooperar en una responsabilidad nueva, ya que por la natural resistencia al cambio, lo consideran innecesario o desacertado.

– Constituir un sólido, fuerte y creíble equipo de facilitación del cambio, mientras más heterogéneo e interdisciplinario, mejor. Agregue visiones y "cabezas" críticas, de manera de poder tener una perspectiva amplia y sistémica de la marcha del proceso. Le será de gran utilidad a la hora de tomar decisiones.

— Es inevitable que las personas sientan que "pierden" algo. Para encontrar la forma de compensación, es importante generar canales de contención, formar a los miembros del equipo de facilitación en técnicas de coaching, propiciar la figura del mentor, capacitar a la gente para afrontar la nueva situación, entre otras... pero involúcrese, recuerde que el cambio lo hacen las personas y para ello es clave que todos conozcan los beneficios que les deparará dicho cambio.

► Paralización, angustia y dificultades para entender de manera sistémica el cambio. La pérdida es mayor al beneficio:

— Brindar información sobre lo que se hizo, lo que se está haciendo y lo que se hará. Informar, permanentemente, generando reuniones, desayunos de trabajo, e incluso encuentros fuera de la oficina. La información es la mejor estrategia para neutralizar rumores, y es la oportunidad para que todos pregunten.

— Evitar que la gente se sienta "culpable" de su pasado; no debiera instalarse la idea de que ahora se hará algo distinto porque lo hecho hasta aquí no sirvió. Las personas deben tener orgullo de su pasado, lo deben guardar en su lugar más preciado. Recuerde que la dialéctica del aprendizaje es espiralada; por más que hagamos algo nuevo, transportamos siempre nuestro conocimiento y nuestras "mejores prácticas" personales.

Para facilitar la zona de Finalización focalizar en:

Presentar el caso de cambio (el "porqué del cambio") con el mayor detalle. Destaque especialmente: objetivos, alcance, impacto buscado con la situación de cambio, recursos a utilizar y responsabilidades esperadas de los directamente involucrados. Marque, claramente, la cancha.

Comunicar objetivos de manera clara y sencilla.

Generar sentido de urgencia.

Consolidar/desarrollar un equipo de dirección fuerte y creíble.

Comprender las pérdidas. Genere trato personalizado. Comunique beneficios.

No negar el pasado de las personas; sea respetuoso de las experiencias.

Definir aquello "que se terminó"; no tema en redundar en información

La zona neutral o... "La transición de la transición"

▶ Las personas no tienen idea dónde están, ni hacia dónde van y no saben con quién compartir sus dudas y temores:

– Aquí es importante no permitir que se pierda el modelo de referencia. Proporcione los elementos y la información necesaria para implementar la nueva forma de operar. Dedíquese, personalmente, escuche, instruya, dialogue, apoye y, fundamentalmente, genere confianza. Un error muy común que observo es que a menudo los referentes de un proceso de cambio se encierran en su "torre de marfil" alejándose del proceso, perdiendo foco de lo que sucede fuera de ella. "Nos embarcaron pero el capitán se quedó en tierra", me decía un operario líder de una nueva implementación en su línea de producción; ésta es la sensación si usted no se muestra.

▶ La gente percibe sus limitaciones para ejecutar. No tienen la información precisa. La sensación generalizada es que "cuando subimos un escalón, bajamos tres":

– Aquí se torna fundamental el rol de su equipo de facilitación del cambio. Dispérselo por toda la compañía, con el principal fin de identificar problemas, informar, e instruir a los actores involucrados. Instale la idea de privilegiar y reconocer los avances, a pesar de los lógicos errores cometidos. Permítase el análisis tipo "prueba y error"; la gente, en este momento, debe aprender haciendo.

► El dique se agrieta, hacemos agua por todos lados, todo es urgente y el clima es de tensión:

– Defina, claramente, los objetivos. Recuerde que éstos deben ser simples, mensurables, alcanzables y realistas. Establezca puntos de control. Sea claro en diferenciar lo urgente de lo importante. Haga reuniones de seguimiento e identifique las brechas de desempeño, entre lo deseado y lo obtenido. En esta etapa, el coaching se torna imprescindible: acuerde expectativas con las personas, revise, gradualmente, su desempeño, y establezca continuas sesiones de feedback.

Recuerde que si bien es esperable y razonable que esta etapa esté colmada de dudas, incertidumbre e improductividad, usted debe lograr que sea lo más acotada posible.

Para facilitar la zona Neutral concéntrese en:

Identificar qué genera confusión y por qué.

Partir de una visión global orientada a ordenar acciones.

Consolidar una fuerte estructura de mentores.

Crear Change Teams que actúen como "modelos".

Ser tolerante con el error. Fomente la toma de riesgos responsables.

Recurrir a quienes pasaron por lo mismo.

Poner a la gente a "aprender haciendo".

Fomentar espacios de reflexión.

Definir acuerdos de expectativas claros y realistas.

Establecer sistemas de control que permitan efectuar seguimiento de la transición con retroalimentaciones tanto grupales como individuales.

La zona de inicio:

► Hay cierto entendimiento, pero aún prevalecen las dudas. Si las personas no obtienen respuestas, prevalece el desaliento y el sentimiento generalizado de "antes estábamos mejor":

 – Muestre logros, aunque sean insignificantes; recuerde que el éxito es la resultante de pequeños y cotidianos triunfos. No tenga miedo de celebrar, pero con mesura.

 – Propicie la organización de encuentros cuyo objetivo sea compartir "mejores prácticas" acerca de lo que se viene haciendo, contar experiencias y manifestar dificultades.

 – Sea claro en la delimitación de funciones; no sobrecargue ni duplique tareas o funciones. Defina quién está a cargo y de qué.

 – Involúcrese, especialmente, en esta etapa. Recuerde que usted y su equipo son los referentes. Sea el ejemplo.

Para facilitar la zona de Inicio concéntrese en:

Obtener y exhibir éxitos rápidos que motiven.

No declarar victoria con la primera mejoría.

Generar ámbitos para compartir experiencias exitosas.

Destacar y crear mejores prácticas.

Comunicar, comunicar y comunicar.

Definir, claramente, quién está a cargo de qué.

Revisar/rediseñar perfiles de puesto, manual de políticas y principios de acción.

Vigilar las conductas de los líderes, para asegurar el ejemplo.

A continuación, incluimos una guía de administración, para cada una de las zonas de transición personal descripta.

Administración de la zona de finalización

▶ ¿He estudiado el cambio con cuidado y he identificado quién probablemente perderá y qué es lo que perderá, incluyendo lo que yo mismo probablemente perderé?

▶ ¿Comprendo las realidades subjetivas de estas pérdidas para la gente que las experimenta, aún cuando sus reacciones me parezcan exageradas?

▶ ¿He encontrado formas para compensar a la gente con sus pérdidas?

▶ ¿Estoy dando a la gente información exacta y sigo dándosela una y otra vez?

▶ ¿Tengo cuidado de no denigrar el pasado sino, cuando sea posible, encontrar formas de honrarlo? ¿Manifesté, claramente, cómo la finalización que estamos haciendo es necesaria para proteger la continuidad del sector/organización?

Plan de acción:

ACCIONES PARA FACILITAR LA ZONA DE FINALIZACIÓN	METODOLOGÍA	PLAZOS

Administración de la zona neutral

▶ ¿He hecho todo lo posible para normalizar la zona neutral, explicándola como un lapso desagradable el que, si se le pone atención esmerada, puede redundar en beneficios para todos?

► ¿He reforzado mis acciones con programas de capacitación, cambios en las políticas, y recompensas financieras para la gente a fin de que siga desempeñando su tarea a lo largo de toda la zona neutral?

► ¿He creado los roles, las líneas de dependencia y los agrupamientos organizacionales temporarios que necesitamos para poder adentrarnos en la zona neutral y salir de ella airosos?

► ¿He fijado metas y puntos de control a corto plazo?

► ¿He fijado objetivos realistas de producción?

► ¿He averiguado cuáles son los programas de capacitación especiales que necesitamos para manejarnos exitosamente en esta zona?

► ¿He organizado un equipo que deba monitorear la transición para seguir enviando retroalimentación realista a los niveles de mayor jerarquía durante el tiempo en que estemos atravesando la zona neutral?

Plan de acción:

ACCIONES PARA FACILITAR LA ZONA NEUTRAL	METODOLOGÍA	PLAZOS

Administración de la zona de nuevo comienzo

► ¿Acepto el hecho de que la gente será ambivalente respecto del comienzo que yo trato de hacer sobrevenir?

► ¿He hecho lo necesario respecto de las dos zonas anteriores, o estoy tratando de hacer sobrevenir un comienzo antes de que ello sea posible?

► ¿He ayudado a la gente a descubrir lo más pronto posible el rol que les corresponderá en el nuevo sistema, o cómo dicho sistema afectará el rol que la gente desempeñará dentro de la organización?

► ¿He verificado todo lo que sea necesario para asegurar que las políticas, procedimientos y prioridades tengan coherencia con el nuevo comienzo que estoy tratando de hacer de modo que no haya incoherencias que estén enviando un mensaje confuso?

► ¿He incorporado en mis planes algunas oportunidades para éxitos rápidos con el fin de ayudar a la gente a recuperar la confianza en sí misma y construir una imagen de la transición que se mostrará exitosa?

► ¿Tengo cuidado de no denigrar el pasado sino, cuando sea posible, encontrar formas de honrarlo?

Plan de acción:

ACCIONES PARA FACILITAR EL NUEVO COMIENZO	METODOLOGÍA	PLAZOS

IV. Creación y desarrollo de Facilitadores de Cambio Organizacional:

Como queda de manifiesto, todo cambio, más allá de su magnitud, lejos de ser un momento; es un largo proceso que implica facilitar una etapa, tremendamente, compleja como lo es la transición; período durante el cual tiene lugar una vasta gama de expresiones, comportamientos y manifestaciones que si son soslayados pueden generar el más rotundo fracaso y la dilatación innecesaria de objetivos corporativos prioritarios para la estrategia del negocio.

Como señalé, las organizaciones no suficiente atención a los llamados "aspectos humanos" que toda situación de cambio supone, haciendo foco exclusivamente en cuestiones "técnicas" o "de negocio" que naturalmente son condición necesaria, pero no suficiente para que el cambio sea internalizado exitosamente.

En medio de la "tempestad" del cambio (ya que normalmente las organizaciones no actúan anticipadamente), éstas deben pensar sistémicamente y promover acciones concretas que permitan consolidar la integración imprescindible entre estrategias, procesos y personas: ésa es, precisamente, la misión profesional del Facilitador de procesos de cambio.

Su tarea fundamental consistirá en ayudar a las personas y a los equipos a reconvertirse, gradualmente, hacia la situación de cambio deseada, analizando su propio marco de referencia, desarrollando sus capacidades con arreglo a la nueva situación y convirtiendo dichas capacidades en acciones exitosas. De esta manera, creará y desarrollará lo que yo llamo las tres "comunidades" fundacionales de toda situación de cambio: *Comunidades de Compromiso, Comunidades de Conocimiento y Comunidades de Integración o Trabajo en Equipo.*

El Facilitador será entonces, quien acompañe a las personas a recorrer la transición por un camino con tres "detenciones obligadas" : *Aprendizaje, Superación* y *Alineamiento*, en el menor tiempo y con el menor costo tanto emocional, como económico posible.

Asimismo, deberá asumir las siguientes responsabilidades:

▶ Contener / orientar, a nivel individual, a través del ejercicio de un efectivo Coaching.

▶ Comunicar en distintas direcciones.

▶ Relevar necesidades, problemas y éxitos.

▶ Co-ayudar a la toma de decisiones de la Dirección.

▶ Generar espacios de participación e integración.

▶ Aportar inputs para la medición y evaluación de la marcha del proceso de cambio, y el impacto que éste genera.

Naturalmente, también la función deberá incluir ciertos requisitos tendientes a su efectividad:

▶ Recibir apoyo y respaldo de:
  - La Alta Dirección
  - El Área de Recursos Humanos

▶ Interactuar, constantemente, con la Dirección y el resto de los Facilitadores del cambio seleccionados.

▶ Disponer de tiempo.

▶ Tener un impacto en su evaluación personal de desempeño.

▶ Internalizar y aceptar su rol.

Luego de varios años de observar y trabajar situaciones de cambio organizacional y considerando las diferencias de alcance y profundidad de dichos procesos, el tipo de negocio de la organización, los objetivos la cultura, la misión y los valores de cada empresa, el que sigue bien puede ser el conjunto de competencias "genéricas" con que todo facilitador de procesos de esta naturaleza debería contar:

Liderazgo:
Habilidad para crear y compartir propósitos, visión y dirección hacia el equipo, generando entendimiento acerca de las razones de cambio y creando un gradual compromiso.

Pensamiento y visión estratégica del negocio:
Habilidad para pensar y planificar, alineando acciones actuales con futuras estrategias de cambio.

Capacidad de generar el desarrollo de las personas:
Constante compromiso y dedicación al aprendizaje de las personas a través de prácticas como coaching, mentoring, y generación de oportunidades de aprendizaje.

Colaboración y actitud para el trabajo en equipo:
Habilidad para interactuar con personas y grupos tanto internos como externos a la organización.

Innovación para la resolución de problemas inherentes a la situación de cambio:
Habilidad para buscar alternativas creativas de solución y de potenciar la innovación propia y la de las personas involucradas en la situación de cambio.

Identificación de posibles "sucesores" en el rol de Facilitador:
Habilidad para diagnosticar y capacitar personas con perfiles acordes al rol, como medio para formar "masa crítica" de cambio.

Para la creación y desarrollo del rol del Facilitador, sugiero la implementación de una serie de intervenciones muy concretas, en función de sus objetivos, alcance e impacto, que podemos resumir en tres etapas:

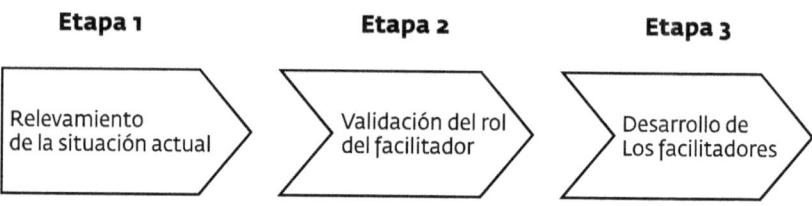

Etapa 1
Relevamiento de la situación actual

Etapa 2
Validación del rol del facilitador

Etapa 3
Desarrollo de Los facilitadores

Etapa 1- Relevamiento de la situación actual:

Principales objetivos:

► Compilar información sobre la situación actual de la Organización (grado de predisposición al cambio, marcha del proceso, dificultades, oportunidades, logros, etc).

► Definir/validar el rol que desempeñará el Área de Recursos Humanos como "socio" de la gestión de los Facilitadores.

► Entender la percepción que las áreas y personas, directamente, involucradas poseen de la situación actual, e identificar principales brechas entre el estado actual y lo que se pretende de dichas áreas/personas en el futuro inmediato.

Etapa 2 - Validación del rol de los Facilitadores

Principales objetivos

► Convalidar la misión, objetivos, atributos y responsabilidades del rol de los Facilitadores.

► Unificar los mensajes para los Facilitadores y los que ellos deberán transmitir.

► Definir las competencias requeridas para el desempeño del rol, y diseñar una herramienta de medición del desempeño de los Facilitadores, en función con esas competencias.

Etapa 3 – Desarrollo de los Facilitadores

La formación de los futuros Facilitadores debiera estar sustentada sobre tres objetivos, a saber:

- ▶ Compartir un esquema conceptual del proceso de cambio organizacional e individual.

- ▶ Analizar las etapas de un proceso de cambio y su impacto en el desempeño y motivación de las personas.

- ▶ Consensuar y comprender su función como Facilitadores en el actual contexto de su sector/ empresa.

La figura del facilitador como decodificador de estrategias y como guía para su implementación, se torna indispensable para forjar cambios exitosos y perdurables, basados en el compromiso, el aprendizaje continuo y el trabajo en equipo: tres componentes indispensables y, a su vez, indivisibles, para transitar de una manera, relativamente, armónica y, medianamente, previsible el ya de por sí dramático período de transición.

Exige, sin embargo, la existencia de una fuerte y estratégica asociación "Alta Dirección – Area de Recursos Humanos", cuya misión debiera estar orientada a:

- ▶ Transmitir y *experimentar* los valores culturales a fin de convertirlos en principios de acción de la organización.

- ▶ Fijar las normas, las conductas, los comportamientos y las habilidades requeridas para la nueva situación.

Queda claro que la facilitación de procesos de cambio organizacional va mucho más allá de la entrega de un manual, de ir a un curso de capacitación, de incorporar tecnologías o reducir estructuras. Tales acciones constituyen intervenciones necesarias y en muchos casos justificadas, pero no son el cambio en sí mismo. En todo caso, representan la parte visible de un proceso en el que intervienen *personas*.

En definitiva, lo primero que debemos considerar es que la cultura organizacional consta de una serie de factores que, desde cómo son experimentados, vividos o ignorados, generan un impacto directo en decisiones que pueden hacer ganar o perder muchos millones.

Cito a continuación, los resultados de un trabajo de investigación realizado por el Grupo Business Consulting de Arthur Andersen, quien identificó cuáles eran las mejores prácticas del proceso de cambio, a través de investigaciones realizadas en empresas de todo el mundo, determinando cuáles eran los elementos comunes en todos los procesos exitosos de cambio:

▶ Evaluar la disposición al cambio de la organización

▶ Articular una clara visión del cambio

▶ Construir una arquitectura del cambio apropiada

▶ Implementar planes de comunicación para audiencias múltiples

▶ Crear capacidad de liderazgo y apoyo

▶ Coordinar la situación de cambio y los valores culturales

▶ Generar capacidades de cambio individuales y por equipos

▶ Articular los sistemas de performance management

Para que una organización ingrese en un continuo y perdurable proceso de transición y aprendizaje organizacional, es imprescindible el alineamiento de los siguientes factores:

▶ La existencia de una necesidad de cambio.

▶ La generación de visión compartida.

▶ El compromiso a través del liderazgo de los niveles más altos de la organización.

▶ La activa participación de todo el personal.

▶ La visión holística (sistémica) e integrada de los cambios articulados.

▶ La medición del desempeño.

Ampliamos en el siguiente gráfico, lo anteriormente expuesto:

Necesidad de cambio	+	Visión compartida	+	Compromiso de los líderes	+	Participación del personal	+	Cambios organizacionales integrados	+	Medición desempeño	=	CAMBIO DURADERO
⬭		⇧		⇧		⇧		⇧		⇧	=	No hay acción
⇧		⬭		⇧		⇧		⇧		⇧	=	No hay dirección
⇧		⇧		⬭		⇧		⇧		⇧	=	No hay modelos
⇧		⇧		⇧		⬭		⇧		⇧	=	No hay apropiación
⇧		⇧		⇧		⇧		⬭		⇧	=	No hay integración
⇧		⇧		⇧		⇧		⇧		⬭	=	No hay resultados
⇧		⇧		⇧		⇧		⇧		⇧	=	CAMBIO DURADERO

Obsérvese el carácter sistémico como condición integral de todo proceso de cambio, donde la ausencia de uno de los factores críticos para su implementación, impacta, negativamente, en la perdurabilidad del mismo.

Otorgo especial importancia a los factores *"Compromiso de liderazgo"* y *"Participación del Personal"*; nótese que la carencia total o parcial del primero, genera la ausencia de "modelos" o "role models" que son el espejo en los que la organización o sector objeto de cambio debe apalancarse para generar acciones orientadas al logro de la situación pretendida y, especialmente, visión compartida.

Adicionalmente, la ausencia del factor *"Participación del personal"*, muchas veces, se debe a que el cambio es percibido como algo impuesto, una moda pasajera, (salvación) o producto de "mentes iluminadas" que poco conocen la realidad de lo que pasa en el área en la cual se opera el cambio.

Insistimos en el carácter sistémico e integral del proceso, como punto de partida para lograr apropiación por parte de los involucrados, credibilidad y menor costo emocional, de cara a que la situación de cambio sea percibida e internalizada como sustentable.

En definitiva:

El cambio es un proceso que debe ser facilitado, no gestionado.

El proceso de cambio debe estar ligado a los objetivos de negocio de la organización.

Construir organizaciones con capacidad de cambio es un imperativo en el contexto vigente caracterizado por la economía del conocimiento, la nueva relación del hombre con el trabajo, la necesidad de mayor participación, etc.

Construir dicha capacidad de cambio es un proceso evolutivo continuo, no un momento.

La implementación efectiva de estos procesos requiere de desarrollar una visión estratégico / sistémica de la organización.

El proceso de cambio involucra facilitar transiciones personales.

Las reacciones y comportamientos frente a situaciones de cambio no ocurren a nivel intelectual, sino más bien en un nivel emocional.

La resistencia al cambio es una reacción predecible, humana y depende de la percepción que cada persona se configure del proceso de cambio.

No hay cambio sin el compromiso de los líderes.

Las estrategias y acciones para facilitar las transiciones son situacionales; producto de la cultura y objetivos de cada empresa.

Intente crear una sólida estructura de Facilitadores de Cambio.

V. El mito de la resistencia al cambio.

Como mencioné, anteriormente, asumir que la gente se resistirá al cambio, es la mejor excusa para no hacer nada. Conozco muchas organizaciones que dicen, que si implementan cualquier tipo de cambio, la gente, inevitablemente, se resistirá.

¿Acaso pretenden que no lo hagan? La resistencia a cualquier modificación, por mínima que ésta sea, tiene un origen psicológico y conductual inherente al ser humano, por ello, la resistencia no debe ser considerada como un síntoma, sino como una respuesta tanto racional, como emocional, al plantearle a cualquier persona un nuevo escenario.

Por ello, es importante analizar las causas de la resistencia para entender, desde su rol como responsable de un equipo, sus orígenes pero, fundamentalmente, para promover acciones orientadas a la gradual adopción de los comportamientos/conocimientos/actitudes requeridas necesarias para el nuevo orden.

Me basaré en la pirámide de la resistencia, según el modelo de jerarquías de resistencia desarrollado por Nieder y Zimermann en la Universidad de Bremen, Alemania.

En la base de la pirámide, encontramos el habitual desconocimiento (total o parcial), que las personas poseen al momento de que se pretenda que actúe de acuerdo al nuevo estado.

Antes de pretender que las personas "compren automáticamente" lo que usted requiere de ellas, asegúrese haber comunicado claramente y con sentido de urgencia:

- ► La situación a lograr.

- ► Los motivos que impulsan el nuevo escenario.

- ► Los beneficios que se obtendrán.

▶ Los roles y responsabilidades esperados.

▶ Los recursos (económicos, físicos, humanos) con que se dispondrá.

Recuerde que la ignorancia, el desconocimiento, genera actitudes y comportamientos de postergación, lo que será percibido como manifestación de resistencia, cuando en realidad es manifestación de incomunicación, por parte de los líderes del cambio.

Esta manifestación de ignorancia (insisto, generada por desinformación y mala comunicación) está, generalmente, ocasionada por:

La falta de comunicación sobre el proyecto de cambio: En general se resiste cualquier tipo de cambio si no se conoce en que consiste, para que se lleve a cabo y cual es su impacto en términos personales; observo con frecuencia cómo las personas encargadas de cambios "asumen", que porque se les explique, brevemente, a las personas "lo que hay que hacer a partir de ahora", es suficiente para que las mismas se "comprometan". Olvidan o ignoran, que el compromiso es un proceso, no un acto, que tiene como primera instancia un eficiente proceso de comunicación.

▶ La visión demasiado parcializada del cambio. En numerosas ocasiones las personas juzgan, negativamente, al cambio, exclusivamente, por lo que sucede en su ámbito de influencia (su grupo de trabajo, su sector, su gerencia), sin considerar los beneficios globales que obtiene la empresa en su conjunto. Es importante en este sentido, desarrollar en las personas una visión integral de la situación de cambio, es decir, que perciban que el mismo tendrá impacto en otras áreas.

Recomiendo, en este sentido muy especialmente, armar "cadenas de valor", que tengan como epicentro el área específica objeto de cambio y las derivaciones que dicha situación tendrá en sus clientes y proveedores internos.

En este sentido, cito como ejemplo al departamento de Tesorería y Cobranzas de cierta Compañía, que al momento de nuestra intervención, prácticamente, se encontraba a la deriva en lo que hace a procesos, recursos y, fundamentalmente, en términos de rumbo; nadie sabía qué se pretendía de dicho equipo conformado por profesionales con mucha experiencia, encontrándose, prácticamente, descabezado.

Gracias al liderazgo de un nuevo Director Regional, convencido de conformar equipos, altamente, productivos, se invitó a los miembros del área a pensarla como si fuera propia; por lo tanto a que se imaginen, cuáles deberían ser los ejes fundamentales de su compromiso profesional, de acuerdo con lo que la compañía esperaba de ellos como equipo, en el marco del proceso de cambio que atravesaba.

Se trabajó con el Departamento en la clarificación de ejes de trabajo críticos como:

▶ Formulación de Misión y Visión.

▶ Consenso sobre Valores rectores de trabajo.

▶ Formulación de Objetivos de negocio.

▶ Diseño de Cadenas de Valor.

En este sentido, creo útil recordar algunas definiciones relacionadas con estos ejes de trabajo:

MISIÓN:

Pretende ser una síntesis de la naturaleza del negocio o servicios que su área presta. A grandes rasgos, la definición de misión incluye descripciones respecto a: en qué mercado opera la organización/área, a qué clientes internos y/o externos apunta, qué necesidades de los clientes pretende satisfacer, qué clase de productos/servicios ofrece, qué características/ventajas/beneficios tienen dicho productos/servicios, etc. La misión sirve, especialmente, de marco para las estrategias, cuya definición brindamos en páginas anteriores.

VISIÓN:

Es la descripción de un escenario, altamente, deseado por un área de negocios. Se convierte en la necesaria actitud y capacidad profesional de ver más allá del tiempo y de las limitaciones actuales. Tener presente un "estado de visión" sirve para construir en la mente de un equipo, un estado futuro deseable que permita tener una claridad sobre lo que se de quiere hacer, y hacia donde se quiere llegar como área. La idea es que la visión, o más bien, la visión compartida, opere como un factor poderoso de motivación para los miembros de la organización/área.

VALORES:

Son pautas de conducta; son principios rectores y fundamentales que guían el comportamiento de la organización/área, como la búsqueda de la excelencia, el cumplimiento de las disposiciones que regulan el negocio, el respeto hacia las personas, etc. En el capítulo siguiente, profundizaremos la conceptualización y el análisis de los Valores.

OBJETIVOS:

Constituyen el nivel de aspiración sobre el desempeño personal/organizacional; son resultados o atributos a lograr: rentabilidad, flujo de fondos, crecimiento, participación en el mercado, satisfacción de clientes, etc.

La definición de los objetivos debe contener:

▶ Una clara y sintética explicación de lo que se quiere conseguir en cuanto a objetivos de negocio y objetivos de competencias de la organización/área, y

▶ El resultado a alcanzar. Dicho resultado debe ser objetivo y factible de medir, como ser: un plazo de tiempo, una fecha y/o una expresión numérica del logro que se desea obtener.

Ejemplo de definición de objetivos:

"Alcanzar un nivel de nuevas de primas de $ 100 M en los próximos 12 meses".

"Lograr una tasa de retención de asegurados de primer año en Direct Marketing del 92%".

"Reducir un 15% los gastos de liquidación de siniestros administrados por esta Gerencia con relación al presupuesto del área del ejercicio anterior."

"Implementar antes del 30/06)/20xx el proceso de automatización de cobranzas para la línea de negocio A".

"Alcanzar una valoración de la Competencia "Liderazgo 360" mayor al 75%".

Se recomienda al momento de fijar objetivos, la revisión de:

▶ El contexto del área de negocio que se lidera (dependencias de otras áreas, de Regionales, etc.),

▶ Los recursos,

▶ La cadena de valor y los actores de la misma,

▶ El equipo de trabajo considerando las tendencias de su estilo personal y del estilo de liderazgo, el diagnóstico de Liderazgo 360, capacitación, promoción / retención de talentos, etc.

CADENA DE VALOR:

Este modelo teórico, que permite describir el desarrollo de las actividades de un sector u organización, fue descrito y popularizado por Michael Porter en su obra "*Competitive Advantage Creating and Sustaining Superior Performance*".

La Cadena de Valor permite, esencialmente, categorizar las actividades que producen valor agregado en una organización o sector de la misma, mediante la distinción de actividades primarias, tales como: Logística Interna, Operaciones, Losgística Externa, Marketing y Ventas y Servicio de Post-venta o Mantenimiento.

El modelo concibe que las actividades mencionadas, estén apoyadas en las denominadas "secundarias", encontrándose entre las mismas: Infraestructura de la Organización/Área, Recursos Humanos (el proceso de búsqueda, selección, desarrollo y motivación) del personal y Abastecimiento (Compras).

En definitiva, la cadena de valor ayuda a determinar las actividades o competencias distintivas que permiten generar una ventaja competitiva; lo que según Porter, significa tener una rentabilidad relativa superior a la competencia.

En ese aspecto, su objetivo último es maximizar la creación de valor, minimizando costos operativos, por lo que se trata es de crear valor para el cliente.

Incluyo una guía de implementación de cadena de valor, desarrollada para una empresa cliente. Esta experiencia tuvo lugar en el marco de un proyecto de reformulación estratégica del área Finanzas.

Una vez entrenado el equipo en conceptos clave de gestión por objetivos, se le suministró a cada miembro para que la completen por separado, y luego validarla con el líder de dicho Departamento:

HOJA DE TRABAJO N° 1:

A) Formulación de Misión:

Escriba el nombre de su Área:

_____

_____

Siéntase por un momento "dueño" del área a la que pertenece, describa con sus palabras la Misión de su área siendo lo más explícito posible. Considere las siguientes cuestiones: ¿cuál es la naturaleza del negocio de su Departamento?, ¿Para qué existe el área dentro de esta empresa?, ¿cuál es la razón de ser/existir / de agregar valor de la misma?, ¿de qué se perdería esta empresa sin la existencia del área a la que usted pertenece?,

_____

_____

_____

_____

_____

_____

B) Formulación de Visión:

Describa con sus palabras las características que debiera tener un escenario, altamente, deseado por usted en relación a su área. En definitiva, *¿qué cosas son imposibles de hacer hoy en su área, pero que en caso de concretarlas, podría alcanzar sus objetivos de manera más efectiva, eficiente y gratificante?*

Para contestar este punto, lo invitamos a ver más allá del tiempo y de las limitaciones actuales; anímese a construir un estado futuro deseable que le permita tener a su área una claridad sobre lo que se quiere/debe hacer y hacia dónde quieren llegar como equipo. Incluso, más allá de las personas que hoy la integran. ¡ Anímese a configurar el compromiso de su área para el resto de la Compañía!

_____

_____

_____

_____

_____

_____

```
┌ ─ ─ ─ ─ ─ ─ ─ ─ ─ ─ ─ ─ ┐
│                         │
│   VALIDAR CON LÍDER     │
│   DEL DEPARTAMENTO.     │
│                         │
└ ─ ─ ─ ─ ─ ─ ─ ─ ─ ─ ─ ─ ┘
```

HOJA DE TRABAJO N° 2:

Consenso sobre valores rectores:

Los valores se encargan de traducir, a través de comportamientos observables, nuestro sistema de creencias más profundas, nuestras preferencias; es decir, la forma en que nos representamos y percibimos la realidad y sus consecuencias.

En al sentido, le pedimos lo siguiente:

- ► Mencione por lo menos tres "Valores" (creencias profundas, fuertemente, arraigadas en usted) que de acuerdo a su experiencia profesional, deberían "regir" la razón de ser (Misión) de su área, de acuerdo con lo que esta empresa espera de ella (Col. 1).

- ► Justifique por qué razón seleccionó dicho valor. (Col. 2).

- ► Mencione al menos un comportamiento observable que permita a usted, a su equipo y a otras áreas corroborar que su área "pone en práctica" con hechos concretos dicho valor. (Col. 3).

- ► Utilice la cuarta columna para agregar todo aquello que estime conveniente en relación al punto.

```
VALIDAR CON LÍDER
     DE ÁREA
```

HOJA DE TRABAJO N° 3:

Formulación de objetivos de negocio:

A) Definición de objetivos estratégicos del área:

Objetivos

A modo de ejemplo y considerando los objetivos de este Departamento.

#	Enunciado	Profit	Net Writen Premium	Expenses	Logros a la finalización de Q1/Q2/Q3/Q4...
1					
2					
3					
4					

B) Defina lo más, explícitamente, sus funciones / tareas /responsabilidades directas con relación a los objetivos antes definidos:

_____

_____

_____

_____

C) Formulario guía para la planificación de los objetivos:

Fuente de generación de primas	Enumere y priorice las "fuentes de negocio" por volumen de primas u otros aspectos que considere claves.	Objetivo en Primas	Origen de las Primas (tipo de campañas) A = Nuevas primas B = Cross-selling C= Up-selling	Productos a comercializar	Plan de acción
Retailers					
Utilities					
Entidades Financieras					
Cajas de Compensación					
DTC					
Brokers / Productores					
Empresas					
Cajas de compensación					
Traslado de exequias de compañías provisionales					
Otras líneas de negocio XXX					
Sucursal					
Otras					
Totales					

D) Defina sus necesidades de Soporte en el cumplimiento de los objetivos definidos:

▶ Comercial (ej.: relacionamiento con cliente para "cierre de negocios", posicionamiento, mejoramiento de las normas de suscripción, conocimiento de clientes target cotizados y no aprobados, acompañamiento en el cierre de negocios, etc.).

▶ Productos (ej: por segmentos, capacitación, etc.).

▶ Procesos operativos (ej.: reportes, administración de cartera, manejo de base de datos, etc.).

▶ Recursos y Gente (considera estilos personales al momento de "negociar" con los participantes de la cadena de valor).

HOJA DE TRABAJO Nº 4: DISEÑO DE CADENAS DE VALOR

A) Construyendo nuestra cadena de valor

De cara a consolidarse como parte activa de una cadena de valor que brinda servicios a un cliente, conteste las siguientes preguntas:

1. ¿Quiénes son sus clientes internos / externos con relación a su objetivo de negocios o proyecto actualmente a cargo?

2. ¿Cuáles son sus necesidades?

3. ¿Cómo obtiene información para conocer dichas necesidades?

4. ¿Cómo se asegura usted que está satisfaciendo las necesidades de su "cliente"?

5. ¿Quiénes son sus proveedores claves?

6. ¿Cómo se asegura usted que dicho proveedor entiende sus necesidades?

7. ¿Cuáles son los recursos/medios, que requiere su función para el cumplimiento de sus objetivos?

8. ¿Cuál es el valor agregado del área a la que usted pertenece?

9. ¿Cómo lo cuantifica? ¿Qué impacto genera en la concreción de sus objetivos en términos cuanti y cualitativos?

B) Aspectos claves a considerar al planificar su "cadena de valor": Percepción del impacto para el cumplimiento de los objetivos

A) Contexto de negocio en el cual deberá cumplir sus objetivos de negocio, tales como: competencia, reaseguros, liderazgo, formación de recursos, etc.

Impacto:

Alto   Medio   Bajo

B) Integrantes de la "cadena de valor" (de cada objetivo), sus necesidades y posibilidades, de cara a un acuerdo de expectativas:

JUGADOR	ASPECTOS A DETECTAR	ASPECTO CLAVE A CONSENSUAR / NEGOCIAR
Cliente interno/externo.	Necesidades.	Entrega, calidad, oportunidad, etc.
Proveedor clave.	Conocimiento de su necesidad. Posibilidades de cumplimiento.	Entrega, calidad, oportunidad, etc.
Equipo de trabajo.	Recursos / Conocimientos / Capacidades / motivaciones / Necesidades de formación.	

```
┌ ─ ─ ─ ─ ─ ─ ─ ─ ─ ─ ─ ─ ─ ┐
│                           │
│      VALIDAR CON LÍDER     │
│         DE ÁREA            │
│                           │
└ ─ ─ ─ ─ ─ ─ ─ ─ ─ ─ ─ ─ ─ ┘
```

El resultado, de esta forma de trabajo, fue lo que casi al año de empezar con este proceso de cadenas de valor, nos dijo un "cliente" interno de esta área: *"Más que cliente me siento parte de ellos; el armado de cadenas me sirvió para entender el por qué de sus problemas y además, generar otros mecanismos para eficientizar aún más nuestros procesos".*

Es por esto que asigno capital importancia a generar una visión integral del cambio: estoy convencido que cada vez más necesitamos generar relaciones más transversales, no sólo entre las áreas objeto de cambio sino, entre ellas.

Se torna cada vez más necesario sacar a las personas de su rutina operativa, para convertirlas en líderes de proyectos globales, con sentido de pertenencia no sólo al departamento, sino e insisto con la palabra, al proyecto en su conjunto.

Si no se concientiza a las personas acerca de que se necesitan, más allá de las áreas/funciones en las que hoy, ocasionalmente, se desarrollan, mal podemos pretender que tengan una actitud de fidelidad y servicio al cliente.

Pero lo digo una vez más; para lograr esto es necesaria una red de comunicación interna basada en la exposición, en la confianza recíproca y en el reconocer que las personas valoran de manera diversa y que son fuente de aporte potencial, muchas veces ignoradas.

Esto supone un liderazgo fuerte, basado en objetivos claros y predeterminación, fuertemente, orientada a cambiar el paradigma de vinculación vigente en la mayoría de las empresas y creer en el trabajo en equipo, no como moda, no como la "Familia Ingalls", sino como fuente de obtención de aprendizaje y experiencias compartidas, de cara a objetivos comunes.

Al poco tiempo, y con compromiso y apoyo de dicho Director, quien ocupaba muchas horas de su tiempo "poniendo en valor" los objetivos, estructura y estrategia no sólo del Departamento que nos ocupa, sino de varios, el equipo hizo la siguiente presentación:

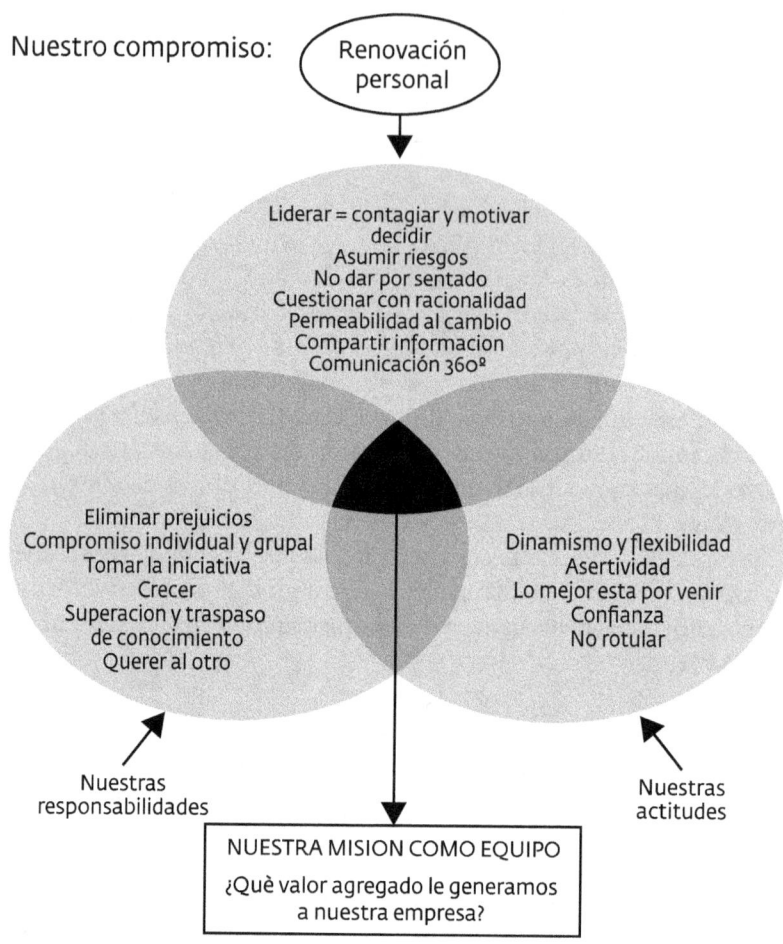

Nuestro compromiso: Renovación personal

Liderar = contagiar y motivar
decidir
Asumir riesgos
No dar por sentado
Cuestionar con racionalidad
Permeabilidad al cambio
Compartir informacion
Comunicación 360º

Eliminar prejuicios
Compromiso individual y grupal
Tomar la iniciativa
Crecer
Superacion y traspaso
de conocimiento
Querer al otro

Dinamismo y flexibilidad
Asertividad
Lo mejor esta por venir
Confianza
No rotular

Nuestras
responsabilidades

Nuestras
actitudes

NUESTRA MISION COMO EQUIPO
¿Què valor agregado le generamos
a nuestra empresa?

Obsérvese que una de las esferas habla de lo que ellos llamaron "Renovación Personal", dentro de lo cual hacen hincapié en ser permeables y de cuestionar con racionalidad";una invitación de su líder a generar espacios de libertad e intercambio.

Asimismo, de la intersección de las tres esferas según ellos, debía surgir su misión como equipo.

Paulatinamente, fueron entrando en lo que para ellos sería su "visión de futuro...", verbigracia, cómo se imaginan en términos de equipo, cumpliendo con los objetivos dispuestos. En otras palabras, se los invitó a soñar, a sentirse libres, a ver más allá de si la impresora no anda o si se cayó el sistema, o los recursos no son suficientes (cosa que siempre será así...). El desafío ahora es: configuren su compromiso profesional en esta compañía... ¡anímense!

VISIÓN DE FUTURO

Descripción de un escenario altamente deseado por nuestra Gerencia.

Nuestra capacidad de ver más allá del tiempo y de las limitaciones actuales, nos sirve para construir en la mente un estado futuro deseable que nos permita tener una claridad sobre lo que se quiere hacer y a dónde se quiere llegar.como equipo.

Nuestra **misión** tendrá la capacidad de "movernos" como equipo; a ser parte activa de su razón de ser; por ello debe ser motivante, estar guiada por una visión, enfatizar en las principales políticas a las que la compañía quiere honrar y proporcionar dirección durante los próximos años.

En conclusión, la **misión** es una fuerte razón por la que nuestro departamento existe, la razón por la cual realiza diversas actividades y por las cuales está dispuesto a continuar para alcanzar la visión a corto mediano y largo plazo.

Me ha tocado observar la participación de cientos de personas bajo estas modalidades de trabajo y estructuras, alcanzando resultados en el 80% de los casos, que podríamos calificar de "excelentes" tanto en lo económico como en lo referido a la experiencia personal que resultó de su participación, en términos de aprendizaje.

No pretenda involucrar a la gente, si ésta no sabe de qué ni "para qué", va la cosa.

Propicie espacios de participación y generación de aportes; invierta tiempo en informar y explicar qué quiere de la gente, cómo lo quiere y para qué lo quiere. Explique los motivos y los objetivos de la situación a alcanzar, claramente. No se permita que un proceso de cambio fracase, porque usted no forjó de entrada ni el entendimiento de lo esperado, ni las voluntades necesarias para lograrlo.

Volvamos a la pirámide de la resistencia:

En el segundo nivel de la pirámide, se encuentra el "No Puede"; acá se observa, que más allá de la información brindada y la participación que usted generó de cara a la situación requerida las personas aún ofrecen resistencia porque perciben que *no pueden cambiar.*

Efectivamente, me toca observar a diario personas con muy buenos antecedentes dentro de su organización, con excelentes referencias y conocimientos, pero que consideran que no están preparadas ni capacitadas para asumir las nuevas responsabilidades que la situación requiere.

Estas personas, suelen manifestar, frecuentemente, conductas autopunitivas; es decir, tienden a "castigarse" a sí mismas, desvalorizándose o bloqueándose. Si bien estas estrategias conductuales pueden ser (de hecho a menudo lo son), un elaborado mecanismo de resistencia, también puede que no lo sea y que el origen de las mismas, sea una genuina sensación de inseguridad personal.

En todo caso, empiece por preguntarse:

6. ¿Nuestra cultura organizacional, castiga el error de manera excesiva?

7. ¿Está la persona/equipo, realmente, capacitada/entrenada para afrontar los desafíos de la nueva situación?

8. ¿La estructura actual del área objeto de cambio, facilita las habilidades requeridas de cara a la situación deseada?

9. ¿Cuenta la persona/equipo con los recursos necesarios para cumplir con sus nuevas responsabilidades?

10. ¿Cuál es la percepción que la persona/equipo tiene respecto del cambio; lo ve como una utopía, en todo caso por qué?

Por último, el tercer nivel de la pirámide, la punta: el "No quiere". Si las personas conocen lo suficiente sobre el cambio a encarar y se sienten capaces de realizarlo, empieza a tener mucha importancia la verdadera voluntad de cambiar.

En algunos casos, el cambio despierta sentimientos negativos en las personas y éstas, sencillamente, *no quieren cambiar*; ya que consideran que no les conviene o que las obliga a moverse fuera de su zona de comodidad. Estas reacciones pueden partir de sentimientos tales como:

▶ *El desacuerdo*. Los individuos pueden estar, simplemente, en desacuerdo en cuanto a las premisas o los razonamientos sobre los que se sustenta el cambio. En algunos casos, basan sus juicios en paradigmas y supuestos mentales muy cerrados o tienen dificultades para abandonar hábitos muy arraigados.

▶ *La incertidumbre*. Los efectos del nuevo escenario no son, totalmente, predecibles y esto genera temor por falta de confianza en sus resultados.;

▶ *La pérdida de identificación*. A veces, las personas edifican su identidad sobre lo que hacen. En este marco de referencia, los cambios califican y ofenden. Aparecen comportamientos y predisposiciones defensivas.

▶ *La necesidad de trabajar más*. Normalmente, se percibe que deben encararse, simultáneamente, dos frentes distintos: el de continuación de las viejas tareas y el de inicio de las nuevas rutinas.

Más allá de analizar el fenómeno de la resistencia, tal vez, desde sus aristas más "negativas" para la organización, también es cierto que el cambio genera expectativas positivas para la gente, como posibilidad de progreso, nuevas promociones, mejora en los procesos, consolidación profesional, etc.

Independientemente del tipo de reacción ocasionada, asigno especial importancia a la creación de Facilitadores de Cambio Organizacional, de acuerdo a lo descripto en el capítulo anterior.

Por lo tanto, resulta imperativo crear una estructura de Facilitadores desde el momento inicial, con el fin de ayudarlo a facilitar una reacción, absolutamente, natural como es la resistencia, la cual, si no es, adecuadamente, monitoreada, genera autómatas que harán cosas, no personas involucradas en un proyecto personal enriquecedor, como debiera ser su permanencia en la empresa.

En cuanto a usted, como responsable de un proceso de cambio, sepa que, permanentemente, se enfrentará con el desafío de vencer la resistencia, para imponer lo nuevo.

Recuerde que cualquier idea que "se atreva" a poner en tela de juicio o a cuestionar el orden establecido, ya sea en materia de procesos, como de mecanismos de gestión, o de restructuración general, chocará contra la fuerza de la rutina, y del no se puede, emergiendo una enorme cantidad de comportamientos, algunos de los cuales hemos analizado.

Sepa también que la resistencia al cambio no conoce jerarquías: la misma puede provenir del CEO, de los Mandos Medios o de los niveles más operativos, pero, independientemente, de su origen, usted deberá encontrar respuestas para administrarla de manera eficiente y con el menor costo emocional posible.

Veo a diario que algunos pretenden vencer la resistencia desde el peso de la jerarquía, desde la coacción desde el mobing, o desde la amenaza lisa y llana.

Insisto con que la facilitación de la resistencia al cambio, se logra considerando los tres aspectos analizados, anteriormente, relacionados con el nuevo paradigma de relaciones: Libertad de trabajo y pensamiento, Comunicación asertiva y la inducción a las personas a la Toma de riesgos Responsables.

A modo de síntesis, incluyo ciertas conductas adoptadas por las personas frente a situaciones de cambio:

A) Sentimientos positivos que un cambio puede generar en la gente:

- ► Entusiasmo (por un futuro mejor).

- ► Liberación.

- ► Reconocimiento a las ideas.

- ► Expectativas de crecimiento o consolidación personal.

B) Motivos por los cuales la gente ofrece resistencia al cambio.

- ► BARRERAS PSICOLÓGICAS.

    i. Falta de participación en el proceso (proyecto ajeno).

    ii. Confrontar una realidad desagradable.

    iii. Optar por alternativas difíciles o desagradables.

    iv. Tomar una medida impopular o conflictiva.

    v. Disonancia con supuestos acerca de la realidad, valores, estilos, vocaciones, etc.

    vi. Temor a lo desconocido.

    vii. Abandonar un hábito arraigado.

B) Consecuencias desfavorables: Pérdida de...

    i. Beneficios.

    ii. Poder.

    iii. Prestigio.

    iv. Privilegios.

C) Barreras Intelectuales:

    i. Falta de conocimientos.

    ii. Desacuerdo sobre premisas o razonamientos.

    iii. Modelos mentales cerrados.

D) Formas que adopta la gente para manifestar, indirectamente, su resistencia al cambio:

    i. Pedir más detalles.

    ii. Inundar con detalles.

    iii. Invocar falta de tiempo.

    iv. Atribuir falta de practicidad.

    v. Manifestarse no sorprendido (restar importancia).

    vi. Atacar.

    vii. Mostrar confusión.

    viii. Mantener silencio.

    ix. Intelectualizar.

    x. Moralizar (echar la culpa a otros).

    xi. Cumplir todo al pie de la letra, pero nada más.

    xii. Cuestionar la metodología.

    xiii. Invocar que ya están ocurriendo mejoras significativas.

    xiv. Presionar por soluciones inmediatas.

VI. Cultura organizacional

No es mi intención teorizar acerca del concepto "cultura organizacional", sus componentes, tipos de cultura y demás clasificaciones, de las que hay a disposición del lector gran cantidad de recomendable literatura. Sí, en cambio, quiero compartir algunas consideraciones y experiencias prácticas, acerca de la necesidad de dejar de ver a la cultura organizacional, como un cuerpo teórico, abstracto, gris, rígido y con lo que es "*mejor no meterse*" como escuché hace poco en una empresa.

Por el contrario, se convierte en un indicador de gestión mensurable, y quizás esencial en la elaboración de estrategias y objetivos de negocios, siempre y cuando se analicen y validen, continuamente, sus componentes.

Siempre tuve la sensación que cultura y "negocio" corren por carriles contrarios, en esta imaginaria autopista que conduce al cumplimiento de las metas de cualquier Organización, o que la cultura es "*algo que está ahí*", como quien almacena objetos en el fondo de su casa y "*mientras no molesten, no me acuerdo que existen*".

Muchos Directivos con los que me toca interactuar, aún vinculan el concepto "cultura" con filosofía, antropología o una gama de conocimientos que si bien muy interesantes, "son muy teóricos y alejados del negocio", tal como suelen expresar.

Sin embargo, hay ciertos principios que sitúan el "tema cultura" como un indicador importante a la hora de interpretar una organización y colaborar con ella en el logro de su situación de negocios deseada, ya que:

▶ La configuración cultural de la empresa se realiza en el comportamiento de su personal, así como de todas aquellas personas comprometidas en dicha organización.

▶ La cultura empresarial ejerce un efecto conductor en el comportamiento de los miembros del sistema social empresa.

▶ La aceptación de las reglas se considera como obligatoria, de forma que las normas de comportamiento configuran la actuación de dicho sistema empresa.

Además, a menudo se olvida que la cultura dominante en una empresa influye en aspectos tales como:

▶ La intervención de los empleados en las decisiones.

▶ La forma de administrar el error: ¿búsqueda de culpables o generación de aprendizaje?

- ▶ Actitud frente a los cambios operados en el entorno (rechazo, aceptación, análisis, asunción, etc.)

- ▶ Formas de atraer, retener y desarrollar talentos.

- ▶ Comunicación interdepartamental.

- ▶ Actitud de servicio.

- ▶ Otros.

> *Empíricamente, el concepto "cultura organizacional" abarca la dinámica a través de la cual una Organización interpreta necesidades, decide estrategias, gestiona procesos y maximiza rentabilidad, todo ello potenciando el desarrollo de las personas que la integran.*

Esta *dinámica* la materializan las personas que la integran a todo nivel de la Organización, y pueden leerse, a la sazón, como la forma en que dichas personas "gozan y/o padecen" la Organización de la que forman parte.

La cultura organizacional se visualiza a través de la manera de gestionar (*cumplimiento de objetivos y su impacto*) y mediante los comportamientos, conocimientos, decisiones de negocio, compromisos individuales y grupales de quienes la integran.

Esta parte visible es en realidad, el *efecto* de cómo lo que algunos llaman *factores moldeadores primarios* de una cultura (misión, visión, valores, mitos, principios, normas) son *percibidos, valorados y experimentados* por las personas miembros de la Organización.

El punto de quiebre se observa cuando dado un objetivo, las Organizaciones interpretan, deciden y gestionan intentando modificar, súbitamente, "lo visible" es decir; *Comportamientos* engrosando *Conocimientos* como la solución rápida para el logro de *Compromiso* (por ej. "a partir de ahora, creamos la cultura de la Innovación: por ello, desde hoy, todos deben aportar proactividad y creatividad, como medio para lograr ¡ nuestros *objetivos*!); linda arenga para un vestuario, diría un entrenador.

En realidad, lo que primero resulta imprescindible es *consensuar* el vínculo y el impacto que los mencionados *factores moldeadores primarios* generarán en el camino hacia el escenario de negocios pretendido.

Recién a partir de allí, definir los Comportamientos y la forma de *medirlos y evaluarlos*, crear instancias de desarrollo de *Conocimientos*, y *Compromisos* de cara a los *Objetivos de negocio* que impulsan la necesidad de un cambio.Estas instancias suponen la implementación de un proceso que debe ser *facilitado* en forma gradual pero sostenida para alcanzar:

▶ *Ventajas competitivas*: entendiendo por ellas la combinación eficiente de capacidades y recursos que permiten diferenciar a la Organización de sus competidores.

▶ *Objetivos de negocio* propuestos (más ingresos, más clientes, reducción de costos, generación de valor empresario, etc.),

▶ y, fundamentalmente, que *los clientes nos vuelvan a elegir*.

En tal sentido, trabajar la "cultura organizacional" no es un aspecto ajeno a la realidad del negocio, sino que es la esencia por la cual una organización establece ventajas competitivas y *maximiza su rentabilidad por y a través de la gente* que la integra.

La experiencia, a través de nuestras intervenciones, me enseña que las empresas exitosas, se "meten" con su cultura, considerando sus aspectos moldeadores, como un indicador de gestión esencial a la hora de tomar decisiones de negocio.

Esto es lo que yo llamo "moldear" la cultura: hacerla y actualizarla día a día, no desde la intención, sino desde la gestión.

Por ello, debe concebirse como dinámica y flexible a las necesidades del negocio, lo cual tal vez constituya en sí mismo, un paradigma a superar.

En capítulos anteriores, hablamos de Gestión del Conocimiento; tal vez debería entenderse que el primer paso hacia la misma, consiste en RECONOCERSE o sea, mirarse a sí mismo de cara a un proyecto u objetivo estratégico de alcance corporativo, revisando los factores esenciales de la cultura vigente y ponerlos a prueba, contrastándolos con dicha situación proyectada, y detectar la brecha.

Por ello, sostengo que la interpretación ligera del concepto "Gestión del Conocimiento", lleva a confusiones. Una empresa no gana nada por tener un alto nivel de conocimientos, en la medida que no los transforme en *ventajas competitivas rentables* de ser posible, más rápido que sus competidores.

La implementación de ventajas competitivas rentables, supone, primeramente, desarrollar la *gestión del re-conocimiento*; esto es *revisar/alinear/contrastar/validar* los factores componentes de la cultura organizacional y su vínculo con los objetivos de negocio.

La gestión del re-conocimiento implica:

1. Considerar que la cultura no es inmodificable, ni un dogma con el cual mejor no meterse. Por el contrario, gestionarla, es decir, intervenir sus *factores moldeadores*, constituye el primer paso.

2. Gestionar la cultura (re-conocerse continuamente), previene o alerta acerca de posibles consecuencias no deseadas de los cambios a realizar de acuerdo a la situación de negocios proyectada.

3. Estamos hablando de un *proceso* más complejo que adquirir conocimientos y compromiso a través de un curso, plataforma e-learning o un "outdoor", que a menudo, por no revisar los factores moldeadores, sugieren prácticas que en sí no son buenas o malas, pero que van en contra de la cultura vigente o, simplemente, resultan inocuas para la concreción de objetivos, en "esa" cultura específica.

4. Resulta necesario establecer la relación entre "cultura organizacional" y *"ventajas competitivas"*. Es más, éstas deberán ser la exteriorización de sus factores moldeadores, o sea, de la cultura propiamente dicha.

Así se sinceraba frente a nosotros, recientemente, una ejecutiva de RRHH miembro de una importante empresa de servicios:

> *"Es el tercer año consecutivo que presento en el Comité de Gerencia un proyecto de cultura y no logro que me lo aprueben...".*

> *"No es que no nos interese; de hecho no podemos decir que no es interesante, aquello que no entendemos...", nos manifestaba por su parte, el Director de Ventas Corporativas del mismo grupo empresario.*

¿ El "proyecto cultura" no interesó o no fue transmitido en el idioma de negocios que el interlocutor necesitaba escuchar? ¿Recuerda cuando hablamos de la importancia de valorar desde dónde el interlocutor me escucha?

Asisto, asiduamente, a presentaciones apoyadas en coloridos PowerPoint con cuadros, citas, clasificaciones, diagnósticos y definiciones de cultura organizacional, que quedan simplemente en eso. En este sentido, los expositores no generan la menor influencia en la audiencia a la cual se dirigen; desde sus pares de otras áreas, y menos, mucho menos a los accionistas de su Compañía que no logran interpretar la necesidad de invertir un centavo "en esos rollos".

> *¿Qué relación existe entre cultura y negocio en esta empresa?*
> *¿Cuál es el negocio de esta empresa para Recursos Humanos?*
> *¿Cómo y en cuánto contribuirá tu "Proyecto Cultura" en el 25% de aumento de rentabilidad esperado?*

¿Qué tiene que ver "cultura" con el vendedor que va al campo y se moja hasta la cintura para colocar nuestros productos?
¿Amortizamos la inversión del Proyecto con la rentabilidad que generará?
¿Se autofinancia tu proyecto?

Muchas veces he escuchado preguntas de este tenor, y créame que pocas veces respuestas convincentes por parte de áreas de RRHH, se supone ideólogos y ejecutores directos de estos proyectos.

Una posible respuesta pasa por instalar PROCESOS orientados a gestionar la cultura para convertirla en "ventaja competitiva". Esto supone dar un primer paso consistente en saber cómo es percibida esa cultura, partiendo de los siguientes criterios:

Es valiosa: Se articula de manera tal con el negocio, que ayuda a la organización a neutralizar amenazas o explotar oportunidades. Alerta acerca de riesgos o permite desde la vigencia de sus factores, crear oportunidades de negocios que permitan desarrollo y crecimiento de sus dos activos más valiosos: Capital Humano y Clientes.

Es única: Es percibida y valorada como referente de coherencia entre su discurso y su práctica empresarial. Experimenta los valores que proclama y es ejemplo de integridad y equidad.

Es difícil de imitar: Percepción de una cultura sólida, pero flexible, consolidada pero dinámica, con bajo costo pero de alta calidad, solucionando el corto plazo, pero apostando al desarrollo a largo plazo, con mentalidad de pequeño empresario pero con estrategias de multinacional, exigente con la gente, pero tolerante con el error. Es decir, una cultura capaz de gestionar la tensión constante entre opuestos, o lo que yo llamo las culturas "paradójicas". Una cultura capaz de administrar el paradigma de la contradicción, a la sazón, el actualmente vigente en el mundo de los negocios.

¿Qué nuevos proyectos por más desafiantes y rentables que parezcan se pueden concretar en una cultura que NO es percibida como valiosa, única y difícil de imitar?, ¿Resultarán sustentables y generadores de valor empresario?

Si las personas, desde el momento inicial de su ingreso a la Organización, perciben que la cultura a la que ingresaron no es valiosa, única y difícil de imitar, no intente generar compromisos a largo plazo; confórmese con que acaten... ¿es eso lo que quiere?

Asimismo, dentro de las organizaciones existen sub-grupos y cada uno de ellos puede poseer una cultura diferente en sí mismo, es decir, que dentro de una compañía, pueden convivir multiplicidad de culturas.

Denomino "sub-cultura" a cualquiera que exista dentro de la dominante (artefactos culturarles primarios compartidos por la mayoría de los miembros). A su vez, los departamentos, áreas, plantas, países en los que opera la empresa, pueden tener manifestaciones de la cultura dominante muy diversas entre sí.

Recuerdo el caso de una empresa con la que colaboramos, que tenía enormes dificultades para homogeneizar los artefactos culturales corporativos, y especialmente, los comportamientos que debían representarlos en los diversos países latinoamericanos donde opera; en tal sentido, se debió siempre partiendo del valor corporativo, "crear" comportamientos que para las diferentes culturas, los lleven a cumplir el mismo valor empresario.

Otra forma de interpretar la cultura organizacional es analizando la gestión del error. Es decir, ¿cómo capitaliza una organización un error estratégico?, ¿De qué manera el error se convierte en una oportunidad de aprendizaje?, ¿Qué significa error en la cultura de una determinada compañía?

En tal sentido, Deal y Kennedy utilizaron dos aspectos centrales de la organización para diseñar su modelo de cultura organizacional: el grado de riesgo que asumen las personas en la empresa y la velocidad de retroalimentación que tienen acerca de su trabajo, tal como se observa en el siguiente gráfico:

RETROALIMENTACIÓN	
Rápida	Lenta
I Cultura "dura" - Recompensas financieras. - Orientada a las ventas. - Competencias interna. "agresiva". - Visión de corto plazo - Meritocracia.	**III. Cultura "apueste por su empresa"** - Proyectos. - Gran cantidad de recursos en juego y a largo plazo. - Reuniones muy importantes. - Expertos.
II. Cultura "del trabajo" - Grandes organizaciones. - Altos niveles de actividad. - Éxito medido por la perseverancia. - Reuniones de trabajo en equipo. - Convenciones, "Annual Meetings".	**IV. Cultura de procesos** - Orientación a los procesos. - Empleados a la defensiva. - Burocracia. - Actitudes reactivas. - "Trabajo a reglamento".

(RIESGO)

La variable "retroalimentación", según Deal y Kennedy, puede ser extrínseca: aumentos, promociones, bonus, asignación de acciones corporativas a empleados destacados, etc. Pero también pueden ser intrínseca, medida en los términos de la satisfacción que, independientemente, de lo extrínseco, un individuo puede tener por el simple hecho de pertenecer a determinada empresa, ejecutar ciertas tareas, desarrollarse profesionalmente, etc. Los autores miden la retroalimentación en una escala cuyos rangos son "Rápida"/Lenta".

La variable "riesgo" se refiere al grado en que la organización promueve la toma de riesgos responsables por parte de sus niveles gerenciales, para los cuales los autores lo categorizaron en "Alto/Bajo".

Por supuesto, que esta clasificación no, solamente, es válida para conocer la tendencia de la cultura corporativa, sino que además, sirve para conocer características de las sub-culturas vigentes en cada organización.

Es por ello, que prefiero hablar de organizaciones multiculturales regidas por mismos artefactos o factores moldeadores provenientes de la cultura primaria; creemos que ahí radica la dificultad que muchas organizaciones poseen para entender su propia cultura.

El hecho de la existencia de una cultura primaria, no invalida la existencia de las sub-culturas, es más; muchas veces las sub-culturas nutren la cultura primaria; a esto denominamos dinámica multicultural organizacional.

I Cultura dura: Tendencia a actuar de manera individualista, asumiendo grandes riesgos en su accionar; por ejemplo organizaciones orientadas a las ventas donde la retroalimentación está, fuertemente, basada en los resultados comerciales. Se busca una recompensa de manera rápida con una visión más cortoplacista.

Normalmente, estas empresas se caracterizan por una clima interno de alta competitividad, ya que las decisiones deben ser tomadas rápidamente, lo cual a menudo, generan conflictos internos y pérdidas económicas por no analizar el riesgo, adecuadamente. A pesar de ello, premia el riesgo. El mérito en el desempeño está dado por el riesgo que uno asume en este tipo de culturas; por eso se dice que es una meritocracia: "tango arriesgas, tango creces".

II Cultura "del trabajo": Si bien, estimula la búsqueda de la acción, no promueve la asunción de riesgos. El éxito se mide a través de la perseverancia, del interés propio por desarrollarse y crecer, por la proactividad, en lugar de la reactividad. En estas organizaciones, en general, el valor cultural más importante, es asignarle al cliente el mejor servicio. Estas empresas poseen ritos característicos: costosas convenciones, celebraciones variadas, una fuerte propensión al trabajo en equipo, poseen su propia jerga.

En general, estas culturas se perciben en organizaciones grandes; donde el foco está puesto en "hacer las cosas bien", sin asumir riesgos que vayan más allá del procedimiento. El lema es "Actividad para la calidad".

III Cultura "apueste por su empresa": Las decisiones que se adoptan, dan sus resultados a muy largo plazo, aunque entrañan un alto riesgo; son proyectos largos y consumen gran cantidad de recursos. Contratan personal altamente especializado y experto en su función. Se hace todo lo posible por tomar el camino correcto, no sabiendo si la elección fue buena o no, hasta pasado un buen período. Los ejemplos característicos son los laboratorios, compañías aeroespaciales, petroleras, ciertas constructoras especialistas en mega obras de ingeniería, etc.

IV. Cultura "de procesos": Culturas, fuertemente, burocráticas (no en el sentido Weberiano del término), donde predominan memos, procedimientos, manuales, sellos y demás instancias que tornan la operatoria absolutamente lenta e ineficiente. Normalmente, los empleados están más preocupados en cómo hacer el trabajo, que en el verdadero aporte o valor agregado que el mismo debiera tener para su cliente interno o externo. Podemos asegurar, desde nuestra práctica, que este tipo de cultura, no es sólo patrimonio de entes estatales; muchas compañías de primera línea, poseen áreas donde los procedimentos fagocitan las iniciativas y la capacidad preactiva de respuesta al cliente.

Naturalmente, este modelo representa tendencias extremas, aunque orientadoras; en la práctica, como queda dicho, las organizaciones poseen una variada e intermedia gama de manifestaciones culturales de este tipo, bajo el paraguas de una cultura común.

Sostengo que antes de hablar de "cultura común", o simplemente de "la cultura" de esta empresa, deben revisarse las sub-culturas predominantes y el impacto en términos de resultados que éstas generan.

Colaboramos con una empresa, que tenía, como lo que llamaban "valor cultural", el "cumplimiento en fecha" de los despachos a sus clientes. Cuando nos adentramos en el funcionamiento de las sub-culturas (concretamente en seis de las nueve gerencias que al momento de nuestra intervención conformaban esa empresa), nos dimos cuenta de que la sub-cultura predominante en dichas seis gerencias era una cultura "de procesos".

¿Cómo podía esta empresa sostener su valor cultural "Cumplimiento en fecha", cuando una sub-cultura retroalimenta de una manera tan nociva a la cultura predominante?

"Queremos convertir nuestra empresa en una usina de ideas... necesito que instalemos la cultura de la innovación." Más o menos, éste fue el requerimiento que nos planteó el Director de una importante Pyme, recientemente.

En este caso, estamos planteando la inclusión de un artefacto cultural ("Innovación") a la cultura organizativa; por cierto, modificar la cultura organizativa o incluir un artefacto a la ya existente, no constituye una tarea fácil, ni se puede lograr en poco tiempo. Recuerde que estamos hablando de procesos de cambio, no de transformaciones súbitas.

Del caso que estoy planteando, recuerdo las dos primeras acciones realizadas, orientadas a instalar "sentido de urgencia":

1. *Análisis sistémico*: Consiste en la aplicación de una batería de herramientas orientadas a conocer por qué se necesita hacer un estudio de la cultura. En el caso de nuestro cliente, debimos averiguar, -y, fundamentalmente, entender,- qué significa "Innovación", qué relación tiene esta palabra con sus objetivos de negocio, cuánto conoce la gente acerca del proceso de innovación, qué beneficios percibirá a partir de la generación del programa, cómo impactará en los resultados del negocio el hecho de ser innovadores, etc.

En esta primera etapa del abordaje, utilizamos con las modificaciones de acuerdo a las necesidades de la empresa, parte del instrumento que describo a continuación, reformulado, situacionalmente, por nuestro equipo, a partir del diseño original de Simón Majaro.

Su finalidad es evaluar, una por una, las distintas áreas operativas de esta empresa (finanzas, comercio exterior, marketing, ventas, etc.), en lo que hace a su predisposición en este caso, a la innovación.

Instrumento Capacidad de Innovación

1. ¿Existe en el área un clima general de apoyo a la generación de nuevas ideas, productos, sistemas y procedimientos de trabajo?

Nunca/No   Siempre/Sí

    1   2   3   4   5   6   7   8   9   10

2. ¿Los responsables del área toman la iniciativa en lo que respecta a la generación de nuevas ideas, productos, servicios, sistemas y procedimientos de trabajo, o esperan que lo hagan otros?

Nunca/No   Siempre/Sí

    1   2   3   4   5   6   7   8   9   10

3. ¿En el área, se habla con frecuencia sobre temas relacionadas con la innovación, la creatividad, la necesidad de cambios y similares?

Nunca/No   Siempre/Sí

    1   2   3   4   5   6   7   8   9   10

4. Los responsables el área, ¿se muestran receptivos y positivos ante las nuevas ideas que les plantean sus colaboradores directos o indirectos?

Nunca/No   Siempre/Sí

    1   2   3   4   5   6   7   8   9   10

5. Cuando un empleado tiene una idea que implique cambios en los productos, servicios, sistemas de trabajo, ¿sabe cómo y a quién debe someterla?

Nunca/No   Siempre/Sí

    1   2   3   4   5   6   7   8   9   10

6. ¿Existe en el área un sistema formal para la recepción y evaluación objetiva de nuevas ideas?

Nunca/No   Siempre/Sí

       1   2   3   4   5   6   7   8   9   10

7. ¿Realizan los responsables del área actividades encaminadas a estimular la creatividad y un espíritu innovador entre su equipo de trabajo?

Nunca/No   Siempre/Sí

       1   2   3   4   5   6   7   8   9   10

8. ¿Considera la Dirección de la empresa que el número de innovaciones introducidas en el área es satisfactorio?

Nunca/No   Siempre/Sí

       1   2   3   4   5   6   7   8   9   10

9. ¿Recientemente, se han desarrollado en el área nuevos sistemas o procedimientos dirigidos a incrementar la eficiencia operativa?

Nunca/No   Siempre/Sí

       1   2   3   4   5   6   7   8   9   10

10. ¿Ha mejorado en el área el tiempo que transcurre entre la generación de una idea y su implantación práctica?

Nunca/No   Siempre/Sí

        1   2   3   4   5   6   7   8   9   10

11. ¿Se estudian en el área prácticas de otras empresas con el fin de detectar ideas que puedan mejorar su eficiencia?

Nunca/No   Siempre/Sí

        1   2   3   4   5   6   7   8   9   10

12. ¿Las ideas implementadas en los últimos tiempos en el área, han mejorado su eficiencia operativa en términos de costos-resultados?

Nunca/No   Siempre/Sí

        1   2   3   4   5   6   7   8   9   10

13. ¿Están los líderes del área siempre dispuestos a experimentar con nuevos enfoques operativos, de gestión y de participación?

Nunca/No   Siempre/Sí

        1   2   3   4   5   6   7   8   9   10

14. ¿El personal subalterno del área, demuestra ser lo suficientemente creativo?

Nunca/No   Siempre/Sí

    1   2   3   4   5   6   7   8   9   10

15. ¿Se recurre, usualmente, en el área al trabajo en equipo para solucionar problemas, generar nuevos proyectos o servicios y modificar los sistemas operativos?

Nunca/No   Siempre/Sí

    1   2   3   4   5   6   7   8   9   10

16. ¿Se preocupa el área por detectar nuevos espacios de negocios para la empresa; han hecho aportes recientes al respecto?

Nunca/No   Siempre/Sí

    1   2   3   4   5   6   7   8   9   10

17. ¿Ha mejorado, recientemente, el área su capacidad de respuesta ante los requerimientos de las demás áreas operativas de la empresa?

Nunca/No   Siempre/Sí

    1   2   3   4   5   6   7   8   9   10

18. ¿Reacciona el área con rapidez ante cualquier nueva situación planteada por el entorno; competencia, variables económicas, marco legal, regulaciones propias del negocio, etc.?

Nunca/No   Siempre/Sí

   1   2   3   4   5   6   7   8   9   10

19. ¿Tiene el área un buen historial en lo que se refiere a recomendaciones, estudios e informes orientados a la introducción de nuevas ideas en otras áreas de la empresa?

Nunca/No   Siempre/Sí

   1   2   3   4   5   6   7   8   9   10

20. ¿Cuándo en el área se somete a prueba una nueva idea, siempre se considera el impacto en la rentabilidad de la empresa?

Nunca/No   Siempre/Sí

   1   2   3   4   5   6   7   8   9   10

21. ¿Recibió el personal del área formación específica sobre creatividad?

Nunca/No   Siempre/Sí

   1   2   3   4   5   6   7   8   9   10

Evaluando por separado, la Dirección de la empresa puede concentrar sus esfuerzos de una manera mucho más eficiente, y aplicar las medidas correctivas en el tiempo adecuado.

Debo decir que los resultados de esta prueba, no arrojaron resultados muy positivos; a medida que avanzábamos en la implementación de este proyecto, percibíamos muy heterogéneos grados de adhesión al mismo.

A partir de la administración de otras herramientas diagnósticas, confirmamos que poco más de la mitad de las personas más directamente involucradas, sencillamente, no creían en el mismo.

Su reticencia no residía en el proyecto en sí mismo, sino que radicaba en algo mucho más preocupante. Para un mejor entendimiento de la problemática, nos parece más gráfico, reproducir citas textuales de algunos de los participantes durante los diversos focus groups realizados:

> *"Falta de **Liderazgo** en distintos niveles de la organización. Roles gerenciales poco definidos".*
>
> *"Acá hay muchos gerentes, y **pocos líderes**".*
>
> *"Existe una gran diferencia entre **gerenciar y liderar**".*
>
> *"**No vemos líderes** ejecutivos en la Alta Dirección. Cada uno está en su tema."*
>
> *"El servicio no es percibido como un **valor compartido** y sistémico entre los Vicepresidentes".*
>
> *"Hay una gran **diferencia** entre los valores enunciados y los practicados en este empresa."*
>
> *"El liderazgo que es el argumento de venta, no es percibido como un **valor** aquí adentro".*
>
> *"Falta **ejemplo** por parte de los líderes".*
>
> *"No tenemos **contacto** frecuente con ellos."*
>
> *"Necesitamos tener admiración por los líderes. No hay credibilidad".*
>
> *"Hay **miedo** de hablar en la organización, cuando decís algo con sentido constructivo, parece que estás en contra de todo".*
>
> *"Necesitamos un **liderazgo ejecutivo**, no carismático".*
>
> *"Quiero volver a **enamorarme de los líderes**, sus ideales y compartir sus objetivos".*

Evidentemente, la raíz del descreimiento generalizado, tiene su origen en la falta de integridad organizacional entre el "discurso" y la práctica. Nótese que estas citas, provenientes de niveles gerenciales intermedios y altos, no se refieren a la necesidad de obtener mayor conocimiento, ni entrenamiento ni capacidades.

Este equipo demandaba práctica de los valores enunciados por la compañía; es decir "practiquemos lo que proclamamos, si es que creemos en ello".

Antes, mencioné una serie de indicadores para generar procesos de cambio duraderos; dos de ellos eran: *Compromiso por parte de los líderes* y *Generación de Visiones compartidas*.

Referí también que la ausencia del primero generaba la percepción de que no existen "modelos" o líderes para seguir de ejemplo. Mientras que la ausencia de "Visión Compartida", transmitía la idea de falta de dirección.

A esta altura del proyecto, nos encontrábamos que no había modelos, ni dirección definida, sólo buenas intenciones. Indudablemente, nos situábamos en un punto de quiebre, desde el punto de vista del desarrollo del proyecto.

Enhorabuena que estos temas hayan surgido, pero nos instó a reformular acciones...

Nos obligó a ayudar a la empresa a que revise sus creencias más profundas, a que manifieste aquello en lo que, realmente, cree y valora para cumplir con sus objetivos de negocios.

Siempre ponga especial énfasis en las sorpresas que experimente en los primeros momentos de todo proceso de cambio. Una "sorpresa" tiene lugar cuando usted se topa con algún fenómeno, rasgo o característica de la organización/sector que, aparentemente, parece "fuera de lo normal", o "escondido".

"Vine por una distensión y nos encontramos con una fractura", me decía uno de los Directores de esta empresa.

Sabido es que toda organización posee "artefactos" culturales propios. Estos se demuestran a través de comportamientos que todo líder debe captar y entender desde un primer momento; caso contrario, no podrá aplicar el sentido de urgencia tan necesario al que hacíamos referencia en capítulos anteriores.

Ejemplifico con otro caso observado en cierta empresa en la cual era notable el nerviosismo, por no decir miedo, que las personas que entrevistábamos tenían a la hora de suministrarnos información.

A medida que fuimos avanzando en el proyecto nos dimos cuenta, que más allá del nerviosismo inicial y esperable, ante lo desconocido "(¿a qué vendrán estos tipos que nos preguntan tanto?"), dicha intranquilidad respondía en realidad al clima interno que se vivía en la organización en la cual un altísimo porcentaje de supervisores manifestaba *temor a demostrar desacuerdos con su jefe* (cita textual), que demostraban claramente los rasgos distintivos de esa cultura organizacional, basada en el "miedo y la coerción".

2. Análisis de los factores moldeadores primarios de la cultura: En mis años como profesional, el mejorable más importante y a su vez más complejo de revertir que observamos diariamente, tiene

que ver con la falta de integridad entre lo que muchas empresas proclaman como valores, y las actitudes y conductas de ciertas "líderes", más allá de sus jerarquías.

Hablo de personas que se comportan, no de organizaciones que se comportan; intentar esconder o amortiguar comportamientos y decisiones detrás de la entelequia "empresa", constituye una de las prácticas más nocivas y patéticas para la implementación de dichos valores.

Recomiendo las siguientes intervenciones básicas:

1. Alinear los moldeadores de la cultura vigente al nuevo esquema de negocios de la empresa ("situación deseada").

2. Identificar los comportamientos asociados a los valores distintivos de la cultura de vigente en dicha organización.

3. Detectar "agentes internos" de cambio, con el objetivo de fomentar y hacer cumplir los ejes de comportamiento que moldearán la cultura de la empresa, de cara a sus nuevos objetivos.

4. Diseñar y ejecutar actividades orientadas a generar hábitos de gestión a partir de la transferencia de conocimientos.

5. Crear y ejecutar instancias de medición unificadas con los sistemas vigentes en la empresa, orientadas a evaluar y medir el cumplimiento y "cambio" de dichos comportamientos.

Como mencioné anteriormente, modificar culturas organizacionales o incluir nuevos artefactos culturales, por más pequeña que sea la empresa, no es tarea sencilla ni de un día para el otro, entre otros motivos porque en la mayoría de las empresas que conozco, no se observa la confluencia de tres factores:

▶   *Un fuerte liderazgo* basado en valores, convicciones y credibilidad personal.

▶   *Tiempo suficiente*; esto no es un curso de 16 horas, sino un proceso que implica asunción de riesgos, comunicación asertiva y tolerancia al error.

▶   *Constancia y perseverancia*, incluso, cuando parezca que el proceso no está dando los resultados esperados, por eso hago tanto énfasis en las convicciones del líder.

Probablemente, antes de hablar de "cultura de innovación" o de lo que sea, el primer paso constituya saber hasta qué punto en su empresa se distinguen estos tres factores.

VII. Administración por Valores

Según Emiliano Gómez López, los valores son "la expresión conceptual de la preferencias u opciones morales de una sociedad en una época dada y con un determinado nivel de desarrollo económico y cultural".

Si bien, dichas preferencias son compartidas en general por los miembros de la sociedad, cada individuo decide sus opciones morales y elabora su propia escala de valores, sin que, necesariamente, haya una plena coincidencia con la escala de valores colectiva.

Los valores, como preferencias que son, constituyen direcciones que ejercen atractivo, que despiertan adhesión profunda porque vienen a responder a aquellas necesidades últimas que reclaman nuestra respuesta.

Precisamente, en búsqueda de dicha respuesta, hoy las empresas están muy preocupadas por la creación o reformulación de sus valores, sin embargo, en mi opinión, debe prevalecer una condición básica que permita en una organización instalar el "tema valores": la existencia de un ámbito transparente de libertades.

Ámbito de libertad que no solamente no existe en gran cantidad de ellas, sino que además no está propiciado por sus directivos, por miedos, desconfianzas, inseguridades y demás comportamientos viciados de prácticas poco profesionales y en muchos casos antiéticas.

La teoría de los valores se llama con el término griego Axiología; Axios en griego significa valioso, digno. La palabra viene de Aktios, y ésta el verbo ágo, que quiere decir empujar, arrastrar, llevar.

Lo valioso, lo válido y por lo tanto el valor podría ser definido como "aquello que arrastra con su propio peso" aquello que vale, en cierto modo, en sí, y por sí, no en vista de otro.

Los valores están ordenados jerárquicamente, esto es, hay valores inferiores y superiores; al enfrentarse con dos valores, el hombre "prefiere" comúnmente el superior; aunque a veces "elija" el inferior por razones circunstanciales.

Personalmente, creo que el sentido creador y ascendente de la vida, se basa, fundamentalmente, en la afirmación del valor positivo frente al negativo, y del valor superior, frente al inferior.

Otra característica de los valores es que ejercen tal atractivo, que siempre despiertan adhesión profunda (me gusta o no, creo o no, siento o no, etc.). Por ello mismo, los valores tienen como rasgo saliente que rompen nuestra indiferencia.

Esta ruptura de la indiferencia tiene su origen en la natural polaridad de los valores, la cual produce nuestra reacción de aceptación o rechazo (lo justo y lo injusto, lo ético y lo antiético, etc.) .

Muchos directivos no tienen claro que los valores no son las "cosas", ni siquiera son "vivencias", no son "ideas", en definitiva, los valores, no "son", sino que "valen".

En cuanto a los valores individuales, son creencias según las cuales desde nuestro punto de vista personal, preferimos un determinado tipo de comportamiento y de relacionamiento con relación a otro ya sea ese otro opuesto o diferente.

En definitiva, los valores guían, orientan nuestra conducta indicándonos, desde nuestra moral, qué podemos o no hacer, qué es lo justo o lo injusto, cuáles medios y cuáles fines son aceptables y cuáles no.

Entre los valores proclamados por empresas "preocupadas por el tema", se destacan:

Honestidad.
Respeto a la dignidad del trabajador.
Lealtad.
Tenacidad y optimismo.
Tolerancia e independencia de criterios.
Calidez Humana.
Justicia.
Crítica constructiva.

¿Se cumplen estos y otros valores enunciados?, ¿qué debería estar haciendo el liderazgo (o sea usted), para dar cumplimiento a ellos?

Por ello sostengo, que al igual que con la cultura organizacional, con los valores hay que "meterse"; y ¿quién sino el líder para hacerlo?

Permítame en tal sentido, volver al caso de la empresa que pretendía instalar la "cultura de la innovación": dado el punto de inflexión en el cual se encontraba el proyecto, y considerando la "sorpresa" que nos habíamos encontrado producto de diversas mediciones, era necesario recurrir a la revisión de dichos factores primarios de la cultura de esta empresa, y especialmente, someterlos a lo que yo llamo un "análisis de consistencia".

El análisis de consistencia de los factores moldeadores, de cualquier cultura organizacional, consiste en una serie de instrumentos y pruebas, cuya finalidad es contrastar dichos factores con:

a. La percepción acerca de cómo esos factores son además de enunciados, aplicados, experimentados y respetados por la totalidad de los miembros de dicha organización.

b. La viabilidad en términos de grado de coherencia, entre dichos factores primarios y el objetivo de negocios perseguido, en este caso, "cultura de la innovación". Si estamos hablando de innovar, y existe una fuerte crisis de liderazgo, como quedó manifestado, anteriormente.

¿Qué posibilidades de éxito tendrá la implementación de tal cultura? "*No podemos hablar de innovación cuando está en duda la legitimidad de nuestros líderes*", era el comentario reiterado.

Ningún proceso de cambio resulta efectivo, si empieza por intervenir desde el suministro de capacidades (cursos) para alinear comportamientos. La efectividad y perdurabilidad del mismo, radica en el análisis de la cultura organizacional y el impacto de ésta en el cumplimiento de las metas de negocio.

Recurrimos entonces a la Dirección, o Management por Valores, que es un relativamente "nuevo" enfoque y constituye el aporte de la Antropología a las ciencias empresariales. En países como Francia, cuna de esta escuela, e Inglaterra, es cada vez más común ver trabajar a antropólogos y sociólogos, construyendo el puente que una valores con las actitudes, habilidades y comportamientos requeridos para el logro de los objetivos del negocio, basados en dichos valores, a la sazón, ejes de la cultura de cualquier organización.

De acuerdo a nuestras observaciones, los valores organizacionales, es decir, las "creencias profundas" de las organizaciones, se pueden agrupar en tres modelos, a los que no, arbitrariamente, denomino "De Valoración", ya que constituyen el punto de creencia sobre el que se apalanca la valoración que la empresa, verbigracia sus directivos-, tiene de las personas que la integran:

Modelo de valoración organizacional "El Hacer dando sentido al Ser"

Su principio rector, podríamos sintetizarlo en "*lo que hago determina el valor de los que soy; valgo por lo que hago, para tener, parecer y dominar*". Por presión del lenguaje y de la opinión generalizada de la gente, nos sentimos llevados a resolver el dilema a favor del "hacer".

Solemos vivir, de hecho, como si lo que hacemos diera sentido a lo que somos. En general, se tiende, espontáneamente a valorar a la persona, por lo que *tiene (dinero), por lo que **parece** (status) o por lo que **domina** (poder).*

A continuación, algunas implicancias prácticas de la preeminencia de este modelo en las organizaciones, según la opinión de personas recogidas durante nuestras intervenciones:

- ▶ "Ocasiona un circuito destructivo".
- ▶ "Es difícil de sustentar en el tiempo".
- ▶ "Genera liderazgos autoritarios".
- ▶ "Modelo que remite al poder".
- ▶ "Genera miedo".

En cuanto a los comportamientos observables en las personas, se destacan:

- ▶ Tendencia a sentirse superior a los demás.
- ▶ Escasa flexibilidad a las situaciones de cambio.
- ▶ Tendencia a decidir arbitrariamente.
- ▶ Falsamente proactivo (hiperactividad improductiva).
- ▶ Tendencia a la simulación (permanencia vs. Eficiencia).
- ▶ Poco margen para la creatividad.
- ▶ Proclive a no generar participación.
- ▶ Prefiere no delegar.
- ▶ Estado de ánimo muy influenciable por los resultados.
- ▶ Se mide a sí mismo en función de sus éxitos.
- ▶ Es ansiosamente competitivo.

Modelo de valoración organizacional "El Ser dando sentido al Hacer"

Normalmente, la actividad humana reviste el carácter de "función", que significa el desempeño de un rol, el cumplimiento de una tarea. Cuando la integración entre el Ser y el Hacer de la persona en la organización, se realiza con el primado de la persona, estamos en presencia de una función valorizada por el grado de adecuación a la persona.

En este caso, Persona y Función se integran de tal manera que puede afirmarse, que en este modelo *"Yo soy por lo que hago (lo que hago me realiza como persona), y hago por lo que soy (quien soy determina el valor humano de lo que hago)"*.

En este sentido, creemos, firmemente, que la misión del liderazgo deberá sustentarse en la edificación de puentes que intenten integrar el "Ser y Hacer" de la persona; o dicho de otra forma, el liderazgo a todo nivel de la organización, deberá constituirse en la fuerza motriz necesaria para desarrollar sistemas de valoración que tiendan al logro de dicha integración.

Comportamientos característicos de este modelo:

- ▶ Una percepción más clara y eficiente de la realidad.
- ▶ Mayor apertura a la experiencia.
  - – Mayor espontaneidad y expresividad.
  - – Mayor flexibilidad hacia situaciones de cambio.
  - – Altos índices de desempeño.
  - – Tendencia al comportamiento proactivo.
- ▶ Mayor autonomía.
- ▶ Mayor creatividad.
  - – Tendencia a celebrar los logros.
- ▶ Confianza en sí mismo para afrontar las dificultades.
  - – Predispuesto a la participación y al trabajo en equipo.

Modelo de valoración organizacional "Alienación del Ser por el Hacer"

No todo ejercicio funcional constituye una auténtica expresión de la persona; se observa que cuando lo que una persona hace no va en la línea de su verdadera auto-expresión, puesto que tiende a negarla como persona, entonces lo que esa persona hace carece de sentido y valor ético, y el ejercicio de la función resulta un hacer frustrante para esa persona.

En esta situación, sobreviene la disociación de persona y función. Tal dicotomía angustia al individuo y por extensión a su desempeño en la organización, permitiendo afirmar que *"Ni soy por lo que hago (lo que hago me aliena). Ni hago por lo que soy, (quien soy no se expresa en lo que hago)"*.

De esta manera, en la función laboral, la persona compromete su propia identidad y autorrealización personal, por la manera de ejercer su función. La consecuencia de este hacer frustrante es una persona altamente desmotivada y con un sentimiento de fracaso personal.

Comportamientos predominantes en el marco de este modelo:

- ▶ No expresa en su trabajo todo su potencial.

- ▶ Ante los desafíos subestima su capacidad.

- ▶ Tiene miedo al fracaso.

- ▶ Se siente culpable por fracasar.

- ▶ Tiende a actuar a la defensiva.

- ▶ Se siente atacado cuando le cuestionan su accionar.

- ▶ Su comportamiento muestra desmotivación.

- ▶ No le encuentra sentido a lo que hace.

- ▶ Tiene tendencia a refugiarse en la inactividad o en la hiperactividad del disimulo.

- ▶ Su constante es la frustración.

Por supuesto que como todo modelo, no lo encontramos en la realidad en su estado "puro"; las organizaciones son una vasta y ecléctica gama de estas valoraciones, que por cierto tampoco son mutuamente excluyentes, y en las que abundan los más diversos tonos de grises.

De ahí, radica la importancia de identificar claramente los modelos de valoración predominantes en las organizaciones como forma inicial e imprescindible de entender la cultura organizacional.

Evidentemente, en el caso de este cliente, resultaba mucho más complejo instalar la "cultura de la innovación", cuando, claramente, prevalecía el modelo de valoración organizacional "alineación del ser por el hacer".

De esta manera, ayudando a la organización a identificar modelos de valoración organizacional, reconociendo o indagando en su sistema axiológico (valores), y asociando dichos valores con los objetivos de negocio ("cultura de la innovación"), tenemos un sólido punto de partida para esclarecer los futuros cursos de acción sugeridos para la ejecución de proyectos de esta envergadura.

En definitiva, si una empresa cree en la importancia de las personas para lograr objetivos, éstas para se constituirán en valor para dicha empresa. El valor no es tal si no se cree, previamente, en aquello que se valora; o dicho de otra manera: para valorar, hay que creer.

En consecuencia, los valores nos permiten entrar en relación; de hecho, sucede que cuando un grupo o persona tiene problemas con otro es porque no conoce los valores del otro produciéndose un "choque" de creencias, que muchas veces termina en desvinculaciones, conflictos y desempeños irregulares: ¿todo por qué? porque no hay convergencia de valores entre las partes involucradas.

Imagínese el fracaso rotundo del proyecto, si se hubiese optado por "enchufar" la cultura de la innovación, como si fuese un artefacto eléctrico, sin someter al sistema axiológico (valores) de esta empresa, de cara a su objetivo.

Esta empresa entendió que el valor "liderazgo" (y otros proclamados pero no practicados), no debían anularse, sino reformularse de acuerdo a la estrategia corporativa orientada a la "innovación". Producto de ello, al cabo de poco más de un año, su facturación se incrementó en un 25% con relación al ejercicio anterior.

Uno de sus Directores, nos expresó:

> *"Nos dimos cuenta que pretendíamos involucrar a la gente, descuidando su percepción acerca de cómo nos veían a nosotros como líderes. Intentamos implementar un valor agregado importantísimo para nosotros ("Innovación"), sin pensar que los primeros que teníamos que innovar prácticas y valores éramos nosotros..."*

En síntesis:

1. Aclare Misión y Valores.

2. Comunique, comunique y comunique.

3. Ajuste los valores a las prácticas diarias, bájelos, desmitifíquelos.

4. Aproveche cualquier reunión de equipo para cotejar acciones con valores; por ejemplo: "¿con cuál de nuestros valores relacionás la forma en la que resolviste tal conflicto con tal cliente?"

5. Controle y verifique brechas entre lo proclamado y lo actuado.

6. Retroalimente, tanto positiva como negativamente.

La articulación de la asistencia permite transformar lo que, originalmente, era un "proyecto" relacionado con la cultura, e instalar un PROCESO

CONTINUO de alineamiento o "esculpido" cultural perdurable y validado con las variables de negocio y los valores de esta empresa en particular.

Los resultados nos muestran que a través de este proceso, durante el primer año, esa entelequia llamada "cultura", contribuyó mediante la medición
continua de sus componentes a incrementar considerablemente el "valor
empresario" de esta empresa (o sea millones); algo que sonaba muy bien,
pero nadie sabía qué tenía que ver con el cuadro de resultados pretendido.

En resumen, afortunadamente, muchas empresas ven la necesidad de
empezar a conciliar cultura y negocio. Esto es, empezar a "calar hondo"
pero con practicidad y visión de negocio.

Creemos nosotros que iniciar a una organización en un continuo reto
como el que supone: aprender. Pero, también el aprender a "desaprender",
es decir, a reconocer que hay que abandonar caminos que otrora fueron
exitosos, para crear nuevas formas de supervivencia.

Asimismo, frente a la necesidad de articular cultura/valores/objetivos,
recomiendo revisar los siguientes artefactos culturales:

▶   *Los principios de acción* constituyen la aplicación de los valores y
    la experimentación de los mismos. El principio traduce al valor.
    El valor se transforma en principio, cuando todos en la empresa
    lo practican. Ciertas empresas proclaman como valor el trato a
    su personal, pero cuando uno las "estudia", observa que ese valor
    no es implementado, por lo tanto, las personas no constituyen,
    deliberadamente, o no, un principio de acción rector para el logro
    de su estrategia. El alineamiento valor/principio, en un punto
    de apalancamiento crucial, para el entendimiento y posterior
    mejora de comportamientos organizacionales esperados para el
    cumplimiento de objetivos de negocio.

▶   *Las normas* son cláusulas que dicen cómo hay que hacer las cosas.
    La norma regula la aplicación de los principios, caso contrario,
    cada uno normaría según sus principios, dando origen a un
    peligroso camino hacia la anomia organizacional; estado al que se
    arriba, cuando los valores no son compartidos por todos.

▶   Solamente si norma y principio están claros, la empresa podrá
    esperar *compromiso*, si no se bajan norma y principio a la práctica,
    no hay compromiso, habrá acatamiento (*"lo hago porque no me
    queda otra, o porque el jefe lo dice..."*). Muchas organizaciones
    aún creen que el compromiso se logra a través de un curso de
    capacitación o con un bonus anual. El compromiso se logra desde
    el ejemplo y la práctica de los valores por parte de la Dirección.

► Definido el marco axiológico o valorativo de la empresa, estará en condiciones de fijar *objetivos* acorde con sus valores. Los objetivos constituyen el nivel de aspiración sobre el desempeño organizacional. Son resultados o atributos a lograr: rentabilidad, flujo de fondos, market share, satisfacción de empleados, etc. Este enfoque propone dar una visión complementaria a la APO (Administración por Objetivos); enfoque de administración que se orienta al logro de resultados, y donde cada puesto define objetivos en términos de resultados a lograr y no de actividades; mucho menos de valores.

► *Conductas y Comportamientos*: Como el lector percibe, estamos recorriendo el iceberg desde la profundidad hasta la superficie. La parte visible del mismo, lo constituyen las conductas, que son formas de proceder, con arreglo al sistema de valores.

Un error recurrente en muchas organizaciones es suponer que con sólo desarrollar conductas y habilidades la gente se alineará, automáticamente, a los valores; de esta manera, malgastan tiempo, dinero y entusiasmo en cursos de capacitación que si bien siempre suman, no van al fondo del problema que es, en muchos casos, revisar su sistema de valores.

Observamos a menudo personas muy motivadas que luego de haber asistido, por ejemplo, a un programa de formación en Liderazgo, que pudo haber contribuido a desarrollar ciertas habilidades y a tomar conciencia de modificar ciertas conductas, se dan cuenta, no con poca frustración, que no pueden aplicarlo. ¿Se ha detenido alguna vez a analizar el costo de esta situación?

Esto sucede porque la Dirección o su "jefe" no creen en el Liderazgo, y como dijimos antes, si no cree... no valora.

> *Por lo tanto el problema principal de esa empresa, y de la gran mayoría, no es de habilidades sino de valores, y por ahí debieran empezar a trabajar.*

Para lograr integridad entre lo proclamado y lo practicado, será necesario acompañar a las personas, a que gradual pero sostenidamente, vayan incorporando y, fundamentalmente, practicando los valores establecidos, a fin que los mismos se conviertan en principios de acción perdurables.

> *Es en este punto donde el liderazgo, a todo nivel de la organización, se constituye en el propagador de éstos valores. Ésta será la misión fundamental del liderazgo en el siglo XXI: "meterse" con los valores.*

La implementación de un cambio de esta naturaleza, no, solamente, se logrará comprendiendo y aceptando los valores; éstos deberán ser practicados e internalizados con el respaldo de las habilidades, conductas y competencias necesarias para que se constituyan en principios, conductas y comportamientos rectores válidos para todos los niveles de la compañía.

En una compañía que administra por sus valores, no hay más que un jefe: los valores de la compañía.

Ken Blanchard

Este tránsito supone un importante baño de humildad para todos, de "arriba hacia abajo", ya que implica aprender a desaprender; o sea, a revisar un camino ya recorrido y a modificar rutas, lo que implica introducirse en un importante proceso de transformación y aprendizaje organizacional continuo, sin por ello dejar de lado la historia de logros y experiencia, con la que toda organización cuenta, capitalizándola de acuerdo a lo que los nuevos tiempos de negocio requieren.

El desafío, pues, será facilitar este cambio, de manera que los valores no sean percibidos por las personas como un "manifesto de buenas intenciones", sino que sean entendidos como el eje que defina y determine actitudes, aptitudes y formas de "sentir y hacer" el negocio.

ISLA DE REFLEXIÓN Nº 3:

10. De acuerdo a su experiencia, ¿cuál de los cuatro elementos de las transiciones organizacionales (Estrategia, Estructura, Talento y Vínculos) genera más dificultades a la hora de implementar cambios?, ¿por qué?

11. Considerando su respuesta anterior, ¿cuál es el reto más importante del ejecutivo local para alinear tales elementos para involucrar las personas hacia el logro de los objetivos de la empresa?

12. Desde su actual rol profesional, ¿considera que hay acciones que ya debería implementar? ¿cuáles?

13. Producto de la actual lectura ¿reconoce algún posible error en su actual o pasada gestión al frente de un equipo de personas, con relación a la implementación de los cuatro elementos?

14. ¿Resulta hoy la cultura de su empresa una ventaja competitiva?,¿supera los tres criterios mencionados?

15. ¿Es percibida la cultura de su empresa como valiosa, única y difícil de imitar?, ¿qué impacto concreto tiene en su negocio tal percepción?"

16. ¿Cuáles de los factores moldeadores de su cultura, que deberá revisar para seguir creciendo?

17. ¿Qué modelo de valoración cree que predomina en la mente de los Directivos argentinos?, ¿reconoce alguna razón para que así sea?

18. ¿Qué modelo de valoración predomina hoy en su empresa?, ¿qué debería estar haciendo para alinearlo a lo que usted, realmente, cree como líder?

Capítulo 4

EL LIDERAZGO DE LA EMPRESA PENDIENTE

I. Más que cargos, ¿no necesitaremos líderes?

"No es la más fuerte de las especies la que sobrevive, ni la más inteligente, sino lo que mejor responde al cambio". Con esta frase de Charles Darwin encabezamos uno de los capítulos de este trabajo, y a medida que me adentro en él, más la dimensiono.

Sin dudas, un comentario profético en relación al cambio. Obviamente, no se refería al mundo organizacional ni a sus directivos. El cambio, y por extensión, la transición propia de todo cambio, hace que cada vez menos se hable de él y que cada vez más, la preocupación deba ser la facilitación de la transición que, como me encargué de mencionar, es un estado crítico y, emocionalmente, complejo, con impacto directo en la productividad de las personas.

Pero, ¿por qué hablamos de cambio?, ¿por qué nos detenemos en vincularlo, recurrentemente, al cumplimiento de objetivos y nos preocupamos por la productividad laboral en un contexto de transición, como nunca antes?

En un mercado donde la forma de hacer negocios ya no es la misma y caracterizado por las fuerzas de cambio mencionadas en el capítulo 1, habría que mencionar algunos otros emergentes.

En primer lugar, la "cancha" en la cual las empresas "juegan" es cada vez más amplia; (una pequeña editorial del gran Buenos Aires puede convertirse, verbigracia ya lo ha hecho), en el principal proveedor de "literatura virtual" para la administración pública de un país de la región, arrebatándole la principal porción del negocio, a las grandes editoriales de ese país. El mercado, pese a que aún muchos no lo creen, es el mundo.

Lo que puede ser una ventaja para algunos, para otros aún sigue siendo un escollo. En este sentido, no hay líder que no haya escuchado hasta el hartazgo que, para ingresar en los mercados emergentes, deben abandonar su zona de comodidad. Sin embargo, el mayor desafío que les espera no es el ambiente poco familiar, sino la complejidad.

Hay más de 190 países en el mundo y cada uno tiene su propia historia, su cultura, y sus valores. Ni hablar de reglamentaciones y leyes. La gente habla idiomas distintos, ingiere distintas comidas y profesa diferentes religiones. Hay una diversidad considerable en términos de ocupación, ingresos, costumbres y actitudes. La necesidad de entender lo local para lograr alcance global, a menudo, desalienta el ingreso en los mercados emergentes.

Segundo, las expectativas del consumidor evolucionaron casi, exponencialmente, con relación a sus exigencias, gustos y reclamos. Anteriormente, señalé algunos aspectos del marketing "que se viene" en tal sentido. Hoy, la capacidad de pago, es, directamente, proporcional a la necesidad de percibir valor agregado en todo producto, o servicio que contratemos. La vara de la exigencia es cada vez más larga. Hoy más que nunca los consumidores tenemos voz y la hacemos notar.

Tercero, en el marco de la ya mencionada "economía del conocimiento", las motivaciones, intereses y proyección de carrera de los empleados dentro de una organización, cambian, continuamente.

La relación hombre-trabajo deja de ser asimétrica, para convertirse, sostenidamente, en equilibrada, donde la relación de poder pasa por la empresa, sólo de manera aparente. El poder está dado por el conocimiento más que por el cargo, y si esto no es del todo así ahora, pronto lo será.

En cuarto lugar, un contundente dato: actualmente, en los Estados Unidos, el 87% de los empleados de empresas multinacionales, realiza parte de su trabajo de manera virtual. Cifra que al momento de tener este libro en sus manos, seguramente, será mayor.

Gran parte de los proyectos trascendentes, algunos ya mencionados, que hoy día enfrentan las organizaciones, naufragan por la incompetencia de los profesionales globales para trabajar en "modo virtual".

Es cada vez más común que trabajemos con personas que no conocemos, de diferentes culturas, países, valores e idiomas. Si le sumamos diferentes usos horarios, llegamos a la conclusión que a menudo, nuestra productividad y el cumplimiento de los objetivos pasa a depender de la responsabilidad de los demás.

Sin embargo, lejos de los problemas que a priori uno podría suponer que esta nueva realidad de trabajo genera, estudios realizados, recientemente, con 100 equipos de desarrollo de software en USA, Sudamérica e India, demostraron que los equipos virtuales pueden conducir a una mayor eficiencia y mejores resultados para las organizaciones.

Pero eso sí, las condiciones o factores claves de éxito de esos equipos son: preparación y gestión del equipo. Ahora, cuando uno va al "llano" observa que la falta de competencia para trabajar en la virtualidad es evidente.

Además de nuestra propia experiencia como consultores, me baso en un estudio realizado por RW3 Culture Wizzard, consultora norteamericana, el que arroja que sólo el 16% de los equipos virtuales recibe entrenamiento o preparación para ser efectivo en este nuevo contexto laboral.

Adicionalmente, el estudio arroja que, generalmente, en los equipos virtuales el proceso de toma de decisiones es más complejo, requiere más tiempo y que la carencia de pistas comunicacionales visuales, dificulta la colaboración y generación de confianza entre los miembros.

No obstante, uno de los mayores desafíos identificados, tiene su origen en la mala administración de las diferencias culturales. Más allá del hecho del "trabajo a distancia", los equipos virtuales y los equipos presenciales difieren en la forma en que sus miembros expresan sus opiniones, deciden, manejan el conflicto, crean y sostienen vínculos, lideran a sus miembros, etc.

Si a esto le agregamos que las diferentes culturas tienen diferentes estilos para trabajar, comunicarse y relacionarse, resulta más que evidente la necesidad de "marcar la cancha", acerca de cómo debe funcionar un equipo virtual. Que tal vez hoy no lo sea, pero créame, que pronto lo será.

La empresa pendiente demanda líderes. Personas que, frente al cambio de época al que asistimos, forjen su liderazgo, precisamente, no desde el poder, rol o cargo. Sí, en cambio desde el ejercicio de la autoridad, dada entre otros factores por el conocimiento, la integridad, el ejemplo, la humildad y la capacidad de generar visiones compartidas en contextos de transición.

Ahora bien, ¿cómo será el liderazgo en la empresa pendiente?, ¿qué valores, principios de acción, competencias y creencias rectoras forjarán su ejercicio?

Intento esbozarlo. Durante muchos años, dicté ininterrumpidamente un Seminario llamado "Liderazgo Causa-Efecto", en el cual ayudábamos a ejecutivos y mandos medios de distintas organizaciones latinoamericanas a descubrir, contextualizar y desarrollar sus recursos emocionales, de cara a un ejercicio más efectivo de su liderazgo, pero partiendo del autoliderazgo.

Mediante el uso de diversas técnicas e instrumentos de medición (algunos mencionados en esta obra), los participantes podían configurar, entre otros perfiles, su estilo de liderazgo actual y "cruzarlo", entre otras variables, con el requerido de acuerdo con su contexto de negocios y con sus características personales.

De esta manera, trabajábamos con las brechas emergentes, y las convertíamos en objetivos de crecimiento personal, con resultados más que gratificantes, avalados por el cumplimiento de sus metas de negocio y su consiguiente impacto en el crecimiento profesional dentro de la organización.

Me permito volcar el testimonio textual de un participante (alto directivo de una consultora Costarricense), que nos ofreció a todos al cierre de una de las ediciones del Seminario:

"(...) porque, prácticamente, desde que nacemos estamos expuestos a una serie de factores, totalmente, influyentes. Esto es un efecto desencadenado de generación en generación y toma cada día más fuerza.

La mayoría de nosotros como padres, antes de tener nuestros hijos, iniciamos con el nombre que le pondremos, cómo será, a quién se parecerá y que salga "sanito". Luego, nos imaginamos el bautizo, su primer cumpleaños, su primer día de escuela, colegio, y la profesión que tendrá.

Nos los imaginamos casados, y luego, haciéndonos abuelos. Les recuerdo que el niño todavía no ha nacido. En todo ese escenario mágico y perfecto irrumpen los temores: el pago de la fiesta, del colegio, de la universidad, la ropa que debemos comprarle, cuántos idiomas hablará y cuántas maestrías deberá cursar para ser competitivo.

(...) llega el plan de ahorro, la inversión de dinero y el tiempo para esta criatura. Por lo tanto, lo que menos esperamos de ellos es que no nos falle: debe ser el mejor promedio de la universidad, y cuando sea un profesional, será quien me ayudará si necesito una mano y además, me cuidará cuando sea viejo.

Y estamos seguros de que lo hará... por la sencilla razón de que yo me he sacrificado toda la vida por el o ellos, y lo menos que pueden hacer es darme ¡ una vida digna!... ¡ cuánta presión para un bebé!

Ahora, sumemos nuestra propia presión: pagar el préstamo de la casa, la cuota del auto, que nuestro jefe es un HP, que mis compañeros de trabajo me traicionan, que a mi mamá la operaron, que ya no tengo tiempo para mirar el fútbol, que tengo que ganar lo suficiente para comprar comida, pagar expensas y tarjetas de crédito, que mi esposa me dejó y que además... tengo sentimiento de culpa por no ver crecer a mis hijos por causa del trabajo (...).

¿ (...) ustedes saben que hay un tipo en la compañía Coca Cola, BMW, en las tiendas ZARA o en APPLE, ahí sentado con un lápiz y cuaderno pensando cómo crearnos más necesidades de consumo, como manipular nuestras mentes para que cada uno de nosotros le compremos a él y no a la competencia?

Vivimos en una sociedad que nos persona día a día, que queramos o no debemos estar actualizados con las últimas tecnologías; no terminaste de entender cómo funciona tu teléfono comprado hace un año, y ya hay otro modelo nuevo. Si no leíste "100 Años de Soledad, podés considerarte ignorante en literatura, y si no tenés un posgrado, más un máster y hablás 3 idiomas, no sos competitivo en el mundo laboral (...).

Entonces, dejamos de percibir la vida como tal y nuestras vidas se convierten en una exigencia que nos va socavando, que nos va desgastando, que nos estresa (...)" .

Traigo este testimonio, porque me parece que tiene que ver con el principio básico del liderazgo, que es, el autoliderazgo. La situación planteada por este Ejecutivo, tiene 3 aristas:

► La "Mala": Es que es nuestra realidad actual y tal velocidad de cambio exigente no nos permite introspectar, reflexionar. A duras penas, nos permite respirar y sentirnos mal y a menudo, fracasados, por no poder adquirir todo lo que en "teoría" deberíamos poseer.

► La "Buena": Sencillamente es que efectivamente hay una solución a esto, puesto que nosotros mismos hemos generado tal escenario, sólo que se convirtió en una especie de "Chuky" que a menudo, vemos difícil neutralizar.

► La "Emprendedora": Es que nosotros somos el único impulsor del cambio; sólo nosotros y nadie más. Para ello, tal como conversábamos en dichos encuentros, será necesario establecer las áreas prioritarias de nuestras vidas, entre:

- Lo espiritual

- La familia.

- El trabajo.

- Lo emocional.

Definido esto, trabajábamos el concepto de "Liderazgo Causa-Efecto", cuyo principio rector es "Nunca culpes a los otros de las cosas que te suceden", o dicho de otra manera, "hágase cargo, sea responsable".

Los principios del "Liderazgo Causa-Efecto" son:

- ▶ No ser reactivos ante las situaciones.

- ▶ Ser capaces de asumir consecuencias.

- ▶ Resistencia a la culpa.

- ▶ Toma de responsabilidad de nuestros actos.

- ▶ Resistencia al egocentrismo.

En definitiva, trabajamos en elegir ser la causa, más que la consecuencia de que el mundo está en contra de cada uno de nosotros, o lo que es lo mismo, en saber estar a la altura de las circunstancias, partiendo del recurso más valioso, que somos nosotros mismos.

Complementariamente, ya en mi rol de profesor universitario, trato de escuchar y aprender algo, tanto de mis alumnos de carreras de Administración, como de los profesionales que cursan en los posgrados en los que participo.

Más allá de las diferencias, todos coinciden en configurar un liderazgo por venir, basado más que en competencias, en valores, más que en especialización o monopolización del conocimiento en interdependencia cognitiva, en la generación de redes del conocimiento, no en la polarización del mismo.

Un liderazgo capaz de crear visiones, basado en el ejercicio de la autoridad y ya no del poder formal. Orientado a crear entornos laborales donde el verdadero poder esté dado por el conocimiento coyuntural o situacional que una persona tiene de un determinado tema.

Creen cada vez más que la empresa pendiente, deberá desarrollarse sobre la base de un liderazgo rotativo; dejando de lado la troncalidad y la omnipresencia, concibiendo la participación como piedra angular de logro de objetivos.

Aspiran, que la empresa pendiente se desarrolle sobre un liderazgo capaz de generar lealtades hacia ella, que es el lugar donde la persona vuelca uno de sus principales activos, que es su conocimiento.

Un liderazgo capaz de generar voluntades entre los miembros de un equipo, más que la sensación de hacer las cosas porque alguien se las pide. Un liderazgo que, más allá de motivar a las personas se focalice en detectar y eliminar los problemas que desmotivan a esas personas.

En la empresa pendiente, dicen, el profesional cualquiera sea su rama de conocimiento, no valdrá tanto por lo que sabe; sino por lo que hará con lo que sabe.

Ese "hacer" se verá reflejado en las decisiones que toma, su capacidad para crear entornos laborales dinámicos, donde el conflicto se resuelva, profesionalmente, y que de paso a la participación y la proyección. Donde el liderazgo se cimienta a partir del ejemplo y la integridad entre lo que se proclama y lo que se gestiona.

Un liderazgo responsable, justo y capaz de ponerse al frente de los problemas para resolverlos. Orientado a la solución y no a la salvación. Focalizado en "matar temas", no en taparlos.

¿Tendremos líderes capaces de detectar potenciales y poner a disposición de su equipo el talento de su gente?, ¿tendremos líderes capaces de generar aprendizaje compartido, o aún quedan quienes creen que tener conocimiento es tener poder?

II. Las virtudes cardinales del liderazgo pendiente

A partir de estas aproximaciones, resumí en 6 puntos las virtudes cardinales que entiendo, deberán sustentar el ejercicio del liderazgo en la empresa pendiente, y a la sazón, convivir con lo que creo que ya no es una época de cambios, sino un cambio de época:

a. ¿Qué ves cuando te ves?: Autoliderazgo

Como mencioné en la introducción, el cambio es un fenómeno, esencialmente, humano; por lo que dejar de ver a la persona trascendente que está por encima del cargo ocasional, supone mirar apenas una parte de la realidad objeto de cambio.

Entre otros componentes, las características personales se constituyen por *rasgos personales, valores, conocimientos, capacidad física, tipo de inteligencia, autoconcepto y automotivación.*

Desconocer y/o no comprender que toda persona más allá del cargo que, temporalmente, ostenta se "mueve" desde dichos impulsores, constituye la creencia generalizada de que todo "líder" ya está hecho por el hecho de "llegar a un puesto".

Por el contrario, el ser conscientes de dichos componentes, supone conocer la manera a través de cómo la persona entre otros escenarios:

- ▶ Se vincula con el poder.

- ▶ Es capaz de automotivarse.

- ▶ Se relaciona con otros.

- ▶ Valora el entorno.

- ▶ Asume las pérdidas.

- ▶ Se posiciona frente a su propia vida.

- ▶ Se posiciona frente a un problema.

- ▶ Desarrolla su inteligencia emocional.

¿Cuánto sabe de usted mismo?, ¿Por qué le gustaría ser recordado profesionalmente hablando?, ¿Cuál es su Misión?, no la de su empresa, ¡ la suya!

Asistimos a un contexto en el cual la duda y el sano cuestionamiento, constituyen la materia prima de la toma de decisiones, aunque parezca paradójico. Este escenario, a su vez, nos da la chance de elegir. ¿Responde hoy su carrera a las aspiraciones que alguna vez usted tuvo?

Como sostiene Daniel Goleman, la inteligencia emocional, hoy, es más importante que el coeficiente intelectual como factor de éxito de las personas en el ámbito laboral.

En "La inteligencia emocional en la empresa", Goleman agrupa las aptitudes que la inteligencia emocional de la siguiente forma:

- ▶ Aptitudes Personales (constituyen el dominio de uno mismo), y las sub categoriza en:

  - – Autoconocimiento: conocer los propios estados internos, preferencias, recursos e intuiciones.

  - – Autorregulación: manejar los propios estados internos, impulsos y recursos.

- Motivación: tendencias emocionales que guían o facilitan la obtención de metas.

▶ Aptitud social (constituyen el manejo de las relaciones), sus componentes son:

- Empatía: percepción y captación de sentimientos e intereses ajenos.

- Habilidades sociales: capacidad para inducir a otros al logro de respuestas deseables.

En un contexto, en el cual el desafío pasa por ejercer un liderazgo "responsable" y donde cada vez más se presentan paradojas tales como:

▶ Trabajar **para** comer.

▶ Trabajar demasiado pero descuidando a la familia.

▶ Necesidad de desarrollo espiritual **pero** con falta de tiempo para introspectar y pensar en sí mismo.

▶ Contar con el tiempo pero siendo ya demasiado tarde **porque** la vida ya nos golpeó lo suficiente para ejercer un replanteo.

El recurso es el autoconocimiento. Sin él, no hay autoliderazgo y a su vez, sin autoliderazgo, no habrá liderazgo. O mejor dicho, habrá un liderazgo de cartón, de rótulo, y no de creencia profunda.

En mi opinión, el Autoconocimiento es un proceso que permite conocer el "ser" individual. Sus emociones, angustias, fortalezas y áreas de desarrollo. En definitiva, saber la manera en que "la persona" influye en el "rol" que ocupamos.

El autoliderazgo supone una actitud orientada a la auto disciplina, la renovación, el dominio propio y la auto evaluación. Implica el conocer y manejar, profesionalmente, las emociones.

Tiene como característica, el empezar primero a comprometerse con uno mismo antes que con otros, mediante propósitos específicos y pequeños.

Migrar de la victimización a la toma de conciencia, de mendigar y culpar a darse cuenta que los motivos no están afuera, sino adentro. Tanto en mis sesiones de entrenamiento como de coaching, uno de los temas que siempre trabajamos con los ejecutivos es cambiar el foco de búsqueda.

Esto significa dejar de buscar afuera para pasar a buscar adentro de uno; la frustración radica en buscar afuera, y no encontrar lo que se busca. Los motivos siempre están adentro.

El autoconocimiento supone "toma de conciencia", mientras que el autoliderazgo, supone "vocación de desarrollo constante". Los cursos de liderazgo en el mejor de los casos, ayudan a la toma de conciencia, pero fracasan en su gran mayoría a la hora de ayudar a las personas a inducirlas a un proceso de autodesarrollo y autocompromis constante.

Serena Chen, Profesora Asociada de Psicología de la Yale University en "When the Boss Feels Inadequate: Power, Incompetence and Aggression" plantea:

> *"Los ejecutivos intimidan para esconder sus incapacidades". Los directivos que se sienten inseguros de sus capacidades para cumplircon las funciones de su cargo se desquitan con sus subordinados, intimidándolos y atacándolos."*
>
> *(...) "No se trata de la incompetencia objetiva de los directivos, sino de la percepción que ellos mismos tienen acerca de qué tan competentes son para desempeñar su labor. Es una especie de relación entre el concepto que tienen de ellos mismos y su comportamiento en el trabajo."*
>
> *¿Qué concepto tiene usted de sí mismo?, en todo caso, dicho concepto, ¿cómo le permite vincularse con los demás?; ¿desde qué concepto personal forja usted sus relaciones?*

Paradójicamente, los líderes a los que se refiere el estudio son "competentes", poseen competencias, tienen "horas-curso" y, sin embargo, descalifican a su personal.

En "El líder resonante crea más", Goleman agrupa la "autorregulación" (manejo de las emociones) y la "motivación" bajo el concepto de "autogestión" integrando ambos conceptos en el siguiente gráfico:

	COMPETENCIA	
	Personal	Social
Conciencia	Conciencia de uno mismo	Conciencia social
Gestion	Autogestión	Gestión de las relaciones

Para Goleman, la Competencia Personal determina la manera en que la persona *se vincula consigo misma*.

Conciencia de uno mismo:

- ▶ Conciencia emocional de uno mismo: Grado de conciencia de las propias emociones y ser capaces de reconocer su impacto. Uso de las sensaciones "viscerales" como referencia para la toma de decisiones.

- ▶ Valoración de uno mismo: Conocimiento de fortalezas y mejorables propios.

- ▶ Confianza en sí mismo: seguridad y asertividad en la propia valoración de capacidades y conductas.

Autogestión:

- ▶ Autocontrol emocional: manejo de impulsos y emociones a priori conflictivos.

- ▶ Transparencia: integridad (coherencia entre lo pensado y lo manifestado), Responsabilidad (hacerse cargo).

- ▶ Adaptabilidad: flexibilidad para afrontar cambios, revisar creencias y decidir en contextos "no tan claros".

- ▶ Logros: Capacidad de enfocarse hacia la satisfacción de "estándares" internos de excelencia.

- ▶ Iniciativa: Generar respuestas rápidas en el momento adecuado.

- ▶ Optimismo: Ver el lado positivo del problema.

Competencia Social:

Según Goleman, determinan el modo en que *nos vinculamos con los demás*:

Competencia Social:

- ▶ Empatía: capacidad para percibir y experimentar las emociones de los demás y de "leer" más allá de lo que el otro dice, interpretar "desde dónde" lo dice.

► Conciencia Organizacional: La capacidad para seber leer e interpretar los "circuitos vinculantes" presentes en toda organización (redes políticas, núcleos de poder, etc.).

► Servicio: Orientación a conocer necesidades de la red vinculante con visión 360° (jefes, pares, colaboradores, clientes). No quedarse en lo que uno cree, sino ser capaces de leer necesidades.

Gestión de las Relaciones:

► Liderazgo inspirado: Capacidad para formular visiones convincentes y motivantes.

► Influencia: capacidad para modificar puntos de vista y comportamientos ajenos desde el convencimiento y la persuasión.

► Desarrollo de los demás: ser capaz de alinear capacidades, motivaciones y comportamientos, mediante la capacidad de dar retroalimentación oportuna y profesional.

► Facilitar el Cambio: Encausar la transición de la manera menos conflictiva posible. (Ver "Capítulo 3 Inc. IV: Creación y Desarrollo de Facilitadores de Cambio Organizacional")

► Administración del Conflicto: Capacidad para negociar empáticamente; no desde posiciones personales, sino desde la búsqueda del interes común.

► Establecimiento de vínculos: Capacidad para cultivar una red de relaciones.

► Trabajo en Equipo: Ser capaces de administrar las diferencias de manera profesional.

b. Generar visiones compartidas:

Todo líder debe, además de generar una visión o camino a seguir, ser capaz de mantener dicho camino. El mantenimiento de la visión tendrá como fin el logro cotidiano de las adhesiones y voluntades necesarias para alinearla al desempeño de las personas. Muchas empresas poseen muy bonitas y casi poéticas visiones que los empleados de las empresas, si las conocen, se ríen de ellas al verlas colgadas de las salas de reuniones. Éstas no generan el menor nivel de adhesión entre ellos, las perciben como lejanas, "de libro" y extemporáneas. Por eso, es que las personas no sienten particular pasión por traducir visiones a acciones.

Esto hace que las "visiones", no operen como factor excluyente de motivación entre las personas, de hecho nadie va todos los días a su trabajo brincando y motivado por su aporte a esa visión, eso es cierto.

Sin embargo, el propósito de una empresa es asegurarse que cada persona que entra en contacto con ella alcance su "máximo potencial", lo que incluye a empleados de todo nivel, clientes, proveedores y accionistas.

Entiendo que el concepto "máximo potencial" genera controversias, pues parece decir mucho, pero no dice nada. En primer lugar, ¿qué quiere decir?, ¿cómo se lo mide?, ¿en el marco de qué objetivo de negocio está enunciado?, ¿quién lo define y en base a qué?, en todo caso, ¿qué se hace con la información resultante de medir el "máximo potencial"?

Son interrogantes sanos, higiénicos y legítimos que todo líder deberá hacerse en el actual contexto. Seguramente, encontrará diferencias de opinión y aplicación, que deben ser bienvenidas. Lo más importante es instalar el tema de cómo generar adhesiones a una visión.

El líder que formule una visión envolvente, capaz de adherir voluntades y en línea con el propósito de alcanzar el máximo potencial, encontrará un sorprendente grado de compromiso entre los miembros de su equipo.

c. Crear cultura acorde a la visión empresaria:

Hay aspectos del liderazgo que no deberían cambiar, que deberían trascender el contexto, como los valores, a los que hemos hecho referencia en capítulos anteriores.

Sin embargo, desde el punto de vista comportamental, muchas teorías sostienen que la efectividad del liderazgo, radica en el adecuado análisis de la situación particular, de la tarea a realizar y de las características de los colaboradores, es la más conocida el modelo de Liderazgo Situacional de Kenneth Blanchard, desarrollada en el capítulo anterior. O sea, que la efectividad del liderazgo, de acuerdo a estas teorías, estará dada por el momento y la persona de aplicación.

Pero, no todas las teorías de Management consideran la dinámica organizativa, ya que al igual que las personas, toda organización posee diferentes problemas, de acuerdo a las distintas fases de su crecimiento/evolución.

La relación entre lo que se espera del líder y esos "momentos" en la vida de la empresa, será un tema cada vez más recurrente en la formación directiva, de cara a acortar la brecha aún existente entre la empresa actual y la pendiente.

Según mi entender, aunque la naturaleza de las organizaciones cambiará (o ya está cambiando), hay dinámicas que, además de los valores, permanecerán:

La creación,
El mantenimiento y,
La evolución.

Para cada uno de estos momentos, hay una misión del liderazgo específica de la que pronto deberán ocuparse las empresas en la formación de sus cuadros directivos:

- ▶ *Creación de la empresa: el líder como animador*: Más allá de la visión mencionada anteriormente, o previo a ella, existe el momento de creación. La "partícula de Dios" de la organización, ¿cómo transformar en masa esa partícula?, ¿cómo convertir un sueño en realidad? La creación requiere energía, tiempo, dedicación y mucho esfuerzo. No es creatividad, ni pensamiento mágico, es trabajo y perseverancia. Tenemos una vasta cantidad de ejemplos de líderes animadores. ¿Qué pasa en una organización que cuando el animador se aleja, no surgen otros?, ¿qué lo impide? ¿qué genera la propia organización que impide la animación?, ¿por qué los líderes no forman otros líderes?, ¿qué hace para impedirlo? Analizar y buscar nuevos interrogantes son otro paso pendiente para consolidar liderazgos y mantener a la organización en un continuo estado de liderazgo por animación. Recuerde, en este contexto una misión del liderazgo será convertir "partícula en energía". ¿Lo hace usted hoy?, ¿qué se lo impide?

- ▶ *La construcción de una empresa*: el líder como creador de cultura: Los líderes deben crear cultura desde los valores, destaco entre ellos, la modestia y la humildad, y desde la práctica de comportamientos asociados a dichos valores. La misión del liderazgo es ponerse al servicio de su gente, buscando la manera de ayudar a los empleados a sentirse más satisfechos e identificados con el ideario empresarial. El buen líder genera la cultura de "dar lo mejor de sí mismo". Al verdadero líder, le importa que la manifestación del desempeño deseado sea la consecuencia de la convicción y de la voluntad, y no del temor o simple acatamiento.

No hay mejor camino para el líder, a todo nivel de la organización, que el marcar la cancha con el ejemplo. Si demuestra con entusiasmo y, genuinamente, que hará todo lo necesario, ganará, rápidamente, autoridad y estatura moral, frente a cualquier equipo.

Ejemplos, varios: cuando Bill Pollard, CEO de Service Master limpia el piso, cuando David Neeleman, CEO de Jet Blue sirve café a los pasajeros, cuando N.R. Narayana Murty, CEO de Infosys Technologies hace fila en la cafetería con su bandeja, y cuando Alex Von Bidder, socio gerente del restaurante Four Seassons de Nueva York, atiende, personalmente, a sus clientes, todos están enviando mensajes muy fuertes.

Es cierto que estas conductas no moldearán y mucho menos, crearán cultura corporativa si se trata de un mero gesto o de una artimaña manipuladora.

Sólo, funcionará cuando sea percibida como manifestación externa del tipo de persona que se es. No es creíble hacerlo "para salir en la foto". Estoy convencido de que nadie es como profesional, lo que no es como persona.

Por el contrario, el CEO "reductor de costos" que elimina el café gratis y las suscripciones a las revistas de negocios, o la capacitación, mientras compra un jet más grande o viaja en Business, o contrata a un chef personal (todos comportamientos que he visto "in situ"), no sólo no despertará fidelidad, sino resentimiento y renuncias.

La creación de toda cultura empresaria deberá tener como fundamentos los valores cardinales de estos tiempos: humildad, austeridad, integridad y respeto a las personas. Y como dijimos anteriormente, la cultura no se escribe, sino que se moldea todos los días.

▶ *El devenir de una empresa*: el líder como agente de cambio: Si bien hemos hecho referencia a la creación de Agentes de Cambio en capítulos anteriores, quisiera observar el tema desde un lugar complementario. Cuando las cosas cambian tan o más importante que aprender, es desaprender.

Desandar un camino ya hecho, rescatando experiencias, aciertos y errores, forma parte también del proceso de facilitación de la transición continua en la que estamos.

Los modelos o mapas mentales, no tienen que desaparecer, sino que tienen que evolucionar, y recrearse a sí mismos, fruto de los nuevos emergentes de negocio. De hecho, cuanto más nos aferramos a los mapas mentales que nos condujeron al éxito, más difícil será reconocer que debemos modificarlos.

Evolución, desaprendizaje, recreación, reinvención, parecen ser las premisas que nos permitirán llegar a la empresa pendiente, no eliminando, no desestimando, pero sí revisando.

Cuando no hay predisposición a la reinvención, cuando se cree lisa y llanamente en la eliminación, aparecen las organizaciones que creen que hay que destruir lisa y llanamente su cultura.

Me ha tocado observar "ritos de desapego", consistentes en la quema de misiones, visiones u otros símbolos característicos y distintivos de una cierta empresa, para lo cual se organizaban "jornadas al aire libre". Lamentablemente, dicha empresa no percibió que la desaparición de una cultura organizativa posee un costo emocional altísimo.

La empresa pendiente deberá conservar siempre algo de su cultura. Los hitos culturales, tales como valores, gestión de sus equipos, fidelidad y lealtad comercial, son entre otros, algunos de ellos. Los líderes, son los sostenedores y a su vez, recreadores de dichos hitos. Recuerde, las culturas no se cambian, se revisan, se aggiornan, evolucionan.

No hay evolución sin participación, sin posibilidad de generar aportes. Abrir instancias de "reconversión cultural", como la llamó uno de nuestros clientes, es un distintivo de liderazgo, basado en el aprendizaje continuo.

d. Eliminar factores desmotivadores:

Se supone que la tarea de un líder es motivar a los empleados, recrear su entusiasmo y, de esta manera, lograr que trabajen libres, sin restricciones, para que explote su talento, y contribuyan al ideario organizacional... ¡casi de manual!

Entre los grandes factores motivadores presentes en el menú conductista de formación gerencial, encontramos las conversaciones estimulantes, la exhortación individual a alinear su desempeño a un objetivo, las estructuras de incentivos, y los procesos de evaluación, entre otras "zanahorias".

Todos sabemos que la realidad es menos placentera, o dicho de otra manera: todos sabemos que el emperador está desnudo... pero pocos lo dicen.

En mi opinión, buena parte de lo que se considera "motivación" es, en realidad, una batería manipuladora y en ciertos casos sofisticada, de "herramientas" para lograr que los empleados reticentes hagan aquello que no están dispuestos a hacer.

Las "zanahorias" son incentivos de diversa naturaleza y los "palos" son las amenazas de despido, la postergación del tan soñado ascenso, la reducción del salario o la eliminación de tal beneficio. Esta "motivación" puede ser aceptable si se trata de aplicarla a animales de un laboratorio científico, pero es degradante cuando se la aplica a los seres humanos.

Si las misiones y visiones organizacionales se construyen con sumo cuidado y casi artesanalmente, serán percibidas como genuinas. Si además, son sostenidas desde la práctica, con el ejemplo de sus líderes, no dude en que la mayoría de los empleados se embarcará con entusiasmo al ideario organizacional.

Créame, no hace falta demasiado esfuerzo para alentar al equipo, una vez que misiones y visiones forman parte de la psiquis de los empleados.

La función de un líder no es motivar a su personal, sino identificar aquello que lo desmoraliza y eliminarlo.

Los líderes de la empresa pendiente deberán invertir mucho tiempo y convicción para identificar y eliminar obstrucciones, factores desmotivadores y climas desalentadores, antes de disfrazarse de mono o hacer trucos de magia en la fiesta de fin de año, para "motivar y estar más cerca de la gente".

e. Crear comunidades de lealtad:

Se escucha decir en muchas empresas "acá somos una gran familia"; de hecho, muchas organizaciones proclaman esto a mi juicio, de manera empalagosa. La práctica dice que esto es poco realista, constituyéndose en una salida o falsa proclama, especialmente, hoy en día, con el tamaño y dispersión geográfica de muchas organizaciones.

Sin embargo, es posible, y de hecho sucede, que los miembros de una organización se constituyan y se perciban como una comunidad unida. El líder de la empresa pendiente deberá conocer y forjar a diario ese sentido de pertenencia, que en los malos momentos actúa como contenedor de frustraciones.

En este sentido, rescato algunos aportes de Srikunner Rao acerca de la creación de lealtades y el rol del líder:

▶ *Compartir el sufrimiento*: En los inevitables malos tiempos, la comunidad se compacta, se contrae y distribuye las pérdidas. Se comparten las cargas de acuerdo con la capacidad y el cargo de cada uno. Todo líder deberá garantizar, por ejemplo, que se eliminarán los viajes en primera clase y las cuentas de gastos, antes de despedir a sus empleados. También debería asegurar que los recortes salariales empiecen por los puestos jerárquicos. Si el barco se hunde, el capitán se queda en el puente de mando hasta que todos estén a salvo.

▶ *Crear sólidos cuadros de reemplazo*: Una comunidad que se construye en torno a un solo individuo, o que dependa de una sola persona, es inestable, débil y por consiguiente se desintegrará con rapidez cuando ese individuo se vaya, o el mercado opere un cambio. El líder de la empresa pendiente se asegurará que haya otras personas capaces de tomar la posta, si él fracasa. Y quien la tome, debería contar con el respaldo de la comunidad. Esto sólo sucederá si todos guardan fidelidad a la misión y visión, como vimos, anteriormente.

► *Impulsar el aprendizaje y las redes de conocimiento compartido*: El aprendizaje es la aplicación del conocimiento. Por lo tanto, no hay aprendizaje sin margen básico de error. En las empresas siempre hay, y habrá, quejas, chismes y lamentos... ¡ ni hablar en las argentinas! Lo que importa aquí no es tanto la queja, sino su naturaleza.

En las organizaciones agonizantes, la gente se queja de lo frío que está el café, o de lo duras que están las medialunas. En las empresas aprendientes, en cambio, podemos quejarnos del tiempo que lleva que nos aprueben la nueva estrategia de marketing. En general, los indicadores de "satisfacción", carecen de sentido en sí mismos.

Más importante es hacer sentir a las personas que dan lo mejor de sí, en un ambiente justo y que promueve el aprendizaje, verbigracia, el error. Cuando los empleados perciben que desarrollan sus competencias y que además, las reglas del juego están claras, saben que su oportunidad les llega, porque además la empresa pendiente, debe propiciar las oportunidades para que sus colaboradores las busquen.

Me ha tocado ver tanto en Argentina como en otros países, que si esto sucede, se libera una suerte de "energía" y el ímpetu es, prácticamente, imparable.

En la empresa pendiente, el líder deberá destinar buena parte de su tiempo a garantizar que la empresa ofrezca oportunidades de crecimiento, tanto vertical como horizontal, en áreas diferentes, y que haya mecanismos capaces de resolver con prontitud cualquier inequidad percibida.

Sostengo que los errores no suelen ser un problema, en la medida que alguien (un líder) se ponga al frente de ellos, reconociéndolos y corrigiéndolos. La resolución de problemas, también fortalece la estatura moral del líder. No se trata de esconder lo sucio bajo la alfombra.

Al líder de la empresa pendiente no debería moverlo ni el ego ni el narcisismo, sino el deseo y la convicción práctica de nutrir a la compañía y preservar su continuidad.

En conclusión, el liderazgo de la empresa pendiente será aquel capaz de crear visiones compartidas mediante el desarrollo continuo de culturas coherentes con la misión y visión empresarias.

Lejos de la arrogancia, cerca de la humildad, y con firme convicción para eliminar los factores desmotivadores, más que de hacerse cargo de las motivaciones ajenas. Orientado, desde la práctica de valores cardinales, al desarrollo de comunidades de lealtad a todo nivel de la Organización.

Compartimos una mirada alternativa y, a su vez, afianzadora de lo dicho hasta aquí, sobre el liderazgo que deberá conducir a la empresa pendiente. Se trata de un extracto del Estudio Mundial de CEO 2008, desarrollado por el área de Strategy & Change de IBM, basado en entrevistas personales a CEOs de las empresas más importantes del mundo.

▶ Para los CEOs, un cliente muy exigente no es una amenaza, sino una oportunidad de marcar la diferencia. Los CEOs manifiestan invertir más en atraer, retener y desarrollar a clientes con mayor poder adquisitivo, informados y con inquietudes sociales.

▶ Los CEOs están adaptando sus modelos de negocio a los cambios que el mercado requiere. Dos tercios están implementando una gran cantidad de innovaciones. Más del 40%, está cambiando sus modelos empresariales con el fin de potenciar la colaboración con terceros.

▶ Avidez de cambio: La empresa pendiente deberá ser capaz de cambiar, rápidamente, y con éxito. En lugar de, simplemente, responder a modas o tendencias coyunturales. Deberá anticiparse y liderarlas, creando de manera continua ventajas competitivas. Los cambios en el mercado o sector se presentan como una oportunidad para sacar ventaja de la competencia.

▶ Disruptiva por naturaleza: La empresa pendiente desafía de forma radical su modelo de negocio, agitando los cimientos de la competencia. Cambia la propuesta de valor, acaba con los enfoques de entrega tradicionales y en cuanto surge la oportunidad, se reinventa a sí misma y a todos sus sectores.

▶ Comprometida, no sólo generosa: La empresa pendiente va más allá de la filantropía y la conformidad, y refleja una preocupación comprometida con la sociedad en todas sus acciones y decisiones.

f. Liderazgo como servicio, no como privilegio:

La empresa pendiente deberá revisar también su concepción acerca del poder, ya que si pretendemos entender a una organización y el tipo de liderazgo que propugna, es necesario comprender la naturaleza del poder y la influencia imperante en dicha organización.

Más allá de cómo y desde dónde lo hacen, poder e influencia, son los medios por lo que las personas de una organización se vinculan con su propósito.

Según Dahl, *"A tiene poder sobre B en el grado en que pueda hacer que B haga algo que no haría de otra manera".*

Y agrega Kalensky,
> *"(...) dirían cualquier cosa y harían casi cualquier cosa, para mantenerse en el poder".*

Estas aseveraciones refuerzan el concepto prevaleciente del poder como un comportamiento ilegítimo encaminado a los intereses personales, no a los objetivos de la organización.

No sorprende que el poder haya sido y aún sigue siéndolo, una fuerza muy negativa en numerosas organizaciones. Que el poder tenga naturaleza constructiva o destructiva, depende de que ocurra en situaciones cooperativas o competitivas.

Cuando las personas se sienten unidas en un esfuerzo común, unen su poder y lo usan para lograr objetivos comunes. Si sienten "dueñas" de lo que hacen, por lo que comparten poder e incrementan sus niveles de confianza profesional.

Sin embargo, desgraciadamente, es frecuente suponer que el poder entraña inevitablemente una lucha en que se gana o se pierde. Es común ver cómo ciertas culturas organizacionales llevan a la generación de condiciones para la adopción de formas radicales o, sostenidamente, permanentes de redistribución del poder.

En esencia, la historia es el estudio de uso y abuso del poder, y está en el centro de la comprensión del apogeo y extinción de imperios y sociedades. También de organizaciones.

En definitiva, el poder ha sido, principalmente, una preocupación de enfoque egoísta e impulsada por los egos de los directivos, o lo que es peor: de aquellas personas que desde cargos intermedios "creen" tener determinado poder.

No hay poder más nefasto, manipulador y peligroso en una organización, que el ejercido desde el lugar y por la persona que, naturalmente, no lo posee, aunque crea poseerlo.

En tal circunstancia, normalmente, el enfoque ha sido a corto plazo e, inevitablemente, excedido, corrupto, corruptor, o corruptible.

Por otra parte, el poder interesado en aceptar un sentido más amplio de responsabilidad (es decir el que se enfoca, fundamentalmente, en los "otros"), tiende más a enfocarse a largo plazo, e incluir la consideración más amplia de los intereses de los involucrados en todo proceso de toma de decisiones.

En última instancia, como sostiene Marshall Goldsmith, el poder se centra en la capacidad de elegir y su uso efectivo requiere un análisis detallado del posible efecto de las decisiones en todos los implicados.

En otras palabras, algunos individuos (y organizaciones) llevados por el poder podrían definirse como exitosos a corto plazo, pero la creciente evidencia sugiere que tales individuos "contienen la semilla de su propia destrucción".El poder desgasta las relaciones y crea sistemas o entornos organizacionales inhibitorios de iniciativa, opinión y generación de influencia.

En ciertas organizaciones, tanto el liderazgo como el poder son mejor vistos como una suerte de "fideicomiso". A menos que quienes tienen el poder lo utilicen en forma responsable (y sean percibidos así), ese poder les será retirado de una u otra manera.

Un enfoque alternativo es del liderazgo como servicio, en que se define el liderazgo como "el uso de los dones y talentos por cuenta de los demás en una forma que sirve como modelo de lo que podemos ser y nos habilita para intentarlo".

Esta definición es una repetición de otra, de Robert Greenleaf:

> *"Quienes son servidos crecen como personas; mientras son servidos, se vuelven más sanos, libres, autónomos, con mayores probabilidades de convertirse ellos mismos en servidores".*

Kets de Vries, establece el vínculo entre liderazgo y poder:

> *"Al final son más poderosos los líderes que pueden combinar la acción con la reflexión, que tienen suficiente autoconocimiento como para reconocer las vicisitudes del poder y que no se sienten tentados a escuchar el canto psicológico de las sirenas que acompaña al poder. También son los que realmente pueden manejar las ambigüedades del poder y llevar una vida creativa y productiva".*

Resulta interesante además, analizar el vínculo entre los conceptos de poder y de aprendizaje organizacional, tal como lo expresa Conger:

"Las organizaciones efectivas tienen líderes responsables del desarrollo de todos los subordinados. La habilitación se define como el proceso de brindar capacidades y motivar a los subordinados, al incrementar su eficacia personal. De esta manera, ayudar a que cada subordinado alcance el máximo de su potencial, se convierte en responsabilidad del líder".

Si bien, comparto la idea central, remarco la importancia de revisar conceptos, como el de "máximo potencial" al que hice referencia en capítulos anteriores. Por otro lado, el tema de "motivar a los subordinados", en mi opinión, como también lo manifesté, no es competencia del líder; sí en cambio, identificar los factores que generan desmotivación entre su equipo.

La esencia del liderazgo como servicio, bien podríamos resumirla en los siguientes principios:

- ▶ Tomar en serio a las personas y a su trabajo. El líder "servidor" sostiene que los seres humanos poseen un valor que les es implícito. Según Greenleaf, valorar a las personas requiere una nueva ética empresarial: "Las empresas existen tanto para proporcionar un trabajo con sentido hacia las personas, como a fin de brindar productos o servicios a sus clientes.

- ▶ El líder servidor escucha, aprende y recibe el liderazgo de su personal. La misión primario del lider servidor es encapusular la voluntad de todo el grupo, expresarla y desarrollarla con la mayor efectividad posible: Los líderes servidores actuales no tienen todas las respuestas, pero saben como hacer las preguntas correctas.

Según los autores señalados en este punto, en la práctica el proceso del líder servidor subraya la importancia de generar consenso. Aunque a nuestro entender se requiere un verdadero baño cultural y paradigmático, se poseen pruebas abundantes para sostener que una vez establecido el consenso, éste produce un compromiso que, invariablemente, es una de las claves para mejorar el rendimiento.

El vínculo entre liderazgo y poder, responsabilidad y el enfoque de Greenleaf, también lo reflejan Binney y Williams quienes concluyeron su estudio con el siguiente comentario:

"La paradoja de los líderes es que, a medida que ceden el poder, se vuelven más poderosos. En vez de imponer su voluntad a otros, trabajan mediante el ejemplo y la autenticidad evidente de sus palabras y acciones. Su liderazgo se vuelve más convincente y es más probable que

respondan a las personas con quienes trabajan, ya que se sienten más responsables, comprometidas y satisfechas con su trabajo."

El liderazgo en la empresa pendiente, debería dar paso al uso del poder como condición nada más que necesaria, puesto que todo liderazgo entraña alguna forma de poder. Sin embargo, la condición de suficiencia deberá estar dada por el ejercicio de la autoridad a través de la influencia, el ejemplo y la coherencia.

El poder no deja de ser un atributo, mientras que la autoridad deberá esculpirse a diario y se convertirá en la esencia de un liderazgo acorde a los contextos actuales.

III "Dime qué mides, y te diré que logras...":

La empresa pendiente necesitará también medir de manera continua su desempeño.

Actualmente, las organizaciones cometen una serie de "pecados" a la hora de determinar y usar indicadores fiables para mejorar el desempeño operativo, en definitiva, su efectividad.

Según Michael Hammer, a mi juicio, el hombre que "iluminó" los procesos y padre de la reingeniería, estos errores son:

► Vanidad: Traducido en el empleo de indicadores y parámetros, absurdamente, bajos, que hacen parecer buenos el desempeño de la organización, y en especial, de su equipo directivo.

► Localismo: Es la tendencia a dejar que los límites de la organización sean los que dicten los indicadores. A priori, parecería natural que un departamento evalúe su propio desempeño; es decir, el que sus gerentes puedan controlar. Lo que sucede, en la realidad, es que medir de forma estrecha no conduce a la no conduce a la optimización y genera conflictos. Aún no está internalizado el paradigma de la medición.

► Narcisismo: Tal vez, el error o "pecado" más imperdonable, que resulta de hacer la medición desde el punto de vista de la empresa y no desde la perspectiva del consumidor, por ejemplo. En una era donde, como dije, entender el verdadero poder del consumidor se constituirá en una ventaja competitiva clave.

▶ Sindrome del "experto": En general, varias de las empresas en las que me ha tocado trabajar, sacan conclusiones apresuradas o miden sólo lo que es fácil medir (o tal vez, lo que siempre midieron), sin esforzarse en evaluar lo que es real y estratégicamente importante. Al actuar así, además, cometen lo que Hammer llama, el "pecado de la pereza".

Con mucha frecuencia, las organizaciones miden sólo un pequeño componente de aquello que importa, lo cual equivale al pecado de la mezquindad.

Un vendedor de sistemas de telecomunicaciones rechazó una propuesta de permitir que los clientes hicieran sus propias reparaciones, porque eso aumentaría los niveles de stock de las piezas de reposición, a la sazón, un indicador clave para la compañía.

No pensó, por ejemplo, en que el aumento de stock de esas piezas sería compensado por la reducción de los costos de mano de obra que la propuesta generaría.

Sin embargo, volviendo a Hammer, el pecado más grave es la frivolidad. En él, incurren las empresas cuando no toman en serio la tarea de medición. Buscan excusas para el mal desempeño, en vez de tratar de identificar las causas, culpan a otros y no asumen la responsabilidad de mejorarlo... ¿dónde están los líderes?

En definitiva, hay tres pasos que podrían ayudar a su empresa a entender que lo que logra, es producto de lo que mide: 1) Medir aquellos aspectos del desempeño que resulten estratégicos para el éxito de su negocio. 2) Emplear indicadores que capten la esencia de manera aprovechable, e insertarlos en un proceso disciplinado de mejora del desempeño. 3) Instaurar una cultura organizacional que aliente el uso de esos indicadores, sin considerarlos amenazas.

Cito a Michael Hammer, porque es sinónimo de Reingeniería; esta palabra, es a menudo mal interpretada, porque o se desconoce el concepto real desarrollado por su creador, o bien, no se vivió en carne propia, un proyecto de reingeniería.

Por empezar, reingeniería no siempre supone recorte de personal. Es el proceso por el cual la empresa tiende a repensar su forma de trabajar, para hacerla mejor y más efectiva, es decir, con impacto en el negocio.

Es cierto, que algunas veces eso implica reducir el número de empleados; pero no siempre. Remarco esto, porque en la Argentina, en nombre de la "Reingeniería" he visto cómo muchas empresas reducían estructuras de personal masivamente, eyectando literalmente a sus empleados, sin haber hecho el menor atisbo de "reingenierizar" ningún proceso.

Es sabido el caso Kodak. Hizo una reingeniería de su proceso de desarrollo de productos sin despedir a nadie. Desde mi experiencia en procesos de cambio que incluyeron reingeniería, sólo cuando el objetivo es la reducción de costos, puede ser necesario pensar en despidos.

En este sentido, el mismo Hammer, en su magistral obra "Beyond Reeingienering" ejerce la autocrítica cuando dice:

"(...) no reniego de nada de lo que dije sobre la reingeniería. Sin embargo, hay aspectos que debería haber enfatizado más. Uno de ellos tiene que ver con las personas y con su importancia. Si la empresa no tiene éxito con las personas, todo el proceso – reingeniería-, fracasará. Ése es lado humano de la reingeniería".

En mi opinión, una consecuencia de la reingeniería es la organización basada en procesos; algo de lo que muchas organizaciones han abusado, deviniendo en maneras burocráticas y "pesadas" de gestionar.

Sin embargo, también es cierto que en gran cantidad de organizaciones los procesos lisa y llanamente se ignoran, o peor, no existen. He asistido a procesos de cambio cuyo fin era la implementación de procesos eficientes, con el ulterior objetivo de convertirse y percibirse, como una organización orientada a procesos.

El resultado siempre fue la generación de procesos cuidadosamente proyectados, medidos y medibles, junto con lo que a mi juicio sea tal vez lo más importante: entendidos por todos.

En organizaciones no orientadas a procesos, siempre veo cómo los empleados tienen una visión estrecha, antisistémica, recayendo en los directivos o gerentes el papel de generar visiones y tomar decisiones. Los empleados, cuando los procesos no están claros, hacen, simplemente, lo que les ordenan sus superiores.

Como contrapartida al párrafo anterior, recuerdo el caso de una Organización con la que colaboramos en ciertas instancias, inmersa en un interesante plan de cambio, cuyo objetivo era migrar, gradual pero sostenidamente, a la gestión por procesos.

Uno de los líderes de dicha implementación, destacaba cómo de a poco, los empleados se apoderaban de una visión amplia de los problemas. Destacaba este directivo además, el espíritu de equipo, cimentado por el propósito de alcanzar resultados y objetivos bien claramente definidos y entendidos por todos.

A mi juicio, la empresa pendiente deberá gestionar y administrar su negocio a través de una responsabilidad denominada "propiedad de los procesos". Según Hammer, en la transición, porque no olvide que esto no se logra de manera automática, será muy importante el papel y aporte de los empleados que están en contacto directo con la operación, sujeta a reingeniería. En realidad, lo que uno ve, es que son los gerentes los que más suelen resistirse al cambio, por sentirse amenazados.

Entre los Mandos Medios y niveles operativos, cuando los cambios están bien transmitidos, bien "vendidos" y fundamentados suelen ser percibidos como posibilidad de crecimiento, desafíos y como una oportunidad para la toma de riesgos responsable.

Cuando los empleados perciben que sus actividades son parte de algo mayor, se alinean en torno a las necesidades de sus clientes y la concreción de objetivos comunes. Recuerde el caso que mencioné en el capítulo anterior cuando hablaba de la creación de cadenas de valor.

En mi experiencia, la organización basada en procesos, no disminuye empleos, sino, por el contrario, al dejar a los clientes más satisfechos por medio del foco en la mejora de dichos procesos, estas empresas crecen y por lo tanto, crean más puestos de trabajo.

En síntesis, el estilo de liderazgo basado en el ego y la forma unidireccional de comunicar y de participar a las personas, ya no son garantía de supervivencia en este contexto.

IV. ¿Cómo lograr el liderazgo de la empresa pendiente?:

Mejorando la calidad de las relaciones, desarrollando la capacidad de conectarse con el "yo auténtico" de cada uno, para lo cual existen innumerable cantidad de instrumentos de autodiagnóstico (algunos ya descriptos en este libro), y generando la capacidad de escuchar abriéndose a desafíos diferentes.

Este cambio de época al que asistimos, demanda esfuerzos colectivos, no de un solo individuo, y para ello se deberá fomentar la conciencia colectiva, para a partir de allí, empezar a operar e innovar, responsablemente, es decir, a la altura del momento.

Existen tres cosas en el Management tradicional que este cambio de época exige que se cambien o por lo menos, que sean revisadas. La primera es ser más precisos en la forma de conectarnos con un ambiente más grande, mucho más amplio que el que estábamos acostumbrados a manejar hasta hoy.

El Management, no es sólo una ciencia cognitiva; es, o debería ser, una práctica que hoy exige "bajar un cambio"; disminuir la marcha, y dejar la falsa "proactividad", que no es más que hiperactividad improductiva, para empezar a movernos hacia el lugar de máximo potencial de negocios, oportunidades y detección/desarrollo de personas para concretarlas.

La segunda innovación en el Management para la empresa pendiente tiene que ver con la necesaria conexión con nuestras fuentes más profundas de conocimiento. El necesario conocimiento de nuestras emociones, estilos, rasgos, mapas mentales y comportamientos que entran en juego en todo vínculo. No hay liderazgo sin autoliderazgo.

La empresa pendiente espera líderes capaces de descubrir y potenciar sus fortalezas, reconociendo al mismo tiempo, sus mejorables. Todos tenemos capacidad para dirigir nuestra propia vida, percibiendo las necesidades propias.

El liderazgo del nuevo escenario implica el título de "Master en Uno Mismo", para hacerse responsable de lo que uno como líder construye, desde dónde y respondiendo a qué convicciones lo hace, y a su vez, tener la capacidad, y el poder, de elegir cambiarlo, o no. En definitiva, ser portadores de un grado mínimo de madurez emocional.

Quisiera detenerme un momento en este factor, ya que tal vez sea aquel en el que la realidad más, duramente, se encargue de contrastar.

Parece ser, que ciertos carnívoros corporativos habitaron alguna vez la tierra... Daban grandes zancadas, eran malhumorados y la base de su dienta alimentaria eran los aportes ajenos. Rápidos de reflejos, robaban ideas de otros, y capturaban como propios, los logros de su manada. Tenían, eso sí, una extraña habilidad: se sacaban, rápidamente, de encima las torpezas de su manada. No las tomaban como propias y su narcisismo era directamente proporcional a su ambición y codicia. Eran jefes duros, con apodos tales como Al "Motosierra" (Dunlap), "Jack Neutron" (Weich), o Irv "El Destructor" (Irwin Jacobs). Para que nadie se sienta ofendido, no daré la lista de algunos muy conocidos ejecutivos locales, algunos de los cuales yo mismo he tenido como jefes o clientes.

Si bien, no están extinguidos, se puede decir, que en los últimos años, están en proceso de domesticación, dando muestras, algunos de ellos, de una significativa reconversión, como, personalmente, me consta.

Hoy en día, aún los más rígidos y severos exponentes del "cro-management", deben someterse a evaluaciones 360° grados, recibir feedback, tener entrevistas con colegas y subordinados, que no dudan en cuantificar su capacidad técnica, pero sobre todo emocional, evaluando además, su capacidad para generar y desarrollar vínculos.

Como ya señalé, los líderes de las empresas exitosas se caracterizan por liderar desde los valores, más que desde las competencias, por ser participativos, receptivos y emocionalmente maduros.

Hoy en día, comportamientos cavernícolas,ególatras, narcisistas y "psicopatones" no son bien vistos y no ayudan a desarrollarse en la función.

A la hora de ver la manera en que la gente puede reaccionar y hacer frente a una determinada situación, que por cierto será diferente a la actual, es importante destacar los procesos de pensamiento directivo se ven afectados no sólo por el estilo cognitivo, los valores y el ego, sino también por la conformación emotiva del individuo.

El hecho de tener que dar respuesta a otras personas y a situaciones que son diferentes y presentan problemas, (lo que traerá siempre aparejado conflicto, tensión y disputas), ha tenido y tendrá, consecuencias emotivas.

Sin embargo, hasta hace muy poco no se han puesto sobre la mesa la emoción y el efecto que la conformación emotiva tienen en el proceso de facilitación del cambio y toma de decisiones por parte de los directivos.

Vuelvo a Daniel Goleman, quien popularizó el concepto de "inteligencia emocional" a mediados de los años '90 y desde que demostró que un "corazón firme y una cabeza sensata" pueden ser, perfectamente, compatibles en el mundo de los negocios, se ha convertido en un gurú de fama internacional, colaborando con muchos ejecutivos de primera línea.

La inteligencia emocional describe la gama de cualidades que utilizan las personas para "gestionar" sus "yos emotivos" y sacar el máximo partido a sus relaciones con los otros.

En realidad, la idea de inteligencia emocional se remonta a Aristóteles, quien en su Ética a Nicómaco desafió a la humanidad a manejar la vida emocional, con inteligencia. Charles Darwin escribió que las emociones brindan a los animales la posibilidad de emitir señales que para otros son cruciales; los que no logran leer o manifestar las emociones con precisión, no sobreviven.

Según Goleman, "ser un chico duro" ya no es una estrategia exitosa en las organizaciones, tal como plantea en su clásico libro "Emotional Intelligence":

> *"Tal vez jugarla de duro sirva en los primeros tiempos, o cuando no hay otras opciones, pero incluso entonces, no es del todo productivo (...). El motivo es neurológico: la agresividad no es el estado físico óptimo para el buen desempeño. Como los estados emocionales son contagiosos y emanan del jefe hacia fuera, el comportamiento que vuelve a la gente temerosa o encolerizada también la expulsa de la zona de óptima eficacia cognitiva. Tal vez esos jefes tengan una especie de ataque narcisista al ser vistos como matones o tiranos, pero en la práctica, se están disparando en el pie (...)".*

Este enfoque sirvió en primera instancia, para que cualquiera que tuviera que supervisar a un equipo, sepa de primera mano que, en momentos de crisis o de ruptura, la inteligencia absoluta no es tan valiosa como la sensatez, la calma, el autoconocimiento y la empatía.

Goleman publicó otros libros sobre el tema, como "Working with Emotional Intelligence", pero en "Primal Leadership" (en coautoría con Richard Boyatzis y Annie McKee), aplicó sus conceptos al lugar de trabajo.

Los temas de interés abordados por Goleman – transparencia, aprendizaje emocional y social, liderazgo y cultura del lugar de trabajo-, se reflejan en el Weblog que inició en 2006. Aunque estos tópicos van desde los negocios hasta la psicología, pasando por la educación, el tema básico subyacente, siempre es la conciencia.

Según Goleman, la gente puede cambiar, no por controlar o suprimir sus emociones, sino por ser más conscientes de ellas; esto implicaría, ejercer un sano ejercicio del autoliderazgo, que es preguntarse habitualmente, ¿qué siento y qué sienten los demás, cuando expreso mi cólera o mi ansiedad?, ¿cómo impacta esto en el desempeño de mi equipo, y por extensión, en los resultados esperados?

Mi opinión es que las empresas pueden cambiar y fomentar una mayor conciencia sobre el mundo en general. Si Goleman, está en lo cierto, las organizaciones se tornarán más poderosas y exitosas cuando la gente que trabaja en ellas se vuelva, colectivamente, más sensible al impacto de sus acciones.

La contribución de Goleman fue combinar los últimos hallazgos de la neurociencia con los de la investigación psiquiátrica, y presentarlos en "declaraciones" de sentido común, aunque al decir de muchos, controversiales en algunos aspectos.

El modelo de Goleman, involucra las cuatro capacidades que describí en páginas anteriores:

- ► Las de autoconocimiento (reconocer un sentimiento cuando sucede).

- ► Las de autocontrol (mantener la calma en situaciones estresantes o desconocidas).

- ► Las de conciencia social (empatía, conciencia organizacional y orientación al servicio).

- ► Las de gestión de las relaciones (comunicarse eficazmente, influir y desarrollar a otros).

Cada uno de los cuatro dominios deriva de mecanismos neurológicos diferentes, y muy distintos de las habilidades puramente cognitivas, medidas por el coeficiente intelectual (IQ, su sigla en inglés).

Algunos académicos subestiman el trabajo de Goleman, considerándolo "psicología popular"; él sostiene que si bien la madurez emocional puede no ser más importante que el IQ, es el predictor más sólido de la capacidad de liderazgo.

Para Goleman, las otras aptitudes importan más para el éxito en el mundo real, porque no hubo presión de selección sobre ellas, y hay mayores variaciones entre sus pares.

Goleman denomina a esta dinámica "efecto suelo", dado que son individuos inteligentes y con buena formación los que compiten por posiciones de alto nivel en las organizaciones, todos ellos muestran la misma línea básica de capacidades cognitivas que califican.

Sólo sus cualidades emocionales permiten distinguirlos. En muchos casos que me ha tocado observar, sus bajos niveles de empatía y escasas capacidades de autocontrol, salen a la luz sólo cuando ascienden a posiciones de liderazgo y entonces crean el tipo de entornos laborales destructivos, que hace que el desempeño de todo el resto, se opaque.

Brillantes programadores de software se hunden literalmente, cuando se les pide que lideren un equipo de desarrollo de producto. Goleman recuerda el desastroso desempeño, como editores, de muchos periodistas ganadores del premio Pulitzer.

Algo parecido, sostiene, a lo que pasa cuando una estrella de la investigación científica se siente abrumada por las exigencias sociales de su nueva posición al frente de un Departamento. Y en el ámbito corporativo, el caso de un excelente vendedor que fracasa como gerente de ventas.

Según Goleman, la inteligencia emocional puede aprenderse. Un individuo puede adquirir, con el tiempo, capacidad, estabilidad serenidad; siempre el primer paso es aprender a prestar atención a las sutilezas latentes en cualquier conversación normal.

En la vereda opuesta, se sitúa Robert Sutton, Profesor de Comportamiento Organizacional en Stanford, quien sostiene que las posiciones de poder "escurren" la inteligencia emocional a la mayoría de las personas.

La causa, según este destacado investigador, es que quienes acceden a altas posiciones, se enfocan tarde o temprano, más en sus propias necesidades que en las ajenas, y empiezan a actuar como si las reglas no aplicaran para ellos.

Personalmente, creo que si bien es cierto que no son tantas las organizaciones que al menos de manera manifiesta declaran el propósito de entrenar la inteligencia emocional entre sus miembros, cuando se les pregunta acerca de si seleccionan y promueven a la gente en función de la empatía, el trabajo en equipo y la creación de redes, por ejemplo, responden, afirmativamente.

Creo que un profesional, más allá de su formación, hoy en día vale por lo que "hace con lo que sabe", más que por lo que sabe. El "Hacer" está, íntimamente, ligado a su emocionalidad, equilibrio y madurez personal, o sea, a su "Ser".

El resultado de su tarea, cada vez más se apreciará sabiendo desde donde la hace (rasgos predominantes de su personalidad), que desde "con qué conocimientos" lo hace.

El tercer factor de cambio en el Management tiene que ver con los prototipos rápidos, y se relaciona con aprender haciendo, más que recibiendo teoría en el aula.

Ser responsables, a su vez, de emplear los prototipos como un medio rápido para explorar el futuro. Implementar prototipos rápidos es algo más que tener una idea y llevarla a la práctica, es algo más que la "creatividad" que surge en la ducha.Significa explorar el futuro mediante una acción. Hoy, tal vez más que nunca la acción sea revisar modelos, actualizar paradigmas, aggiornar mecanismos de gestión, en definitiva, liderar desde la revisión, más que desde la acción inocua.

De modo que estos tres aspectos: la observación y la introspección o el análisis del posicionamiento personal frente a la transición y los prototipos rápidos, deben cambiar o al menos complementar el marco teórico vigente del Management y el liderazgo.

En mi opinión, lamentablemente, los desafíos de liderazgo que enfrentamos, no encuentran respuesta en los cursos de Capacitación Ejecutiva mayoritariamente disponibles. Necesitamos un nuevo modelo, del cual esbozé los primeros trazos.

¿Se anima a completar la obra?

¿Dónde nos encontramos posicionados frente a las tendencias vertidas?, ¿estamos sabiendo ver las oportunidades que se presentan?, ¿interpretamos, cabalmente, por dónde y hacia dónde va la cosa?

Por supuesto, que la respuesta depende del accionar de cada uno de nosotros.

Capítulo 5

METODOLOGIA FACILITACIÓN DEL CAMBIO ORGANIZACIONAL- FACO©

"La brecha entre las situaciones presente y deseada es la verdadera fuente de energía y cambio organizacional. Sin brecha, no hay acción, sin acción no hay cambio, sin cambio no hay aprendizaje"

Peter Senge

I. Encuadre y contexto de aplicación:

La presentación de nuestra metodología FACO© pretende constituirse en un puntapié más, para ayudarlo a usted a enfrentar situaciones de cambio organizacional.

Más allá de sus continuas modificaciones, ésta conserva siempre un carácter tanto situacional, como funcional a los objetivos de negocio, intensidad del cambio a facilitar, cantidad de personas/áreas involucradas, estructura organizativa, y tipo/s de cultura organizacional donde se aplicará la misma, entre otros indicadores que es conveniente analizar a fin de que FACO© resulte de aplicación efectiva.

Tal como sostuve en el Capítulo 3, la facilitación de procesos de cambio organizacional supone la implementación de una serie de procesos, estrategias y actividades, básicamente orientadas a contener las transiciones organizacionales y personales, para transitar de una situación actual, a otra demandada.

Por lo tanto, uno de los aspectos que ayudará a generar éxito en su aplicación, será el carácter sistémico, con el fin de entender a la Organización/ sector objeto de cambio.

El carácter sistémico, precisamente, estará dado por la interpretación cabal de los procesos, estructura, relación de la organización con el macroentorno y organismos de influencia, sistemas y fundamentalmente, personas.

También presenté en dicho capítulo, una encuesta que arrojaba que sobre el 100% de las empresas que han atravesado procesos de cambio, apenas un 13% de ellas, consideraban que dicho cambio había generado impacto, es decir, contribución al logro de los objetivos del área/empresa objeto de cambio.

Consignaba además, que la no debida dedicación al denominado "aspecto humano" constituye el principal motivo por los cuales los procesos de cambio organizacional fracasan.

Esto genera resistencias, que como quedó demostrado, representan la principal causa de inoperancia de los procesos de cambio, y que además, se manifiestan de manera variopinta, yendo de la negación total, a la hiperactividad improductiva o trampa de la actividad.

Acentúo en todo esto, porque CEM© tiene como objetivo, tal vez "trascendente", independientemente, de lo metodológico, lograr que las organizaciones observen el cambio como una transición continua, y que dicho estado de transición es un hecho eminentemente psicológico.

Ningún proceso de cambio (al menos en los que me ha tocado intervenir) es lógico, secuencial y estructurado. Representan más bien la dinámica de lo impensado; una sucesión diaria de marchas, contramarchas y sensaciones encontradas que van desde el "no podemos hacerlo", hasta la sensación exacerbada de haber cumplido con todo.

Por eso, opino que no hay recetas; hay herramientas, metodologías, "frameworks", pero que si previo a su aplicación, no se contextualizan al sistema organizacional y sus componentes, las mismas (cualquiera que sean), resultarán en el mejor de los casos, inocuas. No hay estrategias únicas para la facilitación de procesos de cambio.

Por ello, creo que la facilitación de tales procesos es una combinación de arte y ciencia. Ciencia, desde lo metodológico y sus tiempos racionales; arte ya no desde el tiempo cronológico, sino desde lo que los griegos denominaban Kairós, que es la percepción del tiempo interno.

FACO© fue concebida para ayudar a las organizaciones a generar sentido de urgencia en la implementación del cambio, ya que la experiencia me dice que si no hay sentido de urgencia, el proyecto de cambio no camina.

Urgencia, tal vez, no tomada o relacionada con el tiempo interno de los involucrados (kairós), pero sí con la implementación, o sea, con la puesta en marcha del proceso de cambio (cronológico). Por eso, creo que todo líder de procesos de cambio debe considerar estos dos planos del tiempo, para entender el éxito o fracaso de la implementación de tales procesos.

El cambio se instala, cuando la gente pretendidamente involucrada lo internaliza; nunca antes. No basta con cambiar procedimientos, procesos, estrategia, sistemas o estructura. Como mencioné en la Introducción de este trabajo, cambio implementado, no supone cambio internalizado, o comprado por las personas.

Tenga presente que:

▶ Cada persona tiene una única capacidad para cambiar.

▶ Asumir un cambio requiere energía, toma de riesgo, aceptación y autocontrol emocional.

▶ Todo cambio supone ganancias, pero también pérdidas.

▶ Alinear motivaciones, capacidades y compromisos requiere tiempo (karirós), es ahí donde no basta con el sentido de urgencia.

El origen y desarrollo de FACO© responde a una serie de principios de acción relacionados con la problemática del cambio organizacional, que me ha tocado observar, más allá de culturas, tipos de organización y países de aplicación, entre otros:

▶ El cambio organizacional debe ser facilitado, conducido, no administrado y menos, impuesto.

▶ El cambio organizacional, no es un proceso aislado. Debe revestir carácter integral y sistémico, donde las dos transiciones, la Organizacional y la Personal, deben ser facilitadas de manera simultánea.

▶ Las estrategias de facilitación del cambio organizacional revisten carácter situacional y funcional a los artefactos culturales de la organización objeto de cambio, entre ellos, fundamentalmente, los valores.

▶ El cambio organizacional no es lineal, no viene etapa por etapa o fase por fase, ya que cada persona puede estar en una zona de la transición distinta a la de sus pares de equipo. Se deberá evaluar de manera continua cómo "está la gente", y sobre esa base, orientar el proceso. De ahí la importancia de la creación de Facilitadores de Cambio Organizacional, como sugiero en el Capítulo 3.

▶ El cambio organizacional efectivo involucra tanto a las transiciones organizacionales como a las personales.

▶ De acuerdo a lo tratado en los capítulos precedentes, los factores que garantizan un cambio organizacional duradero son:

    – Clara comunicación acerca del porqué del cambio.

    – Clara comunicación de la visión pretendida.

    – Generación de compromiso de los líderes.

    – Involucramiento de los empleados.

    – Consideración e integración de las iniciativas para el cambio generadas por los equipos involucrados.

    – Definición y medición del desempeño de las personas involucradas.

II. FACO©: Fases e intervenciones:

Desde el punto de vista de su implementación, FACO© consta de las siguientes fases.

1. Perfil de la disposición organizacional al cambio.
   1.1. Diagnóstico Situacional de Intervenciones-DSI
   1.2. Encuesta de Propensión al Cambio - EPC.
   1.3. Workshop FACO©

2. Plan de Comunicación.

3. Desarrollo de Capacidades Individuales y de Equipo.

A continuación, detallamos las acciones más relevantes en cada instancia de la metodología FACO®:

Fase 1 Perfil de la disposición organizacional al cambio.

1.1. Diagnóstico Situacional de Intervenciones-DSI

Objetivos del DSI:

► Validar con la Alta Dirección / Líderes del Proyecto de Cambio la visión que la Organización vislumbra mediante el arribo a la situación deseada.

► Consensuar las razones de negocio que impulsan el cambio.

► Validar y consensuar los "drivers"/palancas impulsoras de la transición hacia la situación requerida, considerando factores tanto externos como internos.

► Determinar las principales causas y sus efectos de las brechas actuales/potneciales que se perciban para el cumplimiento de la situación requerida.

Como queda de manifiesto DSI es una intervención mediante la cual se pretende entender y validar, sistémicamente, en conjunto con referentes claves de la Organización, el futuro direccionamiento de las acciones que apoyarán el proceso de facilitación del cambio.

DSI permite "extraer" y analizar factores claves que facilitarán la marcha del futuro plan de cambio, entre otros:

► Entendimiento de la Organización y de su "caso" específico de Cambio.

► Conocimiento de las "palancas" del cambio encarado por la Organización.

► Interpretación integral de la brecha entre la situación actual y la requerida por la Organización/sector objeto de cambio.

► Direccionamiento adecuado de las futuras intervenciones que darán sustento al plan de cambio.

DSI es un ejercicio cuyo objetivo de base es ayudar a los referentes claves de una Organización a visualizar un estado futuro, como primer paso, para construir estrategias. Supone un poco habitual ejercicio de "visioning", para lo cual creo oportuno volver a Santiago Lazzati, cuando postula en "Anatomía de la Organización" de 1999, que visión es:

"La visualización de una situación futura y deseable, que se aspira lograr en un horizonte más bien lejano, aunque no, necesariamente, esté claro el camino para ello. La idea es que la visión, o mejor dicho, la visión compartida, opere como un factor poderoso de motivación para los involucrados".

Precisamente, para que opere como factor motivador, el primer paso debe ser el consenso básico entre aquellos que tienen que definir el rumbo.

A modo de ejemplo, adjunto una guía de DSI funcional a la problemática de un cliente que atravesó un exitoso proceso de cambio, que como verá, apunta a formularse preguntas en relación a varios de los temas tratados en capítulos anteriores:

Estado/Situación Actual

1. ¿Existe un entendimiento común acerca del estado actual de la empresa y su relación con el cumplimiento de los objetivos de negocio claves?

2. ¿Tenemos, realmente, todos claro por qué debemos cambiar la gestión de ciertos aspectos claves de nuestro negocio/estrategia?

3. ¿Compartimos entendimiento y estamos de acuerdo acerca de qué (ya no por qué), sino qué necesitamos cambiar?

4. ¿Tenemos un común entendimiento acerca de qué concretamente debemos mantener de la misma forma que hasta ahora?

Estado/Situación requerida

1. ¿Existe un entendimiento común acerca de los resultados deseados a través de las futuras intervenciones de cambio que vamos a efectuar?

2. ¿Compartimos una "foto" común cuando hablamos de la situación de negocios deseada por nuestra organización?, ¿estamos vislumbrando lo mismo?

3. ¿Cuántas/cuáles áreas críticas de nuestra Organización están y/o deberían estar alineadas para que nuestra situación requerida sea alcanzada?

4. ¿Hasta qué punto este esfuerzo por cambiar se vincula con nuestra actual estrategia de negocios? ¿Hasta que punto nos desvía de la misma?, ¿Qué necesitamos, realmente, en este sentido?

5. ¿Quién/es serán los, directamente, impactados/afectados a raíz de este cambio? ¿Quién/es indirectamente? ¿Qué consecuencias podemos hoy vislumbrar en ambos casos?

6. ¿Qué consecuencias no deseadas en estrategia/procesos/desempeño/gente, podrá aparejar la situación de cambio?

Liderazgo

1. ¿Posee el liderazgo directivo una clara y consensuada visión de los resultados deseados a través de las intervenciones de cambio?

2. ¿En qué aspectos la situación deseada deberá generar cambios/revisiones de valores, actitudes, desempeños y comportamientos por parte de los líderes de nuestra Organización?

3. ¿Poseen los líderes de nuestra Organización el entendimiento necesario acerca del impacto que el cambio propuesto generará en el desempeño de sus propios equipos?

4. ¿Poseen nuestros líderes las capacidades suficientes para ejecutar y desarrollar las acciones que surgirán del futuro plan de cambio?

5. ¿Tienen las personas de nuestra organización la suficiente confianza en nuestros líderes?

Personas y equipos

1. ¿En qué medida nuestra gente posee, actualmente, las habilidades/capacidades para implementar un cambio orientado a la situación/estado deseado?

2. ¿Cuáles son los grupos/individuos que necesitarán desarrollar habilidades específicas para trabajar de cara a la nueva situación?

3. ¿Cuáles serán las competencias claves que nuestra gente deberá adquirir/fortalecer para colaborar en alcanzar el cambio organizacional propuesto?

4. ¿Qué tipo de entrenamiento será el requerido para acortar la brecha entre las actuales capacidades de nuestra gente y las requeridas para insertarse en este proceso?

5. A nivel general, ¿suponemos que nuestra gente resistirá, apoyará o será indiferente a este proceso de cambio?, en todo caso, ¿por qué?, ¿qué acciones deberíamos encarar para minimizar cualquier escenario?

Cultura y valores organizacionales

1. ¿Posee nuestra Organización experiencia en procesos de cambio?, si es así, ¿qué comparación podemos hacer entre el momento previo a ese cambio y este actual?

2. ¿Qué pudimos aprender acerca de la implementación de este tipo de procesos?

3. ¿Qué paradigmas, creencias y comportamientos necesitamos revisar de cara a crear un entorno capaz de generar éxito en nuestro actual proceso de cambio?

4. ¿De qué manera nuestro escenario pretendido se ajusta con los valores y prioridades de las personas y de los equipos de nuestra Organización?

5. ¿Poseemos la suficiente "cultura" de innovación, toma de riesgos y creatividad propia de toda situación de cambio?, ¿De qué manera convivimos con el error en nuestra cultura empresaria?

6. ¿En qué medida nuestra cultura alienta/bloquea los cambios y la innovación?

Process Management

1. ¿Tenemos un plan orientado a liderar, asignar e implementar los cambios propuestos?

2. En todo caso, el plan, ¿contempla a nivel global la necesaria facilitación de las transiciones tanto organizacionales como personales?

3. ¿Qué procesos, políticas y sistemas necesitarán revisarse/ cambiarse para colaborar en la implementación de la estrategia y estructura actual/requerida?

4. ¿Cuál de los procesos, estructuras, sistemas y políticas pueden ser principales obstaculizadores de este proceso que nos proponemos iniciar?

Comunicación

1. En cuanto a nuestra estrategia y la estructura deseada, ¿la comunicamos de manera efectiva a todas las áreas principalmente involucradas?

2. ¿Tenemos una clara estrategia comunicacional orientada a explicar la manera en que la Organización pretende alcanzar los cambios propuestos?

3. ¿Cuáles son las formas mas usuales que nuestra Organización tiene para desarrollar su estrategia comunicacional interna?, ¿demostró ser efectiva?

4. ¿Cómo haremos desde el punto de vista de la comunicación para transmitir a nuestra gente los beneficios del cambio y el impacto que en los resultados del mismo, tendrá su compromiso y comportamiento?

5. ¿Cómo haremos para concientizar a la gente acerca de su misión y su rol específico para alcanzar la visión que estamos definiendo en esta etapa?

6. ¿Qué mecanismos de retroalimentación/feedback del desempeño debemos implementar para asegurar una constante comunicación con nuestra gente durante el inminente período de transición?

Performance Management

1. ¿Qué mecanismos de medición del desempeño necesitamos implementar para medir el cumplimiento de los objetivos en este proceso de cambio?

2. ¿De qué manera los criterios de desempeño individuales y de equipo se verán reflejados en las responsabilidades de las personas?

3. ¿Qué mecanismos de premios debemos implementar para recompensar a las personas en función del cumplimiento de objetivos/desempeños?

4. ¿Cuáles serán los costos del incumplimiento; o sea, de no alcanzar los objetivos de cambio previstos?

Para conocer dicha "visualización", encontrar puntos de acuerdo/discrepancia en la
Alta Dirección de la compañía, sugerimos las siguientes intervenciones diagnósticas:

1. **Entrevistas a informantes calificados:** El criterio de selección de informantes debe responder a cuestiones tanto funcionales como políticas. Cuando hablamos de lo funcional nos referimos concretamente a personas que desde su conocimiento, futuro protagonismo en el proyecto, antigüedad y sentido crítico, nos

brinden información valiosa desde su visión, a los objetivos que como consultores debemos lograr. Desde el punto de vista político, no debemos dejar de lado a aquellos usuarios que si bien puede que no sean beneficiarios directos del proyecto, o bien estén en contra de él, pero poseen poder de "veto" y son considerados influyentes y referentes dentro de la cultura, ya sea por sus logros, ascendente sobre el grupo o trayectoria.

Sugerimos que las entrevistas sean semiestructuradas y que estén enfocadas al entendimiento de la historia de la organización, sus principales hitos, además por supuesto de obtener información relacionada con el negocio y los objetivos que dentro de la estrategia le caben al entrevistado. Se deberá inducir al entrevistado a reconstruir los diferentes escenarios que producto del contexto histórico reciente, hayan generado impacto en la organización, como por ejemplo coyunturas locales e internacionales propias del negocio, posibles fusiones, cambios en la cúpula organizacional, etc.

Asimismo, es importante conocer la percepción que el entrevistado tiene respecto de la práctica de los factores moldeadores primarios de la cultura organizacional; inducirlo a que nos ofrezca su visión de la brecha entre los valores que la organización proclama y los que practica, las condiciones de vida laboral, el clima organizacional, su propia interpretación de la historia de la compañía, la existencia de grupos, sub-grupos y el impacto de éste en el desempeño laboral, estilos de liderazgo predominantes, juegos de poderes, etc.

Otro tipo de temas a tratar en la entrevista, se relaciona con preguntas directas acerca de principios de acción, normas, grado de compromiso que el entrevistado detecta en los diferentes grupos, su opinión acerca de los sistemas de incentivos vigentes, etc. Forman parte de estas categorías, preguntas tales como:

¿Cuáles son los temas más frecuentes de conversación en esta empresa?
¿Qué significa para usted ser miembro de esta Organización?
¿Conoce los valores de esta organización?, ¿Cómo cree que la empresa los practica?
¿Qué piensa el resto de la organización acerca de lo que significa trabajar en ella?
¿Cómo sintetizaría el sentimiento que la gente posee de esta empresa?

2. **Focus Groups:** Son reuniones con grupos pequeños (no más de 5/7 personas), donde el objetivo se centra en obtener información adicional a la recopilada durante las entrevistas individuales. Al tratarse de una actividad grupal, aquí se pueden

utilizar diversas técnicas basadas en la enseñanza a adultos, lo que brindará al consultor los principales consensos y disensos que se observan sobre determinados temas.

Deben ser sesiones de trabajo cortas y expeditivas, de no más de 2 o 2,5 horas, muy bien enfocadas, donde el rol del Consultor como facilitador del proceso es vital, para el logro del objetivo. Asimismo, permite observar al grupo en acción, con lo que es probable que surjan nuevos emergentes o factores culturales característicos de la organización, parcialmente, o no detectados durante las sesiones individuales.

Una vez que fueron efectuadas estas intervenciones, los entregables más destacados de DSI son:

Elaboración del "Caso" del Cambio de la empresa, que incluye:

- Mapa de consensos y prioridades sobre los ejes del cambio pretendido.
- Brecha situacional de cara al cumplimiento de la situación deseada.
- Identificación de los drivers sobre los cuales se basará el plan de transición.

1.2. Encuesta Propensión al Cambio-EPC

Objetivos:

- Conocer el grado de flexibilidad/predisposición que, frente a situaciones de cambio, poseen los equipos, directamente, involucrados en el logro de la situación deseada.
- Proveer de información clave a la Dirección/Área socia del proyecto de cambio, acerca de emergentes, tendencias y previsiones a considerar para el logro de la situación/ estado requerido.
- Contar con un tablero de comando consistente en un mapa de indicadores de criticidad, adhesiones, resistencias y emergentes que pueden facilitar/dificultar la facilitación de la transición.

Producto del relevamiento efectuado a través del DSI, se diseña la Encuesta de Propensión al Cambio Organizacional, cuyo diseño prevé un carácter único y situacional.

A diferencia de las encuestas de "clima organizacional", las encuestas de Propensión Organizacional al Cambio podríamos decir que si bien son más acotadas, van a lo más profundo del sentir de las personas que son objeto de la misma.

Independientemente de la definición de los indicadores que se utilizarán, las encuestas de Propensión nos brindan un acabado muestreo acerca de:

- Percepción del cumplimiento y práctica de valores corporativos.

- Percepción acerca de la brecha entre valores y principios de acción.

- Percepción acerca de la brecha entre valores y el ejercicio de la práctica profesional propia de la empresa.

- Integridad en el ejercicio del liderazgo y su relación con los valores de la cultura predominante.

Recomendamos, especialmente, que el diseño de la encuesta verse acerca de lo que nosotros denominamos factores moldeadores de la cultura, ya definidos en capítulos anteriores:

- Valores

- Principios de acción

- Normas

- Compromiso

- Conductas y comportamientos

- Objetivos

Vale destacar algunos de los factores críticos que deben ser tenidos antes, durante y a la hora de hacer públicos los resultados de la encuesta:

- El diseño de la encuesta responderá, exclusivamente, a las conclusiones derivadas de DSI.

- El carácter de la misma es confidencial y anónimo; quien responde, en ningún momento deberá identificarse.

- No es un instrumento fiscalizador ni evaluador.

- El procesamiento y análisis de los resultados es responsabilidad única del Consultor.

- Será aplicada a una muestra representativa de los empleados de la empresa.

- Administración presencial, ya sea por parte del Consultor y/o de personas especialmente entrenadas para tal fin.

Con referencia al último punto, vinculado con el carácter presencial de la administración, recomendamos especialmente que así sea.

Quien administre la encuesta puede ser el consultor, o bien, personal especialmente entrenado para tal fin.

Sin embargo, existen múltiples razones –todas valederas desde nuestro punto de vista-, que se pueden esgrimir para que la encuesta se conteste por medios electrónicos:

- Agilidad y rapidez de respuesta.

- Ahorro de tiempos y viáticos de consultores o encuestadores.

- Ahorro de tiempos en capacitación a encuestadores, en caso que no la administre el consultor.

- Dificultad para reunir y segmentar por grupos a los encuestados para explicarles el procedimiento y procedan al rellenado del formulario.

También es cierto, que nos ha tocado observar dificultades en la administración electrónica de este tipo de instrumentos, en la mayoría de los casos vinculadas con:

▶ *Confiabilidad*: las personas le temen al rastreo y por esa razón pueden modificar sus respuestas.

▶ *Entendimiento*: la presencia facilita verificar el entendimiento del instrumento y la aclaración de dudas antes de desarrollarlo.

▶ *Aceptación*: antes de entregar el instrumento se realiza una introducción para ofrecer contexto, generar confianza en las personas, enfatizar en la importancia de diligenciar correctamente y con sinceridad el instrumento, aclarar el uso que se dará a los resultados, etc.

Es altamente recomendable haber lanzado por lo menos un mes antes, una campaña de comunicación para audiencias múltiples, informando acerca del proyecto, sus objetivos, etapas, alcances, entregables, beneficios, como así también el procedimiento detallado de diligenciamiento de la encuesta.

Una vez reunido el grupo de personas que contestarán la encuesta (sugerimos no mayor a 20), tener en cuenta las siguientes recomendaciones:

- Presentación del Facilitador / Administrador de la encuesta.
- Enunciar los detalles administrativos correspondientes (interrupciones, hora de comienzo y finalización, uso de teléfonos, etc.).
- Presentar los objetivos de la encuesta.
- Leer las instrucciones de la encuesta.
- Dejar espacio para las preguntas.
- Realizar el cierre de la toma de encuesta.

Es muy recomendable que el líder de proyecto por parte de la organización, sea quien, personalmente, introduzca la sesión y vincule la intervención del consultor con los objetivos de la organización.

Éste es el momento más importante, lo que muchos llaman el "despegue" del proyecto, por lo que la credibilidad en el mismo, si no se logra aquí, es difícil de obtenerse luego, por parte de los involucrados, directos o indirectos.

A continuación, un ejemplo de Encuesta de Percepción del Cambio:

Ejemplo de carta de anuncio EPC:

A todos nuestros colaboradores:

> *Nuestra Organización está comprometida con la excelencia y orientada a mantenerse competitiva en un mercado cada vez más complejo, pero a la vez desafiante.*

> *Continuamente, estamos buscando nuevos caminos a fin de lograr mayor eficiencia en nuestros servicios y en la generación de valor a nuestros clientes.*

Como parte del esfuerzo diario de todos nosotros para mantenernos competitivos, y con la convicción de que siempre podemos mejorar, convocamos a la Consultora XXX para que nos ayude a revisar determinados aspectos de nuestra gestión, a fin de consolidar lo hecho e identificar áreas de potencial desarrollo.

La efectividad de esta intervención depende de la participación de todos. Consultores de XXX, administrarán esta encuesta, diseñada, especialmente, para obtener e interpretar sus percepciones en determinados aspectos clave de nuestra gestión.

Oportunamente, compartiremos los resultados. Por favor, siéntanse libres de volcar en ella con toda sinceridad, todo aquello que represente sus ideas. Las respuestas son, absolutamente, confidenciales.

Muchas gracias por su participación.

Cordialmente,
Miguel Saucedo, CEO / Xxxx Group - LATAM

Ejemplo Formulario Encuesta de Propensión al cambio

Esta encuesta está diseñada para proveerle una oportunidad de describir su visión acerca de cuestiones que afectan a la organización. Las preguntas cubren una gran variedad de caractertísticas organizacionales, tales como comunicación, liderazgo, estructura, valores y trabajo en equipo. Apreciamos la racionalidad de su opinión para la correcta evaluación de su organización.

Nota del Autor: Este ejemplo que no, necesariamente, reviste a un caso real, está reducido apenas a un número de 15 afirmaciones sobre las casi 90/100 que, normalmente, debe poseer este tipo de relevamiento.

Por favor, establezca el acuerdo con cada afirmación sombreando el número que corresponde a su respuesta. Si no posee suficiente información para responder, por favor deje la respuesta en blanco. Muchas gracias.

Escala	1. Desacuerdo completamente.
	2. Desacuerdo.
	3. Desacuerdo levemente.
	4. Acuerdo levemente.
	5. Acuerdo.
	6. Acuerdo completamente.

1. La gerencia sigue de cerca lo que pasa en la organización.	1	2	3	4	5	6
2. Existe una visión compartida dentro del nivel directivo-gerencial.	1	2	3	4	5	6
3. La gerencia demuestra integridad en su trato con los empleados.	1	2	3	4	5	6
4. La gerencia demuestra su compromiso con los empleados.	1	2	3	4	5	6
5. Confío en los líderes actuales de mi organización.	1	2	3	4	5	6
6. Los líderes me inspiran para afrontar los cambios propios de la Organización.	1	2	3	4	5	6
7. La gerencia apoya la creatividad y las nuevas ideas.	1	2	3	4	5	6
8. Cuando hubo un proceso de cambio en el pasado, la gerencia se involucró, activamente, y de manera visible en el proceso.	1	2	3	4	5	6
9. Cuando hubo un proceso de cambio en el pasado, la gerencia mostró su compromiso con el cambio demostrando los nuevos comportamientos requeridos.	1	2	3	4	5	6
10. Cuando hubo un proceso de cambio en el pasado, la gerencia ha manifestado un compromiso unificado hacia el cambio.	1	2	3	4	5	6
11. Existe una buena comunicación entre la gerencia y los empleados.	1	2	3	4	5	6
12. Nuestra Organización alienta a los empleados a comunicarse, abiertamente, entre ellos, sin importar el nivel.	1	2	3	4	5	6
13. Los empleados se sienten libres de expresar sus ideas en relación a temas laborales.	1	2	3	4	5	6
14. La misión y la estrategia de la Organización han sido correctamente definidas y me fueron comunicadas.	1	2	3	4	5	6
15. Los valores de la organización han sido, claramente, definidos y me fueron comunicados.	1	2	3	4	5	6

1.3 Workshop FACO©

Esta instancia tiene como objetivos centrales:

- ▶ Presentar a la Alta Dirección y Área promotora del Proyecto las principales conclusiones de la Encuesta de Propensión al Cambio.
- ▶ Analizar la brecha existente entre los ejes del cambio definidos en DSI y las percepciones de las personas.
- ▶ Definir estrategias de acción de cara a la facilitación de la transición.
- ▶ Consensuar las estrategias para elaborar un plan de comunicación de acompañamiento de la transición.

Para un efectivo desarrollo de esta actividad, crítica y trascendente para el éxito del proyecto, sugiero las siguientes fases:

Antes del Workshop:

- ▶ Poseer un perfil de disposición hacia la actividad.
- ▶ Identificar y seleccionar a los participantes.
- ▶ Consensuar tópicos, objetivos, resultados esperados, duración y agenda de la actividad.
- ▶ Diseñar una agenda metodológica de la actividad que prevea dinámicas, actividades grupales, etc.

Durante el Workshop:

- ▶ Presentación clara y concisa de los objetivos, agenda y resultados buscados a través de la actividad.
- ▶ Presentar los principales resultados de la encuesta.
- ▶ Enfocar la actividad hacia hacia la identificación y consenso acerca de la brecha existente, las áreas involucradas y la fijación de los distintos niveles de acción para la facilitación de la transición.

Luego del Workshop:

- ▶ Confeccionar y circular un resumen ejecutivo conteniendo principalmente:

- La validación y los consensos obtenidos.

- Los cursos de acción consensuados.

- Los drivers sobre los que se basará el Plan Estratégico de Transición-PET, de acuerdo con las brechas detectadas.

- El rol de cada área involucrada como soporte de la transición.

1.4 Plan de Comunicación:

i. ¿Por qué comunicar en procesos de cambio organizacional?

Como mencioné, oportunamente, es bastante frecuente que algunas organizaciones interpreten la "administración del cambio" (sic), simplemente, como procesos de capacitación, luego de los cuales los involucrados deben hacer del cambio una realidad, de manera automática.

Toda transición debe intervenir los aspectos emocionales y actitudinales (ser), y cognitivos (saber), así como las habilidades (hacer) necesarias para:

▶ Llevar a la práctica los nuevos procesos, lo que muchas veces implica desmontar costumbres arraigadas en la operación diaria y, en algunos casos,

▶ Aprender a utilizar nuevas herramientas informáticas, gestionar nuevos procesos, o administrar nuevos programas informáticos.

▶ Por ello, la Facilitación del Cambio y la Comunicación son más que dos caras de una misma moneda; si se me permite, son como el ying y el yang; una columna crítica para asimilar el cambio es la comunicación, que articulada con otras intervenciones, como ya he hecho referencia, permiten lograr el cambio con las personas y no a pesar de las personas.

La comunicación es un aspecto crítico y factor clave de éxito (o de fracaso) en la implementación de cualquier estrategia organizacional de cambio, más allá de su tamaño y alcance.

La falta, o directamente, nula comunicación a las personas involucradas es causa directa de resistencia, rechazo e indiferencia acerca de la credibilidad del proyecto.

Una estrategia comunicacional efectiva asegura a los líderes del proyecto que todos aquellos involucrados están recibiendo de manera simultánea la información que necesitan de manera clara y entendible, en términos de su significado.

De esta manera, se podrán construir mensajes coherentes y alineados con la marcha de la transición, de carácter múltiple, desde newsletters, hasta reuniones, entrevistas, focus groups, etc.

En definitiva, la creación de un continuo, honesto, creíble y multidimensional circuito de retroalimentación comunicativa con la gente involucrada en el proceso, será una (sino la más) palanca dinamizadora para alinearlos a la situación de cambio pretendida.

En mi opinión, los beneficios inmediatos que un aceitado circuito comunicacional genera son:

▶ La generación de la confianza necesaria para lograr la participación esperada de todos los involucrados en el proceso.

▶ El diseño de redes de comunicación efectiva entre líderes y ejecutores directos del proceso. Esto beneficia la obtención de información compartida acerca del entendimiento común de cuestiones claves sobre la marcha de la transición, las brechas pendientes, los logros obtenidos, problemas pendientes de resolución, desempeños logrados, etc.

▶ El control continuo de los mensajes, sus formas, impacto, temporalidad y calidad.

▶ La disminución de los rumores que siempre, son destructivos y en poco ayudan a generar la tan necesaria confianza en momentos claves de la transición.

▶ La percepción por parte de la gente de que es tenida en cuenta.

En cambio, la inadecuada o, directamente, inexistente estrategia comunicacional, según lo que hemos observado genera:

▶ Descenso en la productividad y desempeño individual y grupal.

▶ Pérdida de confianza y focos de resistencia.

▶ Agendas ocultas, recuerde que lo que no se habla, se convierte en síntoma.

▶ Concentración de información en unos pocos (sectores o personas), lo que deviene en conocimiento parcial para el resto de los involucrados.

*ii. Bases para diseñar un Plan de Comunicación para procesos
de Cambio Organizacional*

A fin de minimizar tales efectos nocivos, todo Plan de Comunicación
deberá considerar:

- ▶ A los principales grupos de interés: asegúrese de que todos los
  actores clave están "cubiertos" comunicacionalmente a intervalos
  regulares y en momentos críticos durante la transición.

- ▶ El cronograma de intervenciones comunicacionales para cada
  audiencia.

- ▶ Los medios de comunicación usados para cada audiencia. Use
  una variedad suficiente para lograr efectividad en el mensaje
  (reuniones, newsletters, focus groups, caretelera, entrevistas,
  desayunos, etc.). Recuerde que la finalidad es lograr penetración
  y confianza, no existiendo un medio "mejor o peor" que otro. La
  clave está en la variación y en la frecuencia.

- ▶ La clasificación de la comunicación en al menos dos tipos de
  acuerdo a su modo de tranmsitirla:

  - – La constante y predecible.

  - – La periódica y coyuntural.

- ▶ Los mensajes que se entregarán, las formas de los mismos y el
  sentido de oportunidad. No existe peor comunicación que la dada
  (y percibida por quien la recibe), de manera extemporánea.

Sugiero empezar con un "assesment" de los medios de comunicación
vigentes en la empresa y la credibilidad que los mismos generan entre los
empleados, y vincular la calidad de dichos medios, con los mensajes a
transmitir. Hago hincapié en esto porque a menudo sucede que lo no creíble no es el mensaje, sino los medios o incluso áreas de la organización, que
se utilizan para ello.

- ▶ La generación de espacios de retroalimentación y participación,
  de manera que la gente sepa cómo, cuándo y para qué se
  está haciendo lo que se está haciendo. Generar estrategias
  unidireccionales, es decir, sin feedback, constituye un fracaso casi
  asegurado de cualquier proceso de cambio a nivel comunicacional.

▶ A cada grupo de partes interesadas claves dentro del proceso de cambio ("stakeholders"); sus obstáculos y resistencias, para lo cual deberán generarse estrategias comunicacionales específicas tendientes a minimizar dicho estado.

▶ La siguiente ecuación en su plan de comunicación:

$$B \times V \times P \times L > R$$

En otras palabras, para superar la resistencia al cambio, cada comunicación, más allá de los medios, situacionalmente, seleccionados deberá articularse de manera tal que esclarezca acerca de las siguientes cuestiones:

Brecha: Entre la situación actual y la deseada. ¿Cuáles son las fuerzas y el ambiente de negocios que nos impulsan a cambiar?, o sea, ¿cuál es la brecha que debemos recorrer?, ¿qué nos falta?, ¿qué genera insatisfacción hoy? No hay comunicación más efectiva que aquella que resulte de conocer las causas que generan insatisfacción. El primer ejercicio de empatía hacia la audiencia sobre la cual se piensa edificar la estrategia comunicacional, siempre consiste en conocer la verdadera causa de lo que genera/ puede generar malestar.

Visión: ¿Cuál es la visión de la organización y por qué debe ser significativa para el público en particular al cual usted piensa dirigir la estrategia comunicacional?

Plan: ¿Cuál es el plan para cerrar la brecha entre nuestro estado actual y nuestra situación de negocios/visión deseada? Concretamente, ¿cuáles serán nuestros próximos pasos y acciones (concretas y medibles) para acompañarnos entre todos durante la transición?

Liderazgo: ¿De qué forma nuestros líderes generarán inspiración y compromiso para encaminarnos hacia nuestra visión?, ¿cómo monitorearemos la práctica de nuestros valores de cara al logro de la situación deseada?, ¿Qué y cómo debemos comunicar, de manera de consolidar la credibilidad de nuestros líderes a todo nivel de la organización?

Por cierto, el liderazgo juega un papel, sumamente, importante en la articulación de la estrategia comunicacional y su consiguiente plan. Tanto es así, que en las transiciones exitosas, de acuerdo a mi experiencia, siempre "el liderazgo es el mensaje".

Este liderazgo, que se construye desde la práctica de las "Virtudes Cardinales" a las que hice referencia en capítulos anteriores, debe ser el nexo o el puente entre el estado presente y el requerido por la organización.

En este sentido, el Plan de Comunicación debe incluir entre sus medios la realización de espacios "face-to-face", donde los líderes deberán:

- ▶ Comunicar la articulación entre visión, misión y gestión de la organización de cara a la situación requerida.

- ▶ Enviar mensajes de "apertura comunicacional", es decir, concientizar que siempre habrá alguien que responda a las preocupaciones y perdidas de las personas involucradas, especialmente, en períodos claves de la transición, como lo es la zona de finalización.

- ▶ Crear espacios donde los involucrados tengan la oportunidad para preguntar, y opinar. En los cuales, sus preocupaciones serán tenidas en cuenta. La gente necesita saber que el éxito dependerá de la participación de todos en todos los niveles.

La credibilidad y la confianza son los valores fundacionales para la implementación de una transición exitosa, y la concreción de dichos valores, mediante una comunicación efectiva es tarea de los lideres del proceso.

Recuerdo el "slogan" de transición de una empresa cliente: *"Si lo sabe, infórmelo; si no lo sabe, diga que no lo sabe; si no lo puede decir, explique por qué, e informe cuándo lo podrá decir, y... cumpla!"*.

Claridad y transparencia, como llave de la confianza. Si la comunicación en cualquier plan de cambio, no genera confianza, será nada más que suministro de información; unidireccional y reactiva a la necesidad de quien la emite, y no basada en las necesidades y preocupaciones de quien debe estar en la primera línea de implementación de un proceso de cambio que pretenda ser efectivo.

Por ello mismo, recomiendo que la comunicación sea efectuada por las personas que resulten más creíbles con cada grupo de interés ("stakeholders"), pudiéndose tratar, por qué no del supervisor directo de ese grupo, como forma de afianzar su liderazgo.

En definitiva, comunicar para el cambio no es, solamente, informar. La fluidez de los intercambios de información está asociada a la calidad de las relaciones establecidas entre los individuos. Lo que facilita la circulación e integración de la información es, como queda dicho, la confianza, la valoración y el respeto recíprocos.

La comunicación en procesos de facilitación del cambio, es ante todo conductual, está destinada, fundamentalmente, a producir efectos. Es diálogo, es "puesta en común y en relación" para actuar, cooperar y crear en equipo.

Supone, como he explicado, identificar, previamente, las expectativas, valores y criterios del destinatario para construir un contenido de información adaptado a su marco de referencia: así es como adquiere su plena "dimensión relacional" y cumple con su función de influencia, a través de mensajes bien articulados, que respondan a los siguientes criterios de elaboración:

- ¿Qué le debemos informar al personal?

- ¿Qué modelos mentales debemos fortalecer / desmontar?

- ¿Cuáles son las creencias limitantes y obstaculizadoras del cambio?

- ¿Cómo queremos que se sientan los colaboradores?

- ¿Qué quieren saber los colaboradores?

- ¿Qué queremos que hagan los colaboradores?

- ¿Qué cambios esperamos de ellos?

La comunicación en procesos de cambio tiene mayor complejidad y es necesario tener en cuenta la articulación de los mensajes, especialmente, si la Organización enfrenta diferentes cambios al mismo tiempo.

Un Plan de Comunicación para el Cambio es una estrategia documentada multipropósito con la cual se da el paso inicial de evaluación y control del impacto de un esfuerzo de cambio para continuar a los siguientes pasos hacia el entendimiento, la voluntad, el conocimiento y el desarrollo de habilidades, previos al arraigo en la cultura.

iii. La estrategia de comunicación según la necesidad de los grupos de interés:

La estrategia de comunicación busca incidir en los comportamientos de las personas y orientar sus decisiones, elementos que determinan el desempeño del negocio. Adicionalmente, se propondrán estrategias paralelas para reforzar el cambio cultural a través de los Formadores de Cultura, como consignamos en el siguiente gráfico:

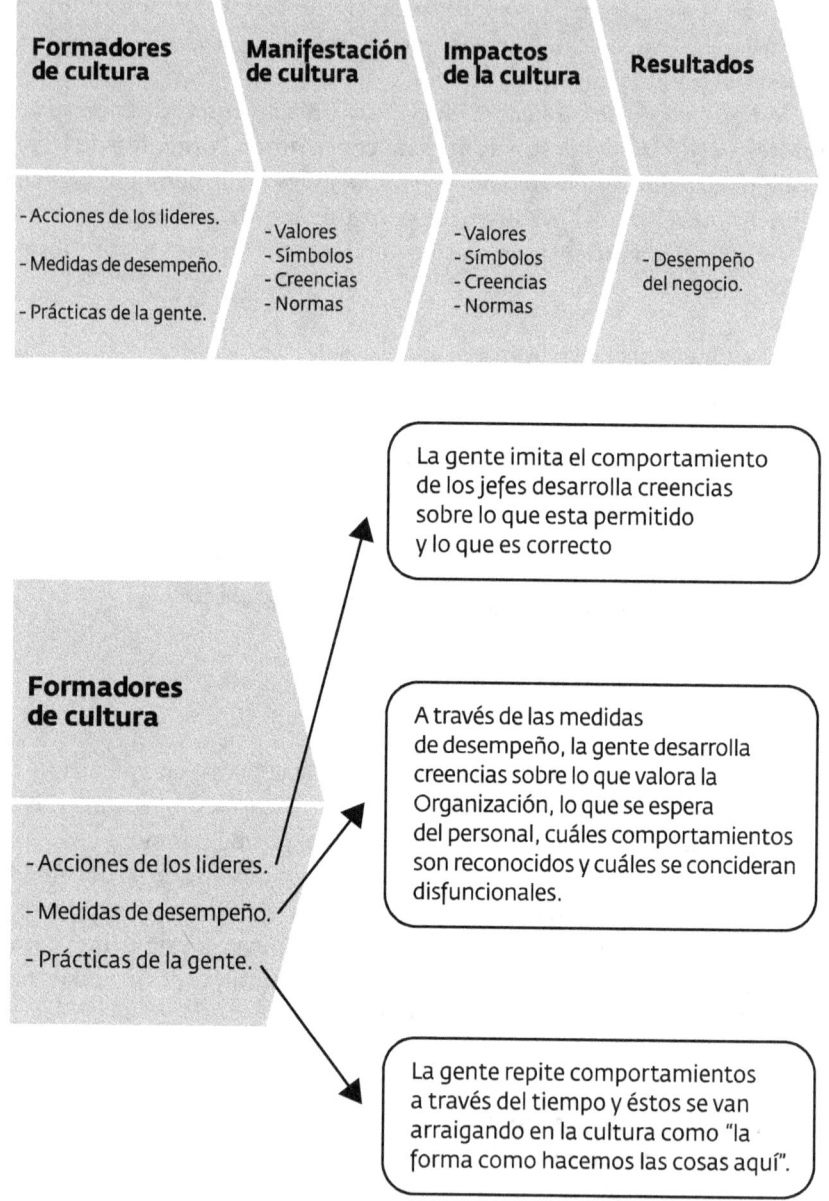

Es conveniente que la estrategia de comunicación se desarrolle por etapas (véase etapas de la transición), para acompañar a las personas en un proceso que inicia generando entendimiento, para luego propiciar el compromiso y, finalmente, ayudar a afianzar comportamientos, tal como lo sugerimos en el siguiente gráfico:

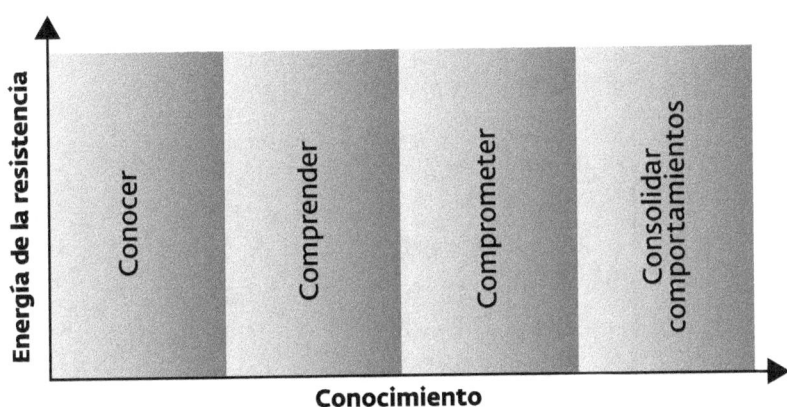

Asigno significativa importancia al reconocimiento de las etapas descriptas en el gráfico precedente, ya que de acuerdo a la necesidad de cada grupo de interés afectado por la estrategia comunicacional, se espera que dicha comunicación posea características y objetivos distintos, pero, igualmente, efectivos.

De esta manera, podemos integrar la finalidad de la comunicación con la necesidad de dichos grupos de interés, de acuerdo a la etapa de la transición en la que se encuentre, resultando de la misma la comunicación del tipo:

▶ **Informativa**: Orientada a explicar las razones que impulsan el cambio, los "drivers" de negocio sobre los que se cimentarán los objetivos propuestos, y el impacto que el "nuevo orden" generará en el actual modelo de trabajo.

▶ **Persuasiva**: Centrada en "la persona"; pretende orientarse a que de manera gradual pero sostenida, los grupos de interés empiecen a internalizar los beneficios del nuevo estado a nivel personal y organizacional, como así también los riesgos de no incorporarlo. Es importante no desestimar el pasado de las personas en esta etapa y generar los espacios para que ellas mismas puedan co-construir la situación futura, tal como expliqué, anteriormente.

▶ **Simbólica**: Enfocada a divulgar logros, lecciones aprendidas y generación de "mejores prácticas", tanto de comportamientos como de resultados. Es en esta etapa donde se consolidan las figuras, los roles y los comportamientos que serán guía o espejo para el logro de los objetivos.

El siguiente gráfico sintetiza lo expuesto:

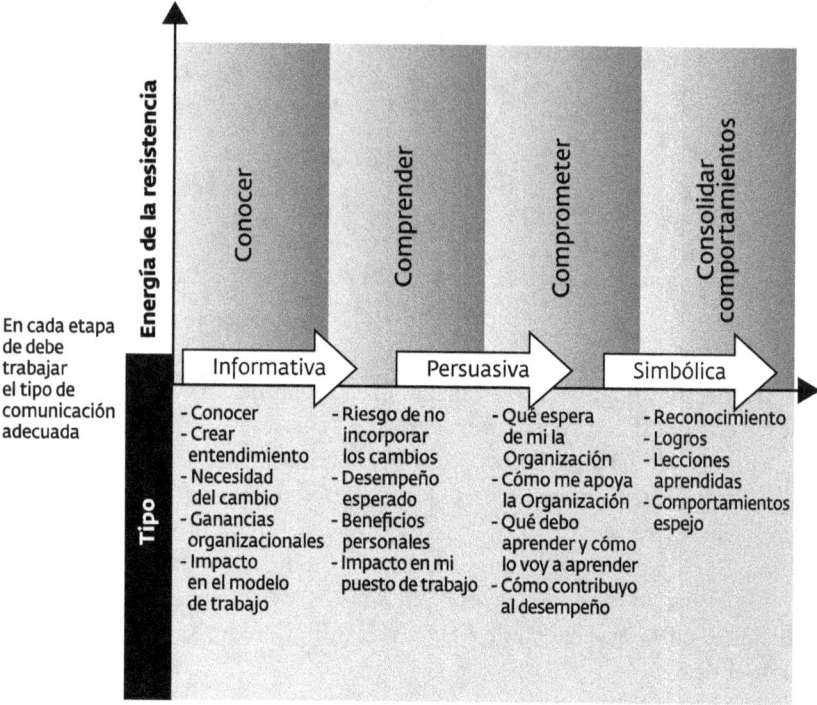

En síntesis, un efectivo plan de comunicación para procesos de cambio organizacional:

- ▶ Clarifica el origen y el por qué del cambio como así también la manera en que habrá que acompañar dicho cambio.

- ▶ Identifica y establece estrategias comunicacionales específicas para cada grupo de interés.

- ▶ Comprende diversos medios de comunicación para alcanzar los objetivos.

- ▶ Empieza con un adecuado assesment de los medios comunicacionales presentes en la organización.

- ▶ Informa, claramente, acerca de dónde está la organización hoy y por qué es necesario el cambio.

- ▶ Explica planes, fases, cronograma, roles y responsabilidades para afrontar la transición.

- ► Genera acciones orientadas a minimizar el rumor.

- ► Prevé la manera en que la gente se mantendrá informada durante todo el proceso.

- ► Informa acerca del funcionamiento de mecanismos y espacios orientados a contener y orientar a las personas durante la transición.

- ► Debe ser creado y desarrollado mediante un equipo interfuncional, compuesto por personal de distintas áreas de la organización.

1.5 Desarrollo de capacidades individuales y de equipo:

Mediante la implementación de fase, buscamos desarrollar a los Líderes de la Organización (Equipo de Dirección y de Implementación) según las Competencias Gerenciales y de Liderazgo que se definan como fundamentales para el logro de la situación futura.

Por ello, es altamente recomendable diseñar un modelo de desarrollo de Competencias, de acuerdo al o desarrollado en el punto específico dentro del capítulo 3.

De esta manera, se asegurará de forma efectiva la práctica de dichas capacidades estratégicas requeridas; contribuyendo así, a una mayor alineación entre cultura y estrategia deseada.

En esencia, el objetivo de esta fase será generar y consolidar un cambio sustancial en la conducción y el funcionamiento general de la organización mediante el desarrollo de nuevas capacidades de gerenciamiento y liderazgo en sus cuadros superiores.

La intervención deberá incluir también la mejora en la conducción y el funcionamiento de las Áreas y los grupos naturales, a través de un trabajo en cascada, para lo cual será crítico el apoyo de los líderes de dichas áreas.

Las sesiones de trabajo, previstas en la fase, son talleres e intervenciones, puntuales, orientadas a que los participantes mejoren sus capacidades de liderazgo, gerenciamiento y motivación. De esta manera, lograran una sensible mejoría en el desempeño de las tareas individuales y grupales y sus resultados generales de cara a su rol de líderes en el crítico período de transición.

Entre estas actividades, figura el Taller "Liderazgo Causa-Efecto", descripto en el capítulo 4, como así también Programas de Desarrollo de Líderes, Programas de Manejo de la Transición, entre otros, todos desarrollados por nuestra Consultora, bajo el aval de esta metodología.

En esencia, se busca articular tanto mediante las acciones de capacitación, como de coaching y medición del desempeño posterior a las mismas que cada participante involucrado, recorra el siguiente camino de desarrollo personal:

El soporte metodológico para el apoyo al desarrollo de habilidades personales y de equipo lo brindan, entre otros, los siguientes instrumentos:

- ▶ El Modelo Herrmann de Dominancia cerebral, y el Myers-Briggs Type Indicator-MBTI, entre otros instrumentos.

- ▶ El DISC que es un instrumento orientado a conocer y medir los siguientes cuatro vectores de comportamiento:

  - – El dominio, o la determinación para responder a los desafíos.

  - – La Influencia, entendida como tendencia a influir o persuadir a otros.

  - – La Estabilidad, considerada como el ambiente/clima de trabajo preferido.

  - – El Cumplimiento, o la tendencia del individuo a apegarse a normas y procedimientos.

▶ El RITT, que permite conocer valores y factores motivacionales de los individuos y su relación con las tareas y la manera en que afrontan los distintos momentos. En tal sentido, el instrumento clasifica a las personas en:

- Teóricas: Motivadas por conocer aspectos intelectuales y racionales de una situación.

- Materialistas: Prácticas, competitivas y orientadas a objetivos.

- Estéticas: Orientadas a lo armónico, la belleza y la creatividad.

- Humanitarias: Tendencia a sentirse útiles, formar y enseñar.

- Poder: Quienes buscan el control, el reconocimiento público y las motiva concretar sus metas.

- Espirituales: Aceptación de cosas, más allá de la explicación "teórica", posen tendencia a ver el lado positivo de las cosas.

- Ritualistas: Obedecen órdenes, formas, políticas y procedimientos.

- Individualista: Alta motivación y valoración por la independencia, evitando ser "uno más", haciendo las cosas a su manera.

Lo más importante es lograr con estos resultados un cruce de datos que permita esencialmente:

▶ Su interpretación situacional, no definitiva, a fin de no "rotular" a la persona de por vida.

▶ La identificación de áreas de colaboración y desarrollo a las personas involucradas.

De esta forma, los responsables de procesos de cambio tendrán la posibilidad de poseer un verdadero "tablero de comando", del perfil de cada individuo involucrado en el proceso de cambio, y lo que es más importante, las bases para un plan de desarrollo único y personal.

Así, se generarán instancias de contención y coaching más enfocadas hacia la problemática personal, permitiendo ayudar a las personas de acuerdo con sus propias dificultades y potenciando los propios puntos fuertes de su perfil.

La implementación de este tipo de instrumentos permite esbozar respuestas a preguntas clave que siempre escucho en el marco de cualquier proceso de cambio, tales como:

- ► *¿Cómo funciona este Equipo? ¿Qué funciona bien, qué no? ¿Cómo debería comunicarse este Equipo?*

- ► *¿Cómo pueden coordinarse mejor las acciones? ¿Tiene potencial para seguir un plan de desarrollo?*

- ► *¿Qué se debe hacer para que mejore su desempeño actual y futuro?*

En definitiva, ¿cómo asegurarnos un recorrido de la transición armonioso y lo menos traumático posible?

Como siempre, la respuesta está en sus manos.

Bibliografía

EN CASTELLANO:

Abraham, Tomás: *El presente absoluto. Sudamericana*, 2007.

Arthur, Andersen: *El Management en el Siglo XXI*. Granica 1999.

Adizes, Ichack: *Cómo evitar la incompetencia gerencial*. Diana 1986.

Aguinis, Marcos: *Un país de novela: viaje hacia la mentalidad de los argentinos*. Planeta 2001.

Álvarez Roldán, Roberto: *eChange El Lado Humano de la Economía Digital*. Granica 2000.

Alles, Martha: *Diccionario de Comportamientos*. Granica, 2004.

Blanchard, Kenneth, Zigarmi, Patricia y Zigarmi, Drea: *El líder ejecutivo al minuto*. Grijalbo 1985.

Blanchard, Kenneth, O`Connor, Michael: *Administración por valores*. Norma 1997.

Broad, Mary y Newstrom, John: *Cómo aplicar el aprendizaje en el puesto de trabajo*. Cerasa, 2000.

Brown, Marvin: *La ética en la empresa*. Paidós Empresa 1990.

Buckingham, Marcus y Coffmann, Kurt: *Primero, rompa todas las reglas*. Norma 2000.

Chowdhury, Subir: *Management Siglo XXI*. Prentice Hall 2006.

Covey, Stephen: *El liderazgo centrado en principios*. Paidós 1993.

Drucker, Peter: *Escritos Fundamentales, Tomos I y II*. Sudamericana 2002.

Fernández López, Javier: *Gestionar la Confianza*. Prentice Hall 2002.

Flores, Fernando: *Inventando la empresa del siglo XXI*. Granica 1997.

Gestión: *Crisis del Liderazgo*. 2008.

Goldsmith, Marshall, Lyons, Lawrence y Frers, Alyssa: *Coaching*. Prentice Hall 2001.

Goleman, Daniel: *La inteligencia emocional*. Javier Vergara. 1996.

Goleman, Daniel: *El líder resonante crea más*. Plaza y Janés 2002.

Goleman, Daniel y Cherniss, Cary: *Inteligencia emocional en el trabajo*. Kairós, 2006.

Gómez Lopez, Emiliano: *El liderazgo ético, un desafío de nuestro tiempo*. Gestión 2000/2006.

Guilhou Xavier y Lagadec, Patrick: *El fin del riesgo cero*. El Ateneo 2002.

Hersey, Paul y Chevalier, Roger: *Coaching del Rendimiento*.
Center for Leadership Studies. 1985.

Hey Group: *Las competencias clave para la gestión integrada de los recursos humanos*.
Deusto 1996.

Hunter, James: *La paradoja*. Empresa Activa, 8ª. Edición, 1996.

Kaplan, Robert y Norton, David: *Cómo utilizar el cuadro de Mando Integral*. Gestión
2000/2001.

Kirkpatrick, Donald: *Evaluación de Programas de entrenamiento*. Gestión 2000/1999.

Kofman, Fredy: *Metamanagement*. Granica 2003.

Kotter, John: *Al frente del Cambio*. Empresa Activa. 2007.

Kouzes, Jim y Posner, Barry: *El desafío del Liderazgo*. Granica 1997.

Lazzati, Santiago: *El comportamiento humano en el trabajo*. Granica 2008.

Lazzati, Santiago: *Management del cambio y del desempeño*. Ediciones Macchi 2000.

Lazzati, Santiago: *Anatomía de la Organización*. Ediciones Macchi 1997.

Lazzati, Santiago: *Management: Funciones y Liderazgo*. Ediciones Macchi 1993.

Lazzati, Santiago y Sanguinetti, Edgardo. *Gerencia y Liderazgo*. Ediciones Macchi 2003.

Maxwell, John: *Líder de 360º*. Grupo Nelson 2005.

Mayo, Andrew y Lank, Elizabeth: *Las Organizaciones que aprenden*. The Power of Learning.
Gestión 2000/2001.

Mintzberg, Henry: *La naturaleza del trabajo directivo*. Ariel Económica. 1991.

Oliveto, Guillermo: *El futuro ya llegó*. Atlántida 2007.

Saratxaga, Koldo: *Un nuevo estilo de relaciones para el cambio organizacional pendiente*.
Prentice Hall 2007.

Schein, Edgar. *Consultoría de Procesos, volúmenes 1 y 2*.
Addison-Wesley Iberoamericana 1988.

Senge, Peter: *La quinta disciplina*. Granica 1993.

Strenberg, Robert: *Inteligencia exitosa*. Paidós 2003.

Touraine, Alain: *Un nuevo paradigma*. Paidós 2006.

Ulrich, David, Becker, Brian y Huselid, Mark: *El Cuadro de Mando de RRHH*.
Gestión 2000/2001.

Ulrich, David, Yeung, Arthur, Nason, Stephen y Von Glinow, Ann: *Las capacidades de aprendizaje en la organización*. Oxford University Press 1984.

EN INGLÉS:

Adair, John: *Undertanding motivation*. The Talbot Adair Express. 1990.

Bridges, William: *Managing Transitions, making the most of change*.
Addison-Wesley Publishing Company 1996.

Beckhard, Richard y Harris, Reuben: *Organizational Transitions, second edition*.
Addison-Wesley Publishing Company. 1997.

Epple, Argote y Devadas: *Organizational learning curves*, 1991.

Fournies, Ferdinand: *Why employees don´t do what they´re supposed to do and what to do about it*. Liberty Hall Press, 1988.

Grant, Robert: *Contemporary Strategy Analysis*. Blacwell Business 1998.

Kotter, John: *Leading Change: why transformation efforts fail*.
Harvard Business Review. 1995.

Kotter, John. Y Heskett, J: *Culure and Performance*. Dee Press. New York, 1992.

Lawler III, Edward: *Motivation in work organization*. Jossey Bass 1994.

Marston, William: *Emotions of normal people*, 1928.

McClelland, David: *Human Motivation*. Cambridge University Press, 1999.

Nason, R. Y Snyder, D: *"Organizational learning disabilities"*.
California Management School. 1992.

Sitkin, S: *Learning to failure: the strategy of small looses*. 1992.

Spencer, Lyle y Spencer Signe: *Competence at Work, Models for Superior Performance*.
John Wiley & Sons, 1993.

Tichy, Noel M. y Devanna, Marie Anne: *The transformational Leader*.
Harvard Business Review 1996.

Ulrich, David y Greenfield, B: *The transformational of training to development and learning*, 1983.